私と中国とフェミニズム

秋山洋子 著

私と中国とフェミニズム

目次

日本語の論文・書名は「　」・『　』、中国語をそのまま用いる場合は〈　〉・《　》で区別した。

引用文中の〔　〕は筆者による註で、（　）は原文のままである。

平仮名のルビは日本音読み、片仮名のルビは中国音読みである。文学者・研究者などの名は原則として日本音読み、中国音が流通している映画関係者や作中の人名は中国音読みにした。

はじめに

私と中国とフェミニズム

1965年 はじめての中国 人民公社でトラクターに試乗

いま、私立大学で留学生に日本語を教えている。学生の中では中国系がいちばん多い。自分自身の研究テーマは中国の女性学とフェミニズム文学で、八〇年代に誕生した中国のフェミニズムも、最近なかなか面白くなっている。結局、私の世界は、女と中国という二つの中心を持った楕円のようになって存在しているようだ。そのルーツは、一九六〇年、大学に入学したときにさかのぼる。

私と中国との意識的な出会いは、大学入学時の第二外国語に、中国語を選んだのが始まりである。たかが第二外国語が、中国との出会いというのは大げさなと思われるかもしれないが、まだ中国との国交はなく、中国語クラスは二千人の新入生の中でわずか二十人しかいなかったのだから、ほかの外国語とは出会いの密度がまるで違っていたのだ。

時はまさに、日米安保条約改訂をめぐって、史上最大の反対運動がわきあがった年である。熱っぽい雰囲気の中で、私も人並みの危機感と正義感にあふれてデモに出かけていった。そのときの東大文学部自治会の委員長が西部邁で、かっこよく学生たちをアジッていたこと（だから私はいまだに彼をまったく信用できない）、樺美智子さんが亡くなった翌日の沈痛なデモのことなどは、今も心に焼きついている。

一九六〇年当時、第二外国語で中国語を選ぶ学生は、その大部分が中華人民共和国（そのころは新中国という、初々しい呼び方が使われていた）の熱烈な支持者だった。そして、日本共産党を支持する側も批判する側も、自分たちこそ正統のマルクス主義者だと信じていた。もちろん全部が全部筋金入りだったわけではなく、私のように漠然とした憧れや好奇心で中国に近づいたものもいたけれど、それでも社会主義は歴史の必然だと信じる程度にはマルクス主義の影響を受けていた。大学の中でも少数派中の少数派であった中国語クラスは、そういう学生までも巻き込んで大学祭で中国語劇を演じ、中国語クラスとほとんどメンバーの重なる中国研究会は、「大躍進の研究」や「人民公社の研究」を発表した。

一九五八年に始まった「大躍進」とそれに続く人民公社＝農業の完全な協同化は、現在の時点でふりかえると、中国農村の現実を無視した極左的な誤りであり、その直後に自然災害と相まって全国的な飢餓を引き起こす原因となった。しかし、安保闘争の興奮さめやらぬ学生たちの耳に、国交のない国から届く生産倍増や農民たちの協同化への熱意のニュースは、そのまま事実として受け取られ、それに反する情報は「ブル新」による反宣伝だとかたづけられた。私自身はどうだったかといえば、「人民文学」と呼ばれていた小説や、自主上映で紹介される映画に登場するあまりに陰のない英雄的人物像にたじろぎながらも、それは資本主義社会にどっぷりつかっている自分が革命中国を理解できないからだというふうに、自分をなんとか納得させようとしていた。

大学時代の私は、ほとんど男のなかに女一人という状況におかれていた。そのためにかえって、日常生活の中では自分が女であることを極力周囲に意識させないようにふるまっていた。周囲の男子学生たちもまた、多分に観念的であったかもしれないが、戦後民主主義と社会主義の洗礼を受けて男女平等の理念を信じていたから、女であることによって不愉快な思いをさせられた覚えはほとんどない。しかしそのぶん、あのころの私は、常に緊張し、自分のセクシュアリティをがんじがらめに縛りつけていたと今になって思いあたる。たぶん私は女としてのセクシュアリティが介入したとたんに、平等に見えた友人関係が崩れてしまうことを、無意識のうちに感じていたのだろう。そうかといって、まったく男同様にふるまっていたかというとそうでもない。お茶くみとか掃除とかいった、いわば召使い的な女役割を一人で引き受けることは絶対にしなかったが、下級生の男の子の相談相手といった精神的な母親役割は、けっこう積極的にこなしていた。そのあたりに自分なりの存在意義をみつけていたのかもしれない。

そんな私にとって、女という立場から見た中国は、女性解放の先進国だった。『人民中国』や『中国画報』といった雑誌の表紙を飾るリンゴのようなほっぺたをしたトラクター運転手の娘の姿は、その解放を象徴しているかのようだった。纏足《てんそく》に象徴される旧中国の女性の悲惨と、それは鮮やかな対比をなすものだった。人民服や化粧っ気のない素顔、パーマをかけないおかっぱやお下げ髪も、性的な対象物であることから解放されたすがすがしさと目に映った。なにしろ当時の中国の映画や小説ときたら、セックスはおろか恋愛さえもタブーであり、革命闘争の中で心をかよわせあった二人は、ただ目と目に思いをこめるだけだった。このピューリタニズムのもつ抑圧性に私が気づいたのは、だいぶ後のことである。

当時進行していた人民公社（この言葉には、パリ・コミューンから受け継がれた人民の自発的協同体のイメージがあり、私たちの心に響くものがあった）の設立は、もう一つの大きな課題を提供していた。それは、家庭機能の集団化である。農村女性を労働力として組織することが奨励され、そのための手段として、公共食堂や保育所の建設が推進された。とりわけ協同食堂作りはブームのように取り上げられ、農家のおかみさんが一念発起して協同食堂を作りあげる李准の小説『李双双小伝』が映画化されて、しっかり女房とダメ亭主の組み合わせが笑いを呼んだ。

協同化の試みには、「中国では家族を消滅させようとしている」といった資本主義国からの非難もあったが、私には、家事機能の社会化がどこまでできるのか、それが人間関係にどんな影響を及ぼすのか、とても興味深かった。しかし、食事という生活の最も基礎になる営みの社会化は、中国の農村の人々には受け入れられなかったとみえて、引き続く食糧危機の時代に、協同食堂はほとんど姿を消してしまい、期待は肩透かしに終わった。

もちろん、折に触れていろいろな疑問が浮かぶことはあった。一つよく覚えているのは、どこかの大学で学生の中国研究発表会があったときのことだ。いろいろなテーマの研究のなかで、「中国の婦人解放」を取り上げたものがあった。発表者は女性のグループである（考えてみると、政治とか経済とかいう重要なテーマは男性が担当し、最後に残った女性たちが女性の問題をやるというのは、あのころよくあるパターンだった）。発表者は、革命による生活の変化や新しい婚姻法等のことを述べ、女性の生産への参加についてこうしめくくった。「女性たちは人を愚かにするわずらわしい家事労働から解放されて、工場や農村で働くことになったのです」

これを聞きながら私は、工場や農村での労働が、家事に比べてそんなに楽しくすばらしいだろうかと、漠然とした疑問を感じていた。断定的な口調でそう述べる発表者が、工場や農村での労働はむろんのこと、家事もたいしてやってはいないだろう若い学生であったことも（もちろん私自身も同様だったのだけど）、反発を感じた一因だったかもしれない。こんな小さいことをなぜよく覚えているのか不思議だが、それはたぶん当時の「婦人問題」研究全体に対して抱いていた疑問がたまたまその場面と結びついて記憶にひっかかっているのだろう。女性解放＝社会労働参加という社会主義女性解放論を、基本的には認めながらも、それでは解決しきれない問題があることを、私はうすうす感じはじめていたのだった。

専門課程は中国文学を選択した。現代中国についていこうとしながらも、人民文学と呼ばれる共和国成立以後の文学にはなじむことができず、中国近代化の始まりから革命までの、一九二〇―三〇年代の文学に焦点を絞った。卒業論文のテーマにしたのは巴金《ばきん》の『家』、『春』、『秋』の三部作、四川省の旧家が近代化の波に洗われて崩壊してゆく姿を、家の重圧に抵抗する青年たちの側から描いた自伝的小説である。この小説には大家族の中の若い妻や娘、召使いの少女たちが登場し、彼女たちの悲惨な運命は同情を込めて書かれている。ただ、それはあくまで主人公である青年の目から、客体として描かれていた。そこのところを、私は漠然と感じながら、きちんと分析するにはいたらなかった。

修士論文では、女性作家にまともに取り組んだ。蕭紅《しょうこう》というペンネームを持った彼女は、中国東北に生まれ、日本の侵略によって故郷を追われ、抵抗と望郷の作家として上海でデビューする。そしてさらに戦火に追われ、結核に侵されて、一九四二年、ちょうど私が生まれたその年に香港で客死する。中国の女性作家のなかでは珍しいほどに繊細で叙情的なその文体と、芯に秘められた強い抵抗の姿勢とが蕭紅の本領であった。その抵抗は、従来の女の枠のなかに彼女を閉じ込めようとする父や恋人に対しても向けられていた。しかし中国では、彼女は日本に占領された東北を描いた抵抗の作家として、魯迅の愛弟子としてのみ評価され、それも六〇年代にはほとんど忘れられていた。私自身も、蕭紅の女としての抵抗を描こうとしながらも、結局は民族解放と女性解放の二本立てというレベルにとどまってしまった。長いブランクを経て「蕭紅再読」（本書所収、一九九六）という小論を書き、やっと宿題を果たしたような気がしている。

一九六五年、初めて中国に旅行した。その年、中国で第一回日中青年大交流が行われ、日本の青年二千人が招待された。ちょうど日本人の海外旅行が自由化された翌年であり、学生の訪中グループを組織しようという動きが起こった。香港までの旅費と滞在費は自前、中国国内は招待ということで、一二〇人の訪中学生参観団が組織された。選ばれた代表ではない普通の学生が、集団で中国を訪れたのは、戦後初めてのことだった。

私たちが訪問した一九六五年は、中国が「自然災害」（実際には大躍進政策の失敗による人災の面が強かった）からやっと立ち直り、国民生活が小康状態を取り戻した時だった。だからこそ日本から二千人もの青年を招待して国内を見せようという気になったのだろう。日中直航便のない当時のこと、香港から中国に入った私たちは、最初に訪れた広州市で裸足の子供たちやボロボロのシャツを着た労働者にいささかショックを受けたものの、建設の意欲に燃える新中国という訪中前のイメージは、目にする事実によって裏付けされたと感じていた。

訪中のピークは北京の人民大会堂で、毛沢東をはじめ周恩来、劉少奇、朱徳、鄧小平ら革命の指導者と会見し、いっしょにシネマスコープのような細長い写真に収まったときだった。いままでさんざん本で読んだり写真でみたりしていた歴史上の大人物がいきなり眼前に現れたのだから、同行した友人は感激のあまり「天安門広場は輝いている！」と口走ったほどである。しかし実際には、この一年後には文化大革命の火蓋が切って落とされるので、にこやかに写真に収まった毛沢東の胸中には、隣にならんだ劉少奇を排除する計画が、すでに芽生えていたのかもしれない。

中国の一部をかいま見ての私の感想は、感動と違和感という二極に分かれたものだった。これまで本で読み、憧れてきた新中国に実際に触れた感動、そのかげで、あまりにも素直に異口同音の答えをし、日本をアメリカの植民地と信じて疑わない人々に対する違和感。その二つはきちんとつきあわせをされないままに、私のなかにとどまっていた。帰国後、学生参観団が作成した文集の中で、アンケートの答として私はこんなことを言っている。

「明るさ、たくましさ、そういう点での人間解放は、本当にすばらしい。ただ、疑わないということの持つ問題が、例えば指導に誤りがあった場合、それをいかに早く正しくなおしていくかというような時に、顕在化するおそれはないだろうか、そういう不安がある」

学生時代の中国に関するもう一つの体験に、日中友好運動がある。大学の日中友好協会は地域の友好協会に属していたので、そこは学生だけのサークルとは少し違った雰囲気を持っていた。小さな工場の労働者、出版社の編集者、日教組の組合専従の先生、主婦、大学病院の職員など、いろいろな人が会合に姿を見せた。勉強会もやったし、映画会、餃子を食べる会、キャンプなど、いろいろ楽しい行事もあった。しかし、今考えると奇妙なことだが、そういう日常活動の中で、実際に中国人と接触する機会はほとんどなかった。私たちは具体的な相手の顔が見えないままに「友好運動」をやっていたわけだ。のちに日中国交が回復したとき、田中角栄と毛沢東が握手するのをテレビでみながら、私たちの「日中友好餃子を食べる会」は、この結果に何か役立ったのだろうかと、ふと空しさが胸をよぎったのを覚えている。

中国から感動して帰ってきた翌年、一九六六年に文化大革命が勃発した。毛沢東からじきじきの励ましを受けた若者たちが、「紅衛兵」と書いた赤い腕章をつけて、古い文物を破壊したり、党の幹部や文化人をつるしあげたりする光景が報道された。既成の権威をすべて否定する紅衛兵の中に、純粋な革命への情熱を見いだし、それに呼応しようという雰囲気が日本の若い人の間にもあった。東大闘争の際、全共闘派が正門に「造反有理」（むほんには根拠がある）と大書したエピソードなどは、その代表的なものだろう。

私自身は、つい前年訪れた中国には反革命や腐敗・堕落の兆候など見当たらなかったことに戸惑いながらも、徒手空拳の若者があらゆる権威をぶちこわすありさまにある種の快感を覚えていた。若者たちの槍玉に挙げられ、三角帽子を被せられて引き回される有名な作家や政治指導者の写真にはショックと同情を感じはしたが、「革命とはそれほどに厳しいものだ、われわれの感傷などさしはさむ余地はないのだ」というふうなあきらめと悟りに似た気持が去来した。同時に展開されていた日本の大学闘争にしても、新しいものの建設の前には古いものを徹底的に破壊しなければならないという彼らの主張に共感しながらも、教授に面と向かって「てめえ」と詰問するつるしあげの場に同席することは、理屈以前に生理的に苦痛だった。

そのうちに、文革はどんどん進行し、初期の無邪気な「孫吾空大暴れ」といった情景から、もっと権力闘争めいたものになってきた。従来の学問体系や文学・芸術作品はことごとく批判の槍玉に挙げられた。私たちが模範的な人民文学・革命文学だと思っていた作品のあれもこれもが消されてゆき、「そして誰もいなくなった」という状況が訪れた。日中友好協会など日中関係の団体は、文革を批判する日本共産党と文革支持派との対立から、組織が分裂してしまった。大学のほうで、紙の上の学問などナンセンスという雰囲気がしだいに強くなってくる。押し出されるようなかっこうで最終的に大学院を去ったのが一九七〇年のことだった。その前年の三月に結婚し、年末ぎりぎりに娘が生まれた。

私がリブに出会ったのは、ちょうどそのときのことだった。大学を離れ、赤ん坊という得体の知れない生き物といっしょに1DKのアパートの中に閉じ込められてしまった私に風穴を開けてくれたのは、友達の家で開かれたささやかな英会話教室だった。この教室は、べ平連（ベトナムに平和を！市民連合）を通じて知り合った米国の反戦活動家カップルの生活を助けるためのものだった。米国学生運動のメッカであったカリフォルニア州のバークレーからきた彼らは、誕生して間もないウイメンズ・リブ＝女性解放運動の情報をも伝えてくれた。彼らが見せてくれたリブのパンフレットは、すっと私の気持のなかにはいってきた。それは何よりも、閉ざされていた私の状況を解き明かしてくれるものだった。そしてまた、学生運動や日中友好運動の中でいつも感じていた「私はプロレタリアではない、運動の主体にはなり得ない」という気後れなしに、自分から出発すればいいんだということが、私にとっては何とも新鮮で嬉しかった。マルクス主義を絶対的に信ずることはできないと思いながらも、私はずいぶんマルクス主義に縛られていたのだろう。

彼らにもらったパンフレットのひとつを翻訳したのがその年の春、それが謄写版刷りの「日本で初めてのリブ資料」となり、その秋に、初めて新宿で女たちのデモがあった。

それからしばらく、ひたすらリブにかかわる時期が続く。ひたすらといっても、保育園に通う娘をかかえ、生活のためには非常勤講師や翻訳をやり、その残った時間でのということではあったが、わずかな持ち時間と精神的エネルギーとは、「ウルフの会」と名付けた小さなリブグループでのアメリカのリブ資料の翻訳や性と避妊の共同研究に注いでいた。

七〇年代初期の中国のほうは、文化大革命も膠着状態になり、文学芸術は壊滅、しばらくのあいだ私の中の中国は、ほとんど空白の状態で心の中にひっかかっているだけだった。

私の中の中国とリブとが初めて結びついて形をなしたのは、ウルフの会機関誌第三号(一九七四)に発表した「丁玲について」という文章だった。丁玲《ていれい》は現代中国作家の中でも波乱に富んだ人生を歩んだ人だ。一九二〇年代に若い女性の分裂した性意識を大胆に表現した小説でデビューし、三〇年代には社会主義の洗礼を受けて中国を代表する革命作家となるが、五七年に右派として批判され姿を消してしまった。彼女が批判を受けた理由は、過去に共産党を裏切った、あるいは共産党の政策に反対したということだったが、その証拠物件の一つとしてあげられたのが、四二年に彼女が書いた「国際婦人デーに思う〈三八節有感〉」というエッセイだった。「〃婦人〃というこの二つの文字は、いつになったら、とくに重きをおかれたり、特別に論じられたりしなくてもよくなるのだろうか」と始まるこのエッセイは、革命の根拠地である延安で女性たちが置かれていた立場を、歯に衣を着せずに暴露したものだった。

こんな古い文献を私が目にすることができたのは、丁玲批判に際して、批判の資料として『人民日報』に再録されたからで、私はそれをまた大学図書館の古い新聞の山の中から捜しだした記憶がある。このエッセイは、男性主導の社会主義革命の中での女の問題を怒りをもってくっきりと浮かび上がらせており、その問題点は、新左翼運動の中から生まれてきたリブ運動の問題提起とぴったりと重なっていた。この二つを重ね合わせることで、中国に対して、もう一度向かい合うことができるかもしれない。「丁玲について」を書いたとき、私は漠然とそんなことを感じていたのではないかと思う。

結局その後、ソ連で七年暮らすという回り道を経て、ぼつぼつと中国に関する仕事をするようになったとき、それらは「丁玲について」が向かっていたものの延長線上に続いている。中国に対しては、ずいぶん振り回されたという怨念も心の底にあり、それでいながらこれからも、縁を切ることはできないだろう。女と中国を中心にした私の楕円は、これからもすこしずつ形を変えながら続いていくことだろう。

——一九九八年

第1章

社会主義国があったころ

1977年　ソ連　旧レニングラード郊外

遠い遠い隣国で

旧ソ連から見た中国

モスクワに七年も暮してしまった。一九七四年から八一年までである。ロシア語翻訳者の夫について行ったとはいえ、こちらも野次馬根性丸出しに「行こう、行こう」と出かけたのだから、責任は五分五分だ。ぐちを言ってもはじまらないが、それにしてもソ連と中国は遠かった。一九六〇年に社会主義路線をめぐっての対立が表面化して以後、中ソ両国の関係はほとんど断絶していたのだ。伝わってくるニュースは、日本を経由して一週間から十日遅れ、社会主義国の本を扱う「友好書店」でも中国の本は見あたらない。「北京ホテル」の中国料理も、なんとも形容しがたい国籍不明のしろもので、中国から招いていたコックさんが帰国するまではこんなものではなかったと、以前を知る人は残念そうだ。そんな遠いモスクワで、私にとって中国は、やはりいつも懐しく、気にかかる存在だった。

きわめて大ざっぱに言うならば、ソ連には三つの敵国がある。アメリカと、ドイツと、中国だ。理屈の上からいえば第一の敵であるはずのアメリカに対しては市民の間に敵対的な感情はまったくというほど感じられない。ある時街で、星条旗のデザインそのままの赤白のしまとブルーに星を組み合わせたスキー帽をかぶった若者に出会った。私は一瞬ギョッとして、これは何かのプロテストだろうかと考えたのだけど、着ている本人も周囲の人もケロリとしたもので、どうやら単なるファッションにすぎないらしいと気がついた。新聞の政治漫画には、いまだにドル印の山高帽をかぶった資本家のカリカチュアが出てくるけれど、若者にとってのアメリカは、あこがれのジャズの国、ジーンズの国なのだ。

アメリカに比べてドイツに対する悪感情は、はるかに根深いものがある。実際に自分たちの土地の上で、十人に一人を殺された戦争であってみれば、そう簡単に忘れられるわけはない。政治的に考えれば、少くとも東ドイツはいまや信頼できる友邦であり、あの戦争に責任があるのはひとにぎりのファシストであるのだけれど、子供たちの戦争ごっこでは、敵役はいまだに「ドイツ人」だ。保育園に通っていたわが家の四歳になる息子の頭の中では、「ニェーメツ（ドイツ人）」というものは、怪獣やギャングと同列に並んでいることだろう。

そして中国に対して、アメリカともドイツとも違う第一の点は、中国のことをまったく異質で不気味な不可解な国だと感じていることだろう。その点、ドイツ人に対しては憎しみこそあれ、不可解さや不気味さは感じていない。長くつきあってきた隣国であり同じ白人同士なのだ。

極端な例だが、こんなことがあった。中国がベトナム侵攻した時のこと、ソ連の新聞やテレビは、それみたことかと中国兵の残虐さをキャンペーンした。子供たちを小学校に集めて焼き殺した、妊婦の腹を割いた、などなど……。まさかとは思うものの、中国がベトナムに侵入したのが歴然としている以上、反論するにも言葉がなく、いらいらしているところへ、こう言った人がある。

「あの中国兵の残虐行為は、アジア的野蛮さの典型だ。西欧人はあんなことはしない」

さすがに私もカッとなって、「フランス人はアルジェリアで何をやりましたか。アメリカ人はベトナムで何をやりましたか」と反論したが、相手は東洋人の私に遠慮して口をつぐみはしたものの、意見を変えたわけではなさそうだった。

この「アジア的野蛮」さに対する恐怖感の根をたどって行くと、それはどうやら、「タタールのくびき」にまでたどりつく。「タタールのくびき」というのは、一三世紀から一五世紀にかけて、ロシア人がタタール＝モンゴル人に征服され、その支配下にあった屈辱の時代のことだ。ロシア民族にとっては、これが他民族から受けた最初の侵略であり、決して忘れられない恐怖の記憶なのだ。毛語録を打ちふる紅衛兵の写真を見たロシア人は、そこにジンギス汗の手兵の姿を重ねてみたにちがいない。

ところが、中国の側にも、これを裏返しにした感情があると、学生時代に中国語を教わった黎波先生から聞いたことがある。

「中国では、侵略者は常に北からやってきた。農耕民族である漢民族を襲う遊牧民は、いつも長城を越えて北から攻めてきましたからね。だから中国人は、ソ連に対して本能的な不信感を抱いているんですよ」

そうだとすれば、中ソ論争のタネは、はるかに遠く、ジンギス汗がまいたということになる。タタール＝モンゴル族も罪なことをしたものだ。

中国に対するソ連の感情の第二の特徴は、兄弟に裏切られた、すこしえげつなく言えば、飼犬に手をかまれた、ということだ。

私がモスクワ大学の外国人留学生のための講座にもぐり込んでいた時、歴史の先生がこう尋ねた。

「今までいちばん多くの留学生をソ連に送ったのはどこの国だと思いますか」

みんなは「ベトナム」「キューバ」と答え、首を振られて、やっと誰かが中国だと気がついた。

「僕が大学に居たころ、大勢の中国人留学生といっしょに勉強したものだ。みんな真面目で優秀だったが、今どうしているだろう。殺されてしまったかもしれない」

まだ若い歴史の教師は寂しそうにつぶやいた。おもしろいことに、中国人一般に対する悪いイメージにもかかわらず、実際に中国人と接したことのある人は、たいていその相手に対していい印象を持っている。研究者や学生といったインテリも、留学生の世話をしたというおばさんも……。

しかし、個人の思い出は別として、国としてみれば、建国直後の毛沢東政権にあれだけ援助してやったのに、という感情が、いたるところでむき出しになる。夫の勤めていたプログレス出版所で日本語版を出している雑誌の一つに、『極東の諸問題』というのがある。これに載る中国関係の論文の中に、ソ連は中国にいついくら援助したと、孫文の時代からの貸金を数え立てるようなのがよくあって、日本人翻訳者をウンザリさせたものだった。中には、戦争中に蒋介石に与えた援助まで、こまごまと計算したのがあったから驚いてしまう。この雑誌、日本語版の読者が何人できたか知らないけれど、少なくともプログレス出版所の日本人翻訳者を中国びいきにする逆効果はあったようだ。

モスクワの繁華街の一つ、カリーニン通りに、民族友好会館という建物がある。昔の貴族の屋敷をそのまま利用した華麗なホールで、外国映画の上映やレセプションがおこなわれる。ある時中国映画をやるから行かないかと友達に誘われて行ってみた。

行ってみると、それはソ中友好協会主催の鄭振鐸《ていしんたく》の生誕八十年を記念する集会だった。百人ほど入る小ホールはほぼ満席になったけれど、中央に横二列ほど空席を綱で囲ってある。誰が坐るのかと見ていると、横の扉が開いて、人民服の中国人の一団が入ってきた。ロシア人ばかり見慣れている所へ、中国人を見ると、一瞬ドキリとする。彼等はまったく無表情に席に着き、きちんと前を向いて座った。

プログラムの第一部は、ソ中友好協会会長フェドレンコ、東洋研究所教授エイドリン、モスクワ大学東洋語学院教授セマーノフというソ連における中国研究のトップに立つ豪華キャストが、それぞれ鄭振鐸の思い出を語る。中ソ関係の蜜月時代、中国作家の長老格だった鄭振鐸は、ソ連を訪れたこともあり、ソ連の中国研究者との親交もあった。その友情を回想する演者たちの言葉には真情があふれている。しかし、過去の友情が強調されればされるほど、会場の雰囲気は妙にしらけて、中国人の固い表情が目立ってしまう。なんとも奇妙な「友好行事」ではあった。

この集会がいみじくも象徴しているように、ソ連と中国は敵対していながら、ちゃんと接触も保っている。貿易だってゼロではなくて、おなじみのブリキの魔法瓶や、裏に毛皮をつけた男の子用のコートを店先で見たことがある。国際列車の車掌さんは、北京からジャスミン茶や春雨を仕入れてきてモスクワ在住の中国人に売るのだそうだ。

国境交渉もジュネーブを舞台にずっと続いているらしい。

「僕の友達が代表団にいるんだけど、面白い話をしてくれた。交渉はずっと続いているので、代表団はもう顔なじみ、やあやあお子さんはお元気ですか、となごやかに話がはじまる。そこで中国側は姿勢を正すと、いっせいに毛沢東語録を取り出して、『ソ連帝国主義は我々の敵である…』と読み上げる。それが終ると、またニコニコとさっきの続きをはじめるんだそうだ」と話してくれたのは、さきほど出てきた歴史の先生。

モスクワにいた七年の間に、中国にはめまぐるしい大変動があった。モスクワに来た頃はまだ文革がおさまっていなかった。日本でも、まだ大学闘争の余熱が残っていた。そんな目でモスクワを見ると、若者たちはあまりにおだやかで従順で無気力だ。ある時イタリア映画を見たら、若者たちがデモをしている風景が写ってなんだかむしょうに懐しく、世界中でこんな雰囲気を知らないのはソ連の若者だけだなと、とてもかわいそうな気がしたのを妙に覚えている。

周恩来、朱徳、毛沢東が相次いで世を去った七六年は、わが家にモスクワ産の息子が誕生した年でもある。遠く離れているだけに、自分と中国との長いつきあいの何かが終ったという寂しさがあった。

中国要人死去のニュースは、いずれもソ連で報道された。その報道のされかたがまた面白い。しないわけにはいかないが、できるだけ目立たぬように、さりげなく、むろん写真などは絶対に使わない。毛沢東の時などは、いつ言うかいつ言うかとワイドニュースをにらんでいたら、一番最後になってやっと出てきた。その前に口コミでニュースを知っていなかったら、聞き逃したにちがいない。

毛沢東が死んだ時のニュースソースは、夫の同僚の奥さんだった。タス通信に勤めている彼女は、わざわざ出版所に電話をかけてこのニュースを知らせてくれた。われわれ日本人の場合は、やはり日本人特派員からのニュースが一番早いが、ロシア人の場合は「アメリカの声」やBBCなどのロシア語放送をよく聞いている。国のほうでも、この程度は黙認ということで、特に事件のおきた時だけ妨害電波を出す程度だ。聞くほうも、BBCが一番客観的でいい、「自由ヨーロッパ放送」は偏向しすぎる、などと、けっこう違いがわかっている。

文革収拾以後のキャンペーンでは、「それみたことか」と得意気な気配がちらついている。文革中のできごとの詳細がわかってくると、『文学新聞』あたりに、「中国作家の悲惨な運命」「老舎はいかにして死んだか」といった囲み記事が登場する。私はそれを読みながら、でも丁玲は生きていたじゃないの、あんたたちはスターリン時代に何人殺したの、と心の中でつぶやく……。

反中国キャンペーンは慣れてしまってどうということもなくなったが、七八年の日中友好条約の時は、こちらもとばっちりをこうむった。ソ連はよほど覇権条項が頭にきたとみえて、まるで日中軍事同盟が結ばれるかのような報道ぶりだ。

ちょうどその頃、息子を子供の診療所に連れて行った。診察のあとで、先生と、

「ロシア語はしゃべれますか」

「まだ片言ですがロシア語も日本語もわかります」

などという問答をしていたら、カルテを書いていた看護婦さんがいきなり言った。

「あんたたちはロシア語を覚える必要ないでしょう。中国と仲良くするんなら」

私は一瞬目を白黒させて、「私たちはどの国とも仲良くしたいだけですよ」とかろうじて切り返したものだ。さいわい、個人的にいやな思いをしたのはこの一回だけ。ソ連の人たちは、インテリも庶民も政治アレルギーで、お上のやることとは自分とかかわりないし、かかわりたくないと思っている。だから個人的な知人である私たちにも、日本の政府の政策とは関係ない、という態度で接してくれた。


モスクワにいる中国人は数少ない。大使館員、通商代表、特派員たちは、「友好通り」に面した広い大使館の敷地の中に住んでいる。警備の厳重な高いへいの中には畑もあって、館員一同モスクワでは手に入らない白菜などを作っているそうだ。中国大使館のご招待はロシア料理にうんざりしている日本の新聞記者にとっては干天の慈雨のごとく、何はおいても大喜びでかけつけるとか……。大使館の外に住んでいるのは、なにかの理由でソ連にとどまり、ソ連籍をとった人たちだ。共産党の王明路線で名高い王明も、私の滞在中にモスクワで死に、息子がモスクワ大学で教えているという。

私が知りあった趙さんは、国際関係大学で中国語を教えている独身の四十代の女性だ。父は黄埔軍官学校出身で、戦争中は西安で延安との連絡にあたっていたという古参革命家、母がロシア人なのだが、大学を出るまで南京で育った彼女は、外見も、発想も、中国人の血が濃く感じられる。

彼女がモスクワに来たのは六〇年代のはじめ、食糧危機の時だった。

「父が死んだあと、母は弟妹をつれてソ連に帰り、兄と私は南京に残っていました。べつに永住するつもりはなく、母を訪問するということでモスクワにやって来たのだけど、私がガリガリやせているのを見た母が、どうしても帰さないと泣くものだから……」。そのすぐ後に、中ソ関係は決裂する。「私の恋人は当時モスクワ留学生だったのだけど、私といれちがいに呼び戻されて、それっきり」。だから、今でも一人なのだと笑ってみせる。ソ連国籍をとったのは外国籍ではちゃんとした仕事につけないから。今は給料も労働者の平均よりずっと良く、台所風呂つきの住居もあり、生活に不自由はしていない。文革中は音信不通だった中国の友達とも、やっと連絡がとれるようになった。

「中国では下着が手に入らないというので、ソ連製のスリップを送ってあげたら、こんな美しい下着を着るのは初めてだと喜んでね。こちらの人はソ連製には見向きもせずに、東欧製を買いあさっているというのに……」

先年彼女は、四カ月分の給料にあたる大金をはたいて、日本とシンガポールの観光団に参加した。旅行はとても楽しかったけど、やはり中国に帰ってみたい、南京の街を歩いてみたいと彼女は言う。二〇年住んでも、ソ連はやはり、彼女にとっては異国なのだ。

滞在中、ソ連の中国研究の方面とは、ほとんど縁がなくすごしてしまった。実はいちど、モスクワ大学付属東洋語学院に、聴講ができるかどうか尋ねに行ったことがある。文学科の主任教授はこちらのたどたどしい説明を好意的に聞いてはくれたが、聴講を自分の権限で許すわけにはいかない、学長のところへ行けという。学長に電話してその旨を話したところ、それは自分の権限ではない、大学本部の外国人留学生係へ行けという。やっとそこを尋ねあてると、われわれが扱うのは正規の留学生だけである。おまえは高等教育省へ行かなければならない……というあたりで嫌気がさしてあきらめてしまったというわけだ。おそらく、主任教授なり学長なりにつながる信頼できる紹介者すなわちコネがあれば、なんとかなったのだろうけれど、どこの馬の骨ともわからない外国人ではしかたない。この国では、いつもこうなのだから。

ひとりだけ、中国研究者の卵と知りあいになった。ポーランド系ユダヤ人で、ウラジオストックの大学で中国語をやり、モスクワの経済学研究所に所属して、日中経済問題に関する修士論文を書いているパーシャという青年だった。彼と私はかろうじて通じる中国語を媒介に、ロシア語と日本語の交換教授をやることになり、それを聞いた彼のお父さんは、「日本人とユダヤ人が中国語でしゃべっているのか」とお腹をかかえて笑ったそうだ。

パーシャは頭も良くカンの鋭い男で、中国に対しても冷静な見方をしていた。「官僚体制を打倒しようというのはわかるけど、みんなが同じ服を着て、同じように毛語録をふりまわすのはとてもたまらないなあ」などと言う。「論文の原稿を指導教授に見せたら、政治性が低いから書きなおせと言われてしまった。要するに、単に日中経済関係のデータを並べただけではだめで、日中関係はうまくいかないという結論を強く出さないといけないんだ。それに、ブレジネフの引用も少なすぎるらしい。不幸中の幸いはレーニンが中国に関しては、ほんの少ししか書いてないことさ」と肩をすくめてみせる。ソ連では修士や博士の学位は、そのまま大幅ベースアップにつながっているだけに、教授のコントロールも厳しいようだ。

論文を書き終えると、彼はウラジオストックの大学に戻って中国語を教えていたけれど、主任教授と折合いが悪く、結局は父親の住んでいるラトビア共和国のリガに行った。リガの大学には中国関係の講座はなく、今は中国とは関係のない役所づとめをしている。人材不足でありながら、人材が生かされないのは、ソ連に限ったことではないけれど、パーシャの場合はやはり惜しい。中ソ関係がもう少し違っていれば、どこかに彼が活躍する場があるはずなのに。大学の東洋語学部では、中国語の人気が落ちたぶん、今は日本語のブームだという。

話の最後に、パーシャから聞いた小話でも書いておくことにしよう。

——中ソ戦争が始まった。最初の日、勇敢なソ連軍は十万の中国兵を捕虜にした。翌日は二〇万、三日目は三〇万……。やがて、華国鋒から軍使が来た。手紙にいわく、「もし全員を捕虜にさしあげたら、どうなさいますか?」

もうひとつ。

——第三次大戦が始まった。

開戦二日目、ラジオが報じた。

「本日は晴天なり。フィン中国境異状なし」

——一九八一年

二大国の狭間で

モンゴル、国と民族と

一九九八年ウランバートルで開かれた「第三回東アジア女性フォーラム」に参加した。このフォーラムは、九五年に北京で第四回国連世界女性会議が開かれるのに先がけて、近隣の東アジアで女性の交流を深めようという目的で始まったものだ。第一回は一九九四年に日本で開かれ、二回目が九六年に韓国で、第三回の主催をモンゴルの女性NGOが引受けた。今回のフォーラムには、日本・中国・韓国・台湾などの各国とモンゴル国内から、約三百人が参加した。

一九九〇年から複数政党制に移行し、市場経済化への歩みを始めたモンゴルは、女性の失業やストリート・チルドレンの増加などの問題をかかえている。同時に、モンゴルの女性たちは、そういう問題を自分たちの手で解決したい、そのために他国の経験から学びたい、という意欲に燃えていて、会議は熱気を帯びたものになった。

日本からの参加者は、五〇人あまりだった。フォーラムの内容だけでなく、モンゴルという土地に引かれてという人も多かった。正直いえばわたしもその一人だが、わたしが行ってみたいと思ったのは、広い草原イメージもさることながら、ソ連と中国に挟まれた国という地理的文化的条件に興味があったからだ。一九七〇年代にソ連で暮らし、中国を専門にしているわたしにとって、この二大国に挟まれたモンゴルとはどんなところなのか、自分の目で見たかったのだ。

ウランバートルは、ロシアの地方の街によく似ている。街の中心にレーニン通り、ピオネール宮殿や、丸いドーム型のサーカス、中層のアパートの作りはまったくソ連様式だ。文字もロシアから導入したキリル文字だ。改革後モンゴル文字復活を試みたが、キリル文字で育った大人たちには読めないので、結局定着しなかったという。十年制の初等・中等教育制度もソ連式だ。

街の雰囲気や社会体制はだいたい予想したとおりだったが、予想外だったのは、ロシアに対する感情だ。わたしがソ連にいたとき、当時のモンゴルの首相ツェデンバルが、よくテレビに登場した。モスクワ留学生出身の彼は、いつもロシア語でしゃべっていた。それを見ながら、「いくらロシア語がうまくても、一国の首相なら公式演説くらい自国語でしたら?」とお節介なことを考えたものだ。そのソ連が崩壊して、傘下にあった各民族が自立の道を歩み始めた。モンゴルでもスターリン時代の粛清が暴かれるなど、脱ソ連化が始まっている。だから当然、ロシアに対する感情は悪いだろうと思っていた。

ところが、何人かに聞いてみると、「この街はやっぱりソ連が作ってくれたし、ロシアには親しみがあります」という。ソ連に対して同じような関係にあったバルト三国や東欧では、まずこんな言葉は聞かれないだろう。モンゴル人の穏やかな性格によるものか、あるいは、自前の近代を持っていた、いわば「野蛮なロシア」に占領された民族と、ロシアを通して近代に触れた民族との違いだろうか。日本の植民地下にあった朝鮮半島と台湾とでも、日本に対する感情に微妙な違いがあるが、それと重なるところがあるのかもしれない。

その一方、伝統文化――民族衣装や音楽などは、やはり中国と地続きだという感じがする。革命前の王様（活仏）の家具調度類も、中国直輸入のものだ。ところが、中国に対する感情はあまり良くないという。同じモンゴル民族の住む地域が、内モンゴルとして中国の領土内に組み込まれ、同胞が少数民族として扱われているのは、モンゴル人にとっていい気持がしないかもしれない。あるいは、商売上手で押しの強い最近の中国人への警戒心か。

中国領土の内モンゴルとの間には、人の交流があるようだ。参拝客で込み合うガンダン寺で、「あれは内モンゴルの人ですよ」と教えられた。同じモンゴル語を話すのだが、長いあいだ政治的に隔てられていたので、微妙な違いがあるという。

内モンゴルではモンゴル文字が使用され、モンゴル文字の出版物もある。しかし、実際には漢語（中国語）が教育を通じて普及され、モンゴル語は日常語ではあっても、公的な場面では漢語に押されている。内モンゴルでもチベットと同じような民族主義の動きがあるようだが、中国政府が警戒して報道を抑えているので、真相はわからない。

中国の国内で活躍するモンゴル民族の人もいる。一九八九年の学生による民主化運動、天安門事件で若きリーダーとして名を売ったウーアルカイシ（これは漢字音の読みで、本当の発音はウルケシだそうだ）もその一人だった。わたしはフォーラムのあと北京に飛び、たまたま中国籍モンゴル民族の女性に会う機会があった。市議会議員にあたる北京市人民代表で、民主派に属する彼女は、選挙の裏話などいろいろしてくれたが、モンゴルの話を聞いてこういった。

「わたしは長い間、モンゴルという国のことを考えないように、頭の中から追いやろうとしてきました。そして、それが自分の意識からまったく消えているのにいま気がついて、複雑な気持です」

中ソが敵対していた時代、中国にいるモンゴル民族にとって、モンゴル国に関心を持つことは、「親ソ」と「民族主義」という二重の意味で政治的に危険なことだったのだ。

中国だけでなく、ロシアの国内にもモンゴル民族がいる。ブリヤート・モンゴルと呼ばれる人たちで、バイカル湖沿岸に住んでいる。ソ連は多民族国家だったから、アジア系の人も多かったが、このブリヤートほど日本人に似ている民族はいない。市場などで見かけると、田舎の村のおじさんに会ったような懐かしさを感じる。親近感はこちらの独りよがりではなく、わたしの夫は地下鉄の中で、ブリヤートの人から「おまえはどこの村から来た?」と聞かれたそうだ。遺伝子で人類学を研究する方法があって、それによると日本人にいちばん近いのがブリヤートだったという記事を読んだことがある。さもありなんとうなずいたものだ。

話がそれたが、このブリヤートは、ロシア国民としてロシア語を使って平和に暮らしているが、最近かれらの中にもモンゴル民族主義の目覚めがあるらしい。モンゴル語と文字の研究では第一人者のモンゴル大学の先生が、彼らにモンゴル語を教えるために一年間ロシアに行くことになったそうだ。ウランバートルでわたしたちについてくれた日本語のガイドさんが、モンゴル大学日本語科の学生で、モンゴル語学者は彼女のお父さんである。

モンゴルの人たちが民族主義に目覚めすぎて、ジンギスカンの再来を夢見ては困るけれど、当面そんな心配はないだろう。三つの国にまたがるモンゴル民族の平和な交流が、国と国の隔てをなくす方向で発展することに期待したい。

——一九九八年

社会主義から何を受け継ぐか

社会主義が崩壊した。社会主義の看板を掲げている国はまだあるにせよ、一九九一年、ソビエト社会主義共和国連邦が解体したとき、社会主義という言葉に象徴されていた何かが崩壊したのは確かである。それは、一九六〇年代くらいまでに学生時代をすごした者にとっては、自分自身の内側まで揺すぶられる衝撃であった。

私のなかの社会主義とフェミニズム

私自身は、政治や社会に目覚めて以来、確信をもった社会主義者であったとは言いきれない。しかし、一九六〇年、安保闘争のさなかに大学に入り、中国語を学び、中国文学を専攻したという経歴であってみれば、社会主義と無縁で過ごせたわけがない。当時の学生運動や反体制的な市民運動は、日本共産党であれ、新左翼や親中国派であれ、社会主義を信じる人たちによって指導されており、私もその時々に、安保反対やベトナム反戦のデモ、日中国交回復運動などに参加していた。

そのころの私は、自分が女であることは意識のどこかに常にありはしたものの、革命や反戦といった大義の前には、女性問題は二義的なものだという思い込みがあった。その思い込みから自由になるためには、一九七〇年、リブとの出会いが必要だった。そこで私は初めて、今まで漠然と感じていた疑問、社会主義国における女性の在り方や革命的な運動の中での女性の位置付けに問題があることをはっきりと認識し、女の問題を本当に解決するのは女の運動でしかないことを確認したのだった。同時にそれは、自分の感じていることと「正しい」考え方との距離を測るのではなく、そこから出発すればいいのだという大きな解放感をもたらした。

この私の個人史は、一九六〇年代末に、従来の権利要求運動（第一波フェミニズム）でもなく、社会主義女性解放論とも違った、「第二波フェミニズム」が出現した道筋とそのまま重なる。まさに「個人的なことは政治的」なのである。

フェミニストであることを自覚して以来、私がやってきた仕事の一つは、社会主義国や社会主義をめざす革命運動の中で、女の問題がいかに扱われ、いかに解決されたか、あるいはされなかったかを検証してゆくことだった。それは、意識して取り組んだというよりは、中国現代文学を専攻してきたことと、一九七四年から八一年という「停滞の時代」の末期にソ連で生活したという偶然が重なったためかもしれない。モスクワでの体験をもとに書いた『女たちのモスクワ』（一九八三）や、ドキュメンタリーの編訳『中国女性』（一九九二）などは、そういう問題意識から生まれた本である。

そこから出てきた結論は、既存の社会主義革命や社会主義国においては、女性は革命の主体とはほとんどなり得ず、女性の問題は解決されたというにはほど遠いということだった。さらに問題なのは、社会主義の革命論では、革命が達成され、女性の職業進出が果たされた時点で、女性解放は完結したとみなされるために、現存するさまざまな矛盾にきちんとした対処ができず、放置されがちなことだった。一九七〇年代に世界を揺るがした第二波フェミニズムの運動と理論も「ブルジョア的」なものだとみなされ、社会主義国の国境をまたぐことができなかった。

そんなわけだから、フェミニズムの立場に立てば、既存の社会主義体制の欺瞞性は明らかであり、その崩壊は当然で、惜しむ必要はないということになる。それにもかかわらず、私自身、あまりにあっけなく消えてしまった「社会主義の祖国」に対して、複雑な感慨を抱かずにはいられない。それはあるいは、巨大な存在として反抗してきた父親が、瀕死の無力な老人にすぎなかったことに気づいたショックに似ているかもしれない。

そうした感傷はおくとしても、今の時点で社会主義の女性解放が何であったかをきちんと確認しておかないと、社会主義の欺瞞を暴きたてる風潮に流されて、そこにあったプラスの面までもなしくずしに葬り去られてしまうのではないかという危惧を私はもっている。社会主義に少しでも心を動かしたことのあるものは、それぞれの場で、ちょっと立ち止まって考えてみる必要があるのではないだろうか。この文は、フェミニズムの立場からの、そうした試みのひとつである。

女性解放と労働の関係

社会主義と女性との関係を考えるとき、私自身の原イメージは、プラトークをかぶってトラクターの運転席に坐るロシア娘であり、赤い星のついた帽子をかぶった中国人民解放軍の女性兵士である。彼女たちは、まだ日本でもアメリカでも、女は結婚し子供を生んで家庭を守るのが正しい道だと教えられていた時代に、男性と肩を並べて社会に進出する女性の象徴として私たちの前にあらわれた。

女性の医師、技術者、学者、政治家や外交官が登場し、最初の女性宇宙飛行士テレシコーワが「ヤー・チャイカ（わたしはカモメ）」と地球に向かって呼びかけた。彼女たちは、女性の職業進出＝女性解放とする社会主義女性解放論のモデルであり、資本主義国の女子学生にとっては憧れの対象だった。

今になってみれば、社会主義国における輝かしい女性の社会進出の裏には、遅れた国の産業を飛躍させるという切迫した必要があったことが明らかになっている。そして、ソ連においても中国においても、「男は仕事、女は家庭」という伝統的な性別役割分担は解消されることなく、女のうえにだけ仕事という役割がさらに付け加えられたのだということも、今では誰もが認める事実である。そのため一九八〇年代になって、市場経済が導入され、企業間競争が起こって生産性の向上が叫ばれるようになってくると、家事や育児の負担を抱える女たちが生産現場で邪魔者扱いされ、これまで思いもよらなかった「女は家庭へ帰れ」の声さえ聞かれるようになってきた。

しかし、そういうマイナス面を考慮にいれても、社会主義国における女性の社会進出は、女性の歴史に新たな一ページを画したものだったことを、ここで再確認しておきたい。

私がソ連で暮らし始めたころ、新鮮に感じたことの一つは、夫の関係で知り合った初対面の人が、私自身のことを尋ねてくれることだった。ソ連に来る少し前、私は結婚と出産を相次いで経験したが、「〇〇の奥さん」と紹介された相手に向かって、「仕事は？　専門は？」と尋ねてくれる日本人に出会ったことがなかった。ソ連の人々からそんな質問を受けて、この国では、結婚し、子をもった女が、自分の仕事や自分の興味の対象をもっているのが当然であるという認識が、社会の中に根付いているのを実感した。

社会主義における女性解放の意味を逆の面から浮かび上がらせるものに、統一後のドイツの現状がある。例えば、姫岡とし子は「旧東ドイツの女たちは今——失業と社会福祉削減に直面して」（一九九二）で、統一によって社会主義的既得権を削減されたために、職業と家庭の両立の基盤を崩された女たちの現状を報告している。西ドイツとの合併に際して、コール首相は生活の悪化はないと保証したが、姫岡は、「コール首相は、市場経済の導入によって失うもののより少ない男性を判断基準にして、それを男女双方を含めた全体の状況として語っている。男の体験が一般的なものとして語られることによって、女の方は視野の外に置かれ、切り捨てられるのである」と批判する。

旧社会主義国の女性たちは、自由で豊かな生活＝資本主義という幻想の前に、失うかもしれないものの大きさに気づいていない。そうだとすれば、社会主義における女性の労働進出のプラスとマイナスをきちんと評価し、そこで不足していたものを補っていく仕事は、私たちの手に委ねられることになる。そこに不足していたものとは、例えば労働観についていえば、物を生産する以外の、人間を産み、育て、世話をし、人間関係を結んでゆく労働、あるいは、誰もやりたくはないが必要な労働——単純作業やいわゆる三K労働を、人間の労働全体の中にどう位置付けるかといった点ではないかと考えている。

集団保育が育てたもの

社会主義と女性の関係を考えるときに、保育の問題を欠かすことができない。女が生命の生産のうえに社会的生産をも担うとすれば、子供を誰がどう育てるのか。この問いに対して、社会主義は集団保育という答えを出した。

社会主義国における集団保育は、労働力として女性を家庭から解放することに主眼が置かれていたが、同時に、子供たちを集団で教育することによって、旧社会の有害な影響を払拭し、新しい社会の担い手としてふさわしく育てるという意味付けもされていた。革命の意気に燃えた一九二〇年代のソ連で書かれた教育論には、そういう理想主義的な熱気が感じられる。しかし、私が実地に見聞した一九七〇年代ともなると、そういう理想主義は形骸化し、ソ連の保育施設の教育内容は日本のそれとあまり変わりなくなっていた。ただ、日本の幼稚園のような半日保育の施設はなく、働く母親の受け皿として、朝八時から夕方六時まで、朝食、昼食、昼寝つきで子供を預かるのが当然とされていた。

そして面白いことに、人々の頭の中では集団保育は決して望ましいものではなく、働くための必要悪とみなされているふしがあった。おばあちゃんが家にいたり、子供が幼い間、母親が休職できるのは恵まれた家で、大部分の人は働かなければ食べられないからしかたなく子供を保育園に預けるのだと考えていた。その理由の一つは、子供に対する保母の人数が少なくて、十分に手が届かないということだった。とはいうものの、日本に比べてのんびりしたソ連の保育園は、私も私の子供たちもけっこう気に入っていた。

そんなわけで、旧社会主義諸国は母親が社会的労働にたずさわるため必要最小限の保育施設網を作りあげたが、その保育の質の面では十分だとはいえなかった。むしろ、集団保育の理論と実践に関しては、日本のほうが進んでいる面がある。日本における集団保育は主として社会主義的女性解放運動によって担われてきたが、この点では社会主義国における集団保育の初心を受け継いで、社会主義国の現状を超えたといえるかもしれない。

日本の保育運動の達成で重要な第一の点は、集団保育が働く母親にとってだけではなく、子供たち自身にとって必要だということを理論と実践の両面から再確認したことだろう。子供たちを見続けてきた保母たちは、ゼロ歳児がすでに同じ大きさの仲間を認識し、大人に対するのとは違うやり方で交流しようとすることを見てとり、それにそった集団作りの努力をしてきた。ましてや幼児期の子供にとって、子供の集団は精神的・肉体的発育のうえで不可欠なものであり、核家族化と都市化が進んできた現在、集団保育は以前よりはるかに重要性を増してきたことが確認されている。

第二の点は、従来言われてきた子供の母親からの自立に対して、母親の子供からの自立という新しい視点を付け加えたことである。これは、国立市公民館で保育室つきの学習会を組織してきた同館職員の伊藤雅子（伊藤、一九七五）などによって理論化されているが、女が人間として自立するためには従来の母子一体化の押しつけに対して、自分を子供から物理的、精神的に切り離す必要があるという側面から集団保育を考えるものである。この視点を付け加えることによって、これまで仕事をもつ母親の側からのみとらえられていた集団保育は、すべての母親の自立と解放を保証する場としてとらえなおされた。

戦後の社会主義的女性運動は、働く母親の立場から保育所の増設を一貫して要求し、また労働者としての保母と母親とは共同して労働条件や保育内容の改善を要求してきた。その結果として、日本の公的集団保育施設は、量的にも質的にもかなり充実している。これは私たちが社会主義的女性解放運動から受け継いだ貴重な遺産であることは、そういう運動が弱かったアメリカの現状などと比べてみるとよくわかる。これをしっかり引き継いでその経験を生かしながら、フェミニズムの視点での保育論を創っていくことがこれからの課題である。

性的タブーとピューリタニズム

社会主義とフェミニズムの関係で、もう一つ考えてみたいと思っていることに、ピューリタニズムの問題がある。これまでに存在した社会主義国家は、映画や美術、文学などの芸術あるいは娯楽において、きわめて禁欲的だった。その禁欲の程度は、国により時代によって違いがあったが、いずれにしても、性行為や裸の肉体は、残虐行為などと並んで表現上のタブーとなっていた。また、革命直後のソ連や文化大革命期の中国では、セクシュアリティの強調だけでなく、女性のパーマやマニキュア、華美な服装などジェンダーを強調することもまたタブーであった。

このようなタブーの成立には、さまざまな理由が考えられる。第一に、社会主義革命を指導したのが知的エリートである革命家集団であり、彼ら自身の精神構造がきわめて禁欲的で自制心が強かったことがあげられる。また、革命そのものが戦争や内乱で極限状態に陥った国に起きたために、経済再建に向けて国民の気持を引き締めるために禁欲を強制した面もあった。しかし、それだけではなく、セクシュアリティとジェンダーの表現を規制しようとした彼らの意図のなかには、資本主義社会における男女の関係――女の性的対象物化や性別役割の押しつけ――に対する根本的な批判が含まれていたはずである。学生時代の私たちが、中国の映画や文学のきまりきった筋立てにうんざりしながらも、日本やアメリカにはない新鮮さをどこかに感じていたとしたら、その一つは男に対して媚を売ることのない毅然たるヒロイン像にあったのではないかと思う。

ところが、建国当初に新鮮なものとして登場した新しいモラルは、頭のなかで作りあげられた理念であって、現実の社会における家族やジェンダーの構造は、ほとんど手をつけられることがなかった。社会の合意のなかで深められていくはずのモラルは形骸化し、単なるタブーとして検閲や強制と結び付いてしまった。そのために、検閲や強制が取り払われるやいなや、商取引や言論の自由とならんで、女の身体を商品化する自由も抵抗なしに受け入れられ、ミス・コンテストが喝采を博し、売春やポルノが横行するようになった（ウォーターズ、一九九四）。この傾向は、旧ソ連や東欧諸国ではもちろんのこと、政治的にはまだ社会主義の旗をしっかりと握りしめている中国にも、経済の自由化に伴って入り込んでいる。

このように、ジェンダーの見直しに挑戦しながらそれを果たせなかった社会主義は、私たちに宿題を残した。それは、従来の性的表現や女らしさの表現をただ否定し禁止するのではなく、人間関係を変えてゆくなかから、自分たちの新しい表現を創っていかなければならないということである。

理想は滅びたのか

社会主義敗れて淋しさびしかり資本主義に理想のありや（朝日歌壇、一九九一年九月二二日）

これは連合赤軍事件のリーダーであった坂口弘が獄中で詠んだ歌である。けっしてうまい歌ではないが、同時代を生きた者には読み過ごせない重さをもっている。我々の世代、あるいはさらに厳しい戦前に社会主義の影響を受けた者にとって、社会主義とは何だったかといえば、それは「理論」である前に「理想」だったのではないだろうか。

しかし、その理想は実現の非常に難しいユートピアであった。あれはスターリンが悪かったとか、遅れたロシアに起こったからいけなかったというのは、甘すぎると私は思う。私には、マルクスの考えの根本的な欠陥の一つは、人間のもつ物欲とか権力欲とか猜疑心とか憎悪といった暗黒面をすべて社会のせいだとして、革命が成立した後にそれを制度的にチェックする必要に思い至らなかったことではないかという気がする。

フェミニズムもまた、平等な社会、弱者を尊重する社会という意味で社会主義と同じ理想を共有している。そしてフェミニストのなかにも、女はすべて本質的に善なるもので、父権制にかわる母権制ができれば理想的社会になると考えたがる傾向がある。しかし、フェミニズムというのは、いつか来るユートピアではなくて、現実のがまんできないところを一つずつチェックし、変更し、歯止めをかけてゆく終りのない過程そのものではないだろうか。理想という言葉を社会主義から受け継ぐとしたら、その過程で一歩ずつ前を照らす探照灯として使いたい。それが私なりに、社会主義の崩壊から学んだことである。

——一九九二年

監督と作品のあいだ

『林檎の木』と『ルッキング・フォー・フミコ』

女性の映画監督も、女性というだけで話題になった時代から、それぞれの個性が評価される時代になってきた。ここでは、女性監督の二つの作品をとりあげながら、作者と作品との距離といったことを考えてみた。

『林檎の木』

伝わるおだやかなあきらめと悲しさ

林檎の木は、淡いピンクの花を霞のように広げていた。若いレーナは、その林檎園で働き、林檎の木の下で恋を語った。ここでみのる林檎の実は、日本のような巨大な人工品種ではない。てのひらにスッポリはいるように小ぶりで、ゆがんでいたり、傷があったりするかもしれない。かぶりつけば、ほのかな甘さと、強いすっぱさが口の中に広がるだろう。

ヘルマ・サンダース＝ブラームス監督の『林檎の木』（一九九二）は、今はない国、東ドイツのある林檎園を舞台にした作品である（映画の題につられて、林檎というなつかしい漢字を使ってしまった。動植物の名がすべてカタカナ書きになってしまったのは、いつからだったろう。あれは日本の文化から、なにかを引っこ抜いてしまった）。

ブラームス監督は、『ドイツ・青ざめた母』（一九八〇）で、戦中戦後の苛酷な社会に押しつぶされる若い母親の姿を描いた。『エミリーの未来』（一九八四）では、仕事と母性との間に引裂かれる女を、女三代のつながりを軸に描きあげた。九一年に作られたこの『林檎の木』では、東ドイツという国の運命が、一人の女の運命と重ねられている。

ベルリンの壁ができた翌年生まれたレーナは、当時の東ドイツのどこにでもいたような、素朴でやさしい娘だった。（娘時代のういういしいレーナを演じるのは、かつて幼いエミリーを演じた監督の娘、アンナ・サンダース。よその子供の成長を見ると、自分がとしをとったことがわかる）。「国民一人に一本の林檎を」というスローガンにそって開発された林檎園で働き、ハンサムな労働者と恋をして結婚する。

若い二人の生活は、思わぬことから破綻する。党のお偉方が顔をだしたパーティーで、華やかに踊るレーナに嫉妬した夫が、つい本音をもらして東の社会を批判してしまったのだ。

「しょせん夢だった。人間の夢だった。正義も愛も、自由も平等も。現実にあるのは、へつらいとあざむきと、ウソだ」

夫は政治犯として逮捕された。レーナは、執拗に自分を誘っていた上司との関係を受けいれる。（この男との関係だけは、見ていて釈然としなかった。強引で権力をカサにきたいやな男で、性的魅力も、ワルの魅力も、私には感じられなかったから。レーナがただ弱いだけとは、監督はいっていないと思うのだが)。しかし結局、男はレーナをおとりにして西側に脱走し、釈放とひきかえに当局の密告者にしたてられた夫は、レーナを売ることになる。

筋書きを追っていくと、いかにも重苦しい。じつをいえば私は、ブラームス監督の作品は、どちらかというと苦手だった。とりわけ、『ドイツ・青ざめた母』は、戦争が一人の女を痛めつけてゆくありさまが、これでもか、これでもかとサディスティックなまでに描かれ、もうやめてくれと叫びたくなった。(私がいちばんまいったのは、強姦でも暴行でもなくて、主人公が誤診で歯を全部抜かれてしまう場面だったのだが……)。

ところが、同じように悲惨な運命をたどる主人公なのに、『林檎の木』からは、見るに耐えないほどの重苦しさは伝わってこない。伝わってくるのは、むしろおだやかなあきらめと悲しさだ。

そこには、監督と主人公と間の、距離の違いが感じられる。『ドイツ・青ざめた母』では、監督は主人公にのりうつり、主人公の苦悩を体感していた。だからこそ、歯を抜かれる場面があんなにもおぞましかったのだ。あるいは『エミリーの未来』での、エミリーの母と祖母――女優として生きようとする女と、その夢を捨てた女――との葛藤の場面の熱っぽさ。

東ドイツに対する監督の複雑な立場

それに対して、『林檎の木』のレーナに対する監督の目は、暖かいが熱くはない。その違いは、あるいは、監督の年齢によるかもしれない。しかしそれ以上に、東ドイツに対する監督の気持が、そこに反映されているのではないかという気がする。『ドイツ・青ざめた母』では、主人公と監督との距離の近さは、戦争やファシズムへの憎しみの強さと呼応するものだった。それとはちがって、東ドイツに対する監督の立場は複雑だ。人々の自由な発言を禁じ、人を密告者に仕立てあげたこの国の崩壊を当然のこととしながらも、崩壊の後になだれこんでいった資本主義をも、苦い目で見ているからだ。彼女は自由主義の勝利をかちほこるよりはむしろ、勝者の側にいる自分の加害者性をみつめている。それを象徴しているのは、ベルリンの壁が崩壊した時、息子を連れて西側へ出たレーナが、歩き疲れてショッピングセンターの路上で野宿する場面だ。全体がくすんだ色調で撮られている中で、「西」のこの場面だけが鮮やかな極彩色。そのことがかえって、拒絶されるレーナの孤立感を浮立たせている。

東ドイツがどんな国だったのか、統一後、その地域の女たちに何が起こっているのかは、いくつもの報告が書かれている（姫岡とし子、一九九一。上野千鶴子・田中美由紀・前みち子、一九九三）。それらの中から読みとれることは、自由が与えられた反面で、多くの女たちが失業し、公的保育や妊娠中絶など、東の女たちが当然のものとしていた権利がおびやかされていることだ。一九七〇年代のソ連に住んだことのある私の経験からみても、当時の「東側」は自由や贅沢がないかわりに、生活のペースはゆったりとして、値上りもなく失業もなく、落ちついて暮らせる社会だった。子育てをしながら仕事をする女の生活は楽ではないけれど、それがあたりまえだったから、能率の悪さや欠勤を責められることもなかった。そういう社会で生きてきた女たちが、人生の半ばでまったく違う価値観の中に投げこまれ、仕事さえ失ったとしたら……。

レーナの場合、失業は林檎園の土地売却・再開発という形でおとずれた。ブルドーザーで根こそぎにされ、燃やされてゆく林檎の木。あとに残った荒涼とした空間。この無残な場面を、どうやって撮影したのだろうと映画を見ながら疑問に思ったのだが、じつは実際に東ドイツのもと国営プラントで、林檎の木が引抜かれている現場をまず撮影しておいてから、ドラマにとりかかったのだという。

映画の最後は、祖母が残した土地に帰って、林檎の木を植えようというレーナと夫の姿で結ばれる。少女レーナが祖母のもとに通ったのと同じ渡し舟での、二人のシルエット。二つの体制に踏みにじられた人間を、林檎の木——自然が救うことができるのか。この答がそれほど甘くないことは、監督自身がじゅうぶん承知しているにちがいない。それでもなお、希望を託したかった彼女の気持が、私にもわかる気がする。

『ルッキング・フォー・フミコ』

ナナコのリブ探し＝自分探しの旅

リブのビデオを作っている若い人がいると聞いたのは、もう何年も前のことだ。私自身がリブに関する体験をまとめた『リブ私史ノート』を出版したのは九三年のはじめだが、それよりもっと前になる。フェミニズム関係の集まりで撮影する栗原奈名子さんたちの姿をみかけたり、編集前のビデオの一部を見せてもらったこともある。そんなふうに長い時間をかけて完成した作品が、この秋から冬にかけて各地の女性センターなどで上映されることになった。

『ルッキング・フォー・フミコ　女たちの自分探し』（一九九四）というのが、この作品のタイトルである。フミコっていったい誰？という謎は、フィルムの冒頭で解かれる。フミコ――大和史子さんというのは、監督の栗原奈名子さんがニューヨークで知りあった女性だった。日本社会の息苦しさに耐えきれなくて飛びだしてきた二人は、同じアパートで意気投合し、深い友情がめばえた。しかし、まもなく、フミコは癌で死んでしまう。

フミコが日本にいたとき、「ウーマン・リブ」という女性の運動に参加していたことを知ったナナコは、フミコのルーツを求めて、日本のリブを訪ねる旅に出る。全編は、ナナコによるリブ体験者の女たちへのインタビューと、当時のフィルムや資料を、ナナコの語りによってつないでいく形で構成されている（ここでナナコと片仮名を使ったのは、監督としての栗原奈名子と、画面に登場するインタビュアー兼ナレーターのナナコとを、区別しておきたかったからだ。敬称も省略する）。

ナナコにインタビューされるのは、あわせて五人、いずれも一九七〇年代はじめ、リブ運動にかかわった人たちだ。私にとっては、よく知っている人、名をきけば懐かしい人もいれば、知らない人もいる。インタビューの時期までには、彼女たちはそれぞれの二〇年を生きてきて、「リブを知らない」ナナコと向かいあう。

田中美津さん。リブを語るとき避けて通れない存在の彼女は、細い路地を入ったアパートで、鍼灸治療室を開いている。じつをいえば、私はこの一年ほど、五十肩の治療で美津さんの治療室「れらはるせ」のお世話になって、高校生の息子について愚痴をいいあったりしている。まさに「リブ四半世紀」を絵にかいたような関係だ。そのために、気さくで、面倒見がよくて、働き者という彼女の現在の顔になじんでしまって、七〇年当時の美津さんから感じた凄味とかカリスマ性を忘れてしまいそうになる。だいたいあの頃は、美津さんが小柄な人だなんて気がつかなかったくらい、その存在感は大きかった。おそらくあれは、彼女の中にあったなにかが時代と接触して、火花を散らした瞬間だったのだろう。

インタビューの画面に出てくる美津さんは、もちろん現在の彼女だから、質問するナナコは、頭にあったイメージとの落差にとまどっているようだ。「なぜ運動をやめてしまったのか」と問うナナコに、美津さんは、話が通じるのだろうかというもどかしさをにじませながら、言葉を選び選び語る。リブは自分を変える運動だったこと、だから終ったとかやめたとかいう見方ではとらえられないこと、ひとの体を変える今の仕事もリブと続いたものであること……。

舟本恵美子さんは、リブの雑誌『女・エロス』（一九七二―八二、季刊で一七号まで発行）の発起人。燃えたつような文を書いていた彼女は、企業の中にとどまることを選んで働きつづけ、今はおちついた、優雅ともいえる雰囲気をもっている。企業の中でいやがらせをされながらもフェミニストとして生きた経験を、突っ込んで聞きたがるナナコに、「やめてどこに行っても、同じだったでしょう」と、言葉少なに語る。体の不自由なお母さんを車椅子に乗せて散歩する姿をカメラが追う。

岩月澄江さんは、会うとこちらも元気になってしまう人だ。「女のカレンダー」（自立して生きた女性の写真を毎月かかげるカレンダー、ジョジョ企画発行）を作り、イラストを描き、織物をし、女の応援歌をうたう。いまリブの時代の雰囲気を、いちばん残しているのは彼女の周辺ではないだろうか。ナナコは「欲しいものがなければ自分で作ってしまう」彼女の生き方に大いに共感。

フミコの姉である大和説子さんと、仲間だった村上朋子さんは、いずれも北海道のリブ・グループにいた。リブのグループはほんとうに、北海道から九州まで広がっていたのだ。

説子さんは今も、地域の選挙や反核の運動に加わって、仲間たちの輪の中にいる。しかし、仕事は病院の清掃というきつい労働だ。「三〇すぎると、就職試験を受けても受けても落ちるようになっちゃって……」。女の就業状況を変えるほどの力を、リブは持ちえなかったと語る。

朋子さんはずっと看護婦をしている。登場する五人の中では、ただ一人「ふつうの家族」をやっているが、パートナーとは別姓を通している。ゆったりした朋子さん、息子と兄弟のようなパートナー。みんなで家事をやり、みんなで遊ぶようすが写される。それでも、人と違う生き方をしているということで、子供がいじめにあったこともあるという。

問われる監督の主観の表現

五人へのインタビューの間に、当時のフィルムが挿入される。マスコミが撮ったニュースもあるが、女たちが自分で写したものもある。あのころ、ホームビデオなどという手軽なものはまだ普及していなかった。そして私たちのほとんどは、自分が今やっていることにせいいっぱいで、それを記録として残すことまで思い至らなかった。そのときに、映像による記録を残した人と、それを探し出した人の執念に頭が下がる。

インタビューをしながら、ナナコは問いを投げかける。「リブはなぜ続かなかったんですか?」そしてこうつぶやく。「もし日本にリブがあったことを知っていたら、わたしは日本を去らずにすんだかもしれないのに……」

しかし最後に、ナナコはこうしめくくる。「たいせつなのは、どこに住もうと、女であること、日本人であることを問いつづけること……解放への道は、自分の中からはじまるのだ」。こうしてナナコのリブ探し＝自分探しの旅は終る。

リブの経験を伝えるために、ナナコという聞き手を設定し、リブ探しをナナコの自分探しと重ねあわせた設定は、この作品をまとめあげるうえでは成功している。「個人的なことは政治的なこと」というのは、リブが好んで使ったフレーズだったが、それを映像作品作りのうえで具体化したのがこの方法だといってもいい。とりわけ、リブを知らない人たち――若い世代や、外国人――にとっては、ナナコの存在は、リブという未知の世界へのかっこうの水先案内人になるだろう。

ただ、そのことを認めたうえで、私にはひとつ気になることがある。それは、奈名子とナナコの関係だ。映像の中のナナコは、フミコのルーツを探して日本へ旅立ち、五人の女たちに会って質問をし、自分なりにリブを理解して新たな出発をするべくアメリカへ帰ってゆく。画面に登場するナナコは率直で、無邪気で、彼女のモノローグはわかりやすい。

でも、ナナコとは誰だろうか。それは監督の栗原奈名子と同じなのだろうか。フミコのルーツをたどろうという出発点において、ナナコと奈名子は同一人物だったにちがいない。しかし、リブのビデオを作ろうと決めた時、監督の栗原奈名子は無邪気なナナコではなくなったはずだ。真剣にインタビューをしながらも、心のどこかで画になる角度を求め、使えるフレーズを探していたにちがいない。金の工面の苦労もあっただろうし、取材相手との葛藤もあったかもしれない。それなのに、画面に登場したナナコはあまりに無邪気でわかりやすくて、私はそこにあるよそよそしさを感じてしまった。それは手法の問題であるのだが、それだけではないもっと深い問題をはらんでいるように思う。

女性の監督が女性を撮っていく場合、そこには監督の主観が反映される。それをどういう形で表現していくかは、これからも問われていくことだろう。女性が客体であった歴史があまりに長かっただけに、主体の目を獲得していく過程はけっしてやさしいものではない。栗原監督も、二作目ではおなじナナコを使うことはできないだろう。つぎに彼女が何を探して旅に出るのか、たのしみだ。

——一九九四年

第2章

等身大の女たち

中国女性の表象

映画「紅色娘子軍」（中国中央電視台）1960年・中国

『中国婦女』ひろい読み

『中国婦女』という雑誌をご存知の方も多いだろう。中華全国婦女連合会発行と身許は固いが、日本の婦人雑誌どころか週刊誌に比べても薄っぺらなこの本、値段も年間で三千円ほどと手軽で、ここ二〜三年愛読している。愛読といっても時によってはパラパラとページをめくって見出しをながめるだけの時もあるが、現在の中国の女の人たちの状況をかなり正直に反映していて面白い。ちょうど一九八五年分がそろったので、その中から気ままに話題をひろってみよう。

中国の女たちの変りようは、表紙を見れば一目瞭然。レオタードにレッグウォーマー姿も登場している。一二月号の表紙の人は白地の手編みセーターに、金の鎖とパールのイヤリング。髪は自然な感じにパーマがかかり、品の良い薄化粧。日本の週刊誌の「美人OL特集」のグラビアに登場しても十分に通用する清楚な美人だ。

『中国婦女』は日本の婦人雑誌のようにファッション記事に大量の誌面をさくことはないが、短いコラム風のものはけっこうある。

六月号の表紙扉には、ズバリ化粧のしかたが写真入りで解説されている。まず〈粉底霜〉（ファンデーションの音訳）を顔に塗り、その上に〈干粉〉をはたく。目のまわりは紫紅色と藍色の〈眼影粉〉を使いわけ、最後にアイラインもいれる。これが十分間で仕上がる薄化粧なのだという。

金のアクセサリーによる皮膚炎と金のアクセサリーの手入れ・保管についての記事は一一月号。一一月号には北京の中日友好医院でおこなわれている一重まぶたを二重まぶたにするための縫合手術のルポ。単に美容だけが目的のこの手術をここに登場した医師はもう七百件も手がけているという。「日本の婦人の五〇％以上は美容手術をしている」という記述もあったが、何を根拠にした数だろう。

こんな断片をひろうだけでも、紺の人民服に断髪は、遠い過去のことになってしまったことがよくわかる。おしゃれを楽しむことができるようになったのはいいことだと思う一方で、どこか割り切れないものが残るのは、単に私の「革命中国」に対するノスタルジアにすぎないのだろうか。今の中国が憧れ、真似ているおしゃれは、アジアの女の美しさを生かすものでも、働きやすく動きやすいように女の体を解放するものでもない。人民服を脱ぎ捨てたあとに着るものは、西欧資本主義の中で作られたモードしかないということは、中国のすすめている近代化を象徴しているような気がしてならない。

いま中国では、高年独身男女の結婚難が大きな問題になっているらしい。九月号の小説「隠密」（かくしごと、とでも訳せばいいか）は、工場の寄宿舎にいる二人の独身女性の物語。とはいっても、この二九歳と三一歳の娘さんが何に困っているかといえば、結婚できないことではなく、工場の同僚のおせっかいぶりなのだ。会う人ごとに「相手をみつけた?」と問われ、同情にあふれた目でながめられる。そのうち一人は、日曜ごとにおしゃれをして出かけるようになり、みんなを安心させるが、実は人目を避けて図書館通いをしていたのだった……。

あれだけ産児制限でさわいでいる国なのだから、独身で仕事にうちこんでくれる人は大いにけっこうではないかというのは、中国では通用しないようだ。結婚することに対する本人の願望も周囲の圧力も、日本にまさるとも劣らない。結婚相手をどうやってみつけたかという調査の答は「友人の紹介」が五〇%、「親戚の紹介」が一六%となっている。

それでもまだ結婚相手がみつからない人のため、『中国婦女』には毎号求婚広告の欄が設けられている。たとえば――

〈男、二八歳、未婚、身長一・六一メートル、健康、初級中学の文化程度、発展商品生産の特別認定家族。もの分りのよい二四~三〇歳の女性を伴侶に求む。離婚や夫と死別の場合も考慮〉

〈女、二八歳、未婚、大学卒業、身長一・六二メートル。容貌整い、健康明朗、かなりの生活力あり、北京市某医院医師。伴侶として三七歳以下、未婚、身長一・七〇メートル以上、大卒以上の学歴、作風正しく、進取の心あり、健康な、北京在勤の男性を求む〉

こんな広告が見開き二ページに三〇人ほど毎号掲載されている。日本の不動産の三行広告と同じように、だいたいのパターンは決まっていて、身長、仕事、性格、好みなどの情報がぎっしり詰まっている。女は自分より背の高い男を求め、男は自分より若い女性を求める傾向は日本と同じ。月収は書いている人とない人がある。月百元、年五千元などとあるのをみると、収入を明記しているのは経済力に自信のある人か。「小児麻痺の後遺症で右足が不自由」とか「再婚、一女あり」という人もあり、いい相手がみつかるといいのにと思わされる。この広告が実際にどれだけ縁結びの役に立っているのだろう。いずれ誌上で幸運なカップルのルポにお目にかかれるかもしれない。

記事の中でも結婚はやはり最大のテーマだ。読者からの訴え、ルポなどで、さまざまなケースが紹介されている。

「わたしは人間、商品ではない」は四川省の農村の娘からの投書。――わたしの両親はこの三年間にわたしに四回の婚約をさせました。一回目は一七歳の時で、九ヵ月間に相手に四百元を使わせました。二回目は七ヵ月間で四百元、三人目は六ヵ月で五百八十元も使わせたのです。四回目の婚約相手からも二ヵ月たたないうちに六百元を出させ、さらに四百元を要求し、わたしが抵抗すると傷だらけになるまでぶたれました。私は家をぬけだして自殺しようと思いましたが、それではあまりに相手が気の毒だと思いなおし、彼の家にかけこみました。でも両親は黙っていないでしょう、私はどうしたらいいのでしょう。(七月号)

「私はどうすれば苦痛から逃れられるでしょう」は山東省の女性からの投書。――私は農村の教師です。四年間もつきあった彼から絶交状を受けとりました。私達は四年前に将来を誓い、彼が中等専門学校で学んでいる三年間、私は衣食を切りつめて彼の勉学を援助してきました。それなのに卒業して一年足らずで同じ職場の娘と親しくなったのです。私が泣きながら問いつめると、彼女はどこをとっても私に劣っているが、職場の人事部門の幹部なのだということです。私は彼に復讐してやろうか、自殺しようかと毎日苦しんでいます。

この投書には、数百通の励ましの手紙が寄せられ、一一月号にその一部が掲載されている。自分も同じ体験をしたが立ち直ったという者、そんな男と結婚しないで良かったではないかと慰める者、小さな雑誌を通じての暖かい心の交流が伝わってくる。なかに「女は月ではありません、人の光を借りて存在することはできません、私たちは自分の道を歩かなければならないのです」という平塚らいてうの「青鞜」宣言を思わせる一行があった。

封建時代そのままの親、近代的エゴまるだしの男、いまの中国には、数百年分のさまざまな矛盾が圧縮されてひしめいている様子が手にとるようにわかる。結婚に関していえばやはり親の圧力、実家と婚家のいざこざが多い。一二月号には「婦人の修養と婚姻の悲劇」として四件の離婚と夫殺しの例が紹介されているが、そのうち三件は夫や妻の家族に対する贈り物や夫の両親の住居改築費の負担が争いの原因となり、もう一件は妻の妄想による嫉妬である。題が示しているように、この四つのケースはいずれも、結婚生活における妻の心がけの問題として批判的教訓的なコメントがつけられているが、むしろそれ以前に、結婚が双方の家から自立できない社会構造が大きな問題のように思える（その点は日本でも五十歩百歩なのだが）。また、今の日本なら精神医学に委ねるべき分野まで、本人の心がけの問題と片付けられている気配もある。

今の中国で女の人にとって最大の問題のひとつである「一人っ子政策」に関しては、直接に触れている記事はあまりない。女の子を産んだために夫と姑に虐待されたという訴えや、男女産み分けの秘薬なるものを通信販売して大儲けしたペテン師がいたというようなエピソードが断片的に紹介される程度だ。現在の政府がすすめている政策であるからには、女の問題だからといって深入りして寝た子を起こすわけにはいかないのだろう。

そのかわり、子供の教育についての記事は毎号かならず載っている。「厳しくて乱暴でなく、愛して溺れず」といった親の態度への助言、いかに子供の才能を伸ばすかという実例、一人の子に対する親たちの期待が痛いほどに感じられる。それにしても、一人っ子政策というのは、どこまで本気で実施されているのだろう。中国という国は政治家も民衆もしたたかで、スローガンには常に値引き覚悟の掛け値のようなところがある。文革の時のスローガンを、そういう掛け引きをまるで知らない素人が言い値で買ってしまったのがカンボジアの悲劇だったのではないだろうか。

資本主義国から吹きこむ風は、ファッションだけを運んでくるのではないようだ。女性観、男女の関係といった面でも、動きつつあるものが感じられる。

たとえば、陶春芳という人が二回にわたって書いている、四月号の「現代の女性はどんなタイプであるべきか?」では一人の女性が紹介されている。事業心が強く活発なこの女性は、大学を卒業しても大学による就職先の一括斡旋に甘んじず、独立して独特の生活用品を考案し、それを積極的に売りこんで事業家として大成功をおさめる。その一方、遊び方も派手で、酒を飲み、タバコを吸い、ダンスに興じる。このような娘に対して、周囲の人は「彼女は女らしさを失っている」と批判する。

筆者自身も、彼女の進取の精神は評価するが、生活態度については残念に思うと自分の気持を正直に述べている。しかしそのあとで、もしも彼女が男だったらこんな批判を受けるだろうか、洒脱できっぷがいいと称えられるのではないかと問いなおし、「このような伝統的感情・心理は私のような婦女工作に従事する者にも存在している」と反省している。では現代の女性はどうあるべきか。その点について筆者は結論を出さずに、読者の判断にゆだねるという謙虚な態度をとっている。

同じ陶春芳の「私の男女平等に対する偏見」（八月号）は、男たちへの呼びかけである。男女平等の第二のステップは女に対する男の依存を取り除くことだとして、筆者は男たちに勇気を持って家事のベテランになるべく挑戦してほしいと呼びかけている。「女の同志にできることは男の同志にも必ずできる」と、かつて毛沢東が女たちに向けた励ましの言葉を男に投げ返す筆使いは、厳しい中にもユーモアを忘れていない。陶春芳の二つの問題提起は世界の女性解放思潮の中から見れば特に目新しいものではないが、中国の数十年を見てきた者にとっては、中国もここまで来たなという感慨がある。同時にまた、この穏健な男女平等論に「私の偏見」と題したところに、伝統的な男女観が中国社会に今なお根強く生きていることもうかがわれる。

揺れ動き、変ってゆく中国の中で、女たちもそれぞれに揺れながら真剣に生きている。薄い雑誌の行間からも、その息吹きは伝わってくる。

——一九八六年

ふたつの映画から　等身大の女たち

『インタビュアー』『人、中年に到る』

二本の映画を、同じころに見た。ソ連の映画『インタビュアー』（ゴゴベリーゼ監督、一九七九）と、中国映画『人、中年に到る』（王啓民監督、一九八二）。一九八三年の一〇月から一一月にかけてのことだ。

「ソ連女流監督シリーズ」と銘打って、岩波ホールで上映された『インタビュアー』と、「'83中国映画フェスティバル」として池袋文芸座で上映された『人、中年に到る』とは、直接なんの関係もない。隣りあわせの大国でありながら、今は文化の交流などゼロに等しいソ連と中国の映画が、同じ時期に日本で上映されるだけでも面白いことなのだが、この二本の映画は、それ以上に不思議なほどに似かよっていた。

映画の主人公は、どちらも中年の女。年のころは四〇歳を越したぐらいだろうか。私にとっては、ちょうど昔の同級生、周囲にいる女友達といった感じだ。『インタビュアー』の主人公は新聞記者、投書欄の担当である。ソ連の新聞の投書欄は、日本とは少し違っていて、投書をもとに投書者にインタビューしたり、問題をさらに追及してルポにまとめたり、読者に対する窓口として、積極的な役割をはたしている。だから、主人公の仕事は、毎日いろいろな人に会ってインタビューをすること。その時、本筋のインタビューが終ったあとで、彼女は必ずいくつかの質問をつけ加える。

「あなたは幸福ですか?」「あなたの夢は?」

インタビュアー自身の生活と、彼女がインタビューする相手の女たちの生活とを重ねあわせる形で映画は進行する。

『人、中年に到る』の主人公は医師である。北京の病院の眼科医として、二〇年のキャリアを持つ腕のいい医者だが、管理職でもなければ党員でもない。文革時代の空白期、昇進も昇給もストップしていたからだ。しかも、後継者が育っていないから、中年の医師たちは、疲れた体に鞭打って働き続けなければならない。一日に三つの手術を引受け、無事に手術を終えたところで、彼女は心筋こうそくで倒れる。病床にある主人公の心に浮かぶさまざまな思い出という形で、映画は物語られてゆく。

専門職を持つ女性が主人公として登場する映画というだけでも、日本はもちろん、欧米でもまだ数は多くない。女優のような華やかな世界での成功物語か、仕事は持っていても映画の中で語られるのはもっぱら恋の場面であるか、さもなければ女手一つのがんばり物語になってしまう。私たちと同じ世代の身近に生きているような、仕事をしながら生活をかかえている普通の女の姿がスクリーンに登場することは、ほとんどない。とりわけ中国映画では女はむろんのこと、男でも、革命の英雄でなければ搾取に泣く犠牲者というのが、主人公の通り相場だった。私たちの感覚で素直に受けとめられる等身大の人間が登場するようになったのは、文革以後、わずかここ数年来のことだ。

『人、中年に到る』には、こんな場面がある。

病院の診察室、忙しく働く主人公のところへ電話がかかってくる。

「こちらは保育園ですが、娘さんが熱を出したので、すぐ引取りに来てください」

朝早くから順番を待っている患者たちを、同僚に助けられてなんとかさばき、保育園にかけつけると、幼い娘はベッドで一人ぐったりと寝かされている。

「もっと早く来てくれなければ……」と責める保母の声をあとに、娘を家に連れ帰ると、小学生の息子がお腹をすかせて待っている。給食のない中国では、子供は昼食をとりに家に帰り、母親も帰って食事の仕度をするようだ。（一九五〇年代に喧伝された協同食堂はどうなったのだろう？）

「お母さん、学校に遅れるよ」

「お金をあげるから、焼餅《シャオビン》を買って食べなさい」

「お母さんは？」

「食べたくないわ」

娘のベッドの傍で茫然としている主人公に、息子が買ってきた焼餅をそっと差し出す。

それだけと言ってしまえばそれだけの、なんということもない場面だが、原作（諶容、一九八〇）を読んだ時も映画を見ても、中国でもやっとこんなことが語られるようになったのだなあと、あらためて胸をつかれる思いがした。原作者の諶容《じんよう》は、文革後に知られるようになった作家で、もちろん女性。詳しい経歴は知らないが、主人公と同世代の、笑顔がさわやかな人だ。保育園から職場にかかってくる電話のベルに脅やかされた経験を、この人も持っているにちがいない。

『インタビュアー』では、模範女子労働者とのインタビューの場面が印象に残る。仕事は楽しいし、家庭は円満、学校や保育園は子供たちの面倒をよく見てくれるし、広い住居の割当ても受けたし、なにも言うことはありません、と、インタビューを受けた女子労働者は胸を張る。ソ連の新聞やテレビにもよく登場する、お定まりのパターンだ。

ひととおり聞きおえて、インタビュアーは質問する。

「あなたは余暇に何をしますか？」

一瞬キョトンと、とまどったような相手の顔。

「余暇……？　余暇なんて私にはありません。いつも何かすることがあるわ。家ですわっている時は、つくろい物か編物をかかえているし……」

「では、眠る前に何か考えますか？」

「そう、眠る前なら少しは考えることがあります。田舎の風景を思い出すわ。工場が田舎にあったらどんなにいいだろうって、いつも思っているんですよ」

ありきたりのインタビューから一歩出て、相手に問いを投げかけることで、本人も意識したことのなかった本音を引き出してみせる。これは、インタビュアーの技術を越えた、主人公の人間として女としての問いかけであり、映画を作ったグルジア共和国の女性監督、ラナ・ゴゴベリーゼの女たちへの問いかけでもある。

ふたつの映画には、どちらも筋というほどの筋はない。語られるのは、主人公たちの日常と、それぞれが抱えている問題だ。問題も、過去から引きずっているものと、いま現在、直面していることことと。

過去の問題は中国では、やはり文革。主人公自身にも、夫にも、親友にも、それぞれの形で影を投げかけている。研究者である夫が、文革中にホサれて家にとじこもり、おかげで家事万端こなせるようになったという、ちょっぴり楽しい副産物もある。

インタビュアーは少女時代、母をスターリン独裁下の収容所に奪われ、孤児院で育った過去を持つ。主人公の現在とは、直接関係なさそうなこのエピソードを、どうしても映画の中に入れたかったことに、監督の執念が伝わってくる。孤独と恐怖の記憶は、現在の主人公の揺れ動く心に、やはり影を落としているのだろう。文革も、スターリン独裁も、社会主義という体制の中で起こってしまった、誤ちというにはあまりに残酷なできごと。それに正面から向きあうというのではないにしても、避けては通れない作者たちの良心がうかがえる。

夫との関係は、二人の主人公では少し違っている。共通しているのは、研究職にある夫たちが、自分の研究が十分にできないと悩んでいることだ。男は仕事に打込むもの、そのためには妻の協力が不可欠だという通念は、女が働くのがあたりまえになっている国でも、やはりまかりとおっている。

中国の医師の一家は、一部屋の住居に住んでいる。一つしかない勉強机を、小学生の息子と両親が交代で使う。おまけに、夜中にも翌日手術をする患者の様子を見に飛び出して行く妻を見ていると、心やさしい夫は家事を分担せずにはいられない。

ソ連の夫のほうは、もう少しぜいたくだ。妻がもう少し仕事をへらして、落着いて家を整え、自分や子供たちに気を配ってほしいというのが本音らしい。ソ連の男の意識は、そういう意味ではかなり古いし、映画の背景になっているグルジアは、とりわけ封建意識の強く残っているところだという。

それでも、夫婦の間はうまくいっていると信じていたインタビュアーは、ある日、街角で夫が若い娘とデートする姿を見てしまう。ういういしさの匂うような相手の娘に、たじろぐ主人公。鏡に写る自分の顔には、どうあがいても消せない生活の疲れがにじんでいる。衝動的に、着慣れぬ花柄のワンピースを着、かつらをかぶってみるインタビュアー。そんな彼女を情熱を秘めた暗い目でみつめる同僚のカメラマン。男と女の心のあやを描き出すのは、さすがにソ連映画に一日の長がある。主人公を悲劇のヒロインに仕立て上げるのではなく、一歩離れたユーモアが心憎い。

夫の友人である上司は、インタビュアーにデスクワークである管理職にならないかと提案する。給料はあがり、労働時間は減る。これで彼も落着いて研究に専念できるだろう……。インタビュアーは、誇り高く切り返す。

「記者としてのわたしの仕事ぶりが、お気に召さないのでしょうか」

中国の妻は、もうすこし自己犠牲の精神に富んでいる。夫の論文を完成させるため、家事を一手に引受け、夫を研究所に住みこませようと説得する。妻の身を気遣う夫が、やっとその気になった時、妻は病気に倒れてしまう。

倒れた妻の病床につきそう夫に、妻は「わたしは悪い妻」とわび、うわごとにも「息子に白い運動靴を買ってやって……、娘には髪をお下げに編んでやって……」と、母親として子供たちに十分に手がかけられなかったことに心を残す。

原作を読んだ時は、このあたりはもう少し淡々としていたような記憶があるが、映画では主人公が自分を責めるところが強く出て、どうして女ばかりが自分を責めなければならないかと、ちょっとやりきれない気がしてくる。そんな妻をいたわる、あくまで誠実でやさしい夫。このあたりはやはり中国映画らしい生真面目さだ。

主人公たちは仕事に熱心で、腕がいいだけでなく、強い正義感や潔癖さでも共通している。文革中に批判された幹部の手術を引受けて、手術室になだれ込もうとした紅衛兵を気迫で追い出した医師は、復権した幹部に対して、特別扱いすることも肯じない。

インタビュアーは、田舎の小学校の校庭の不法占拠事件を取り上げて、仕事の範囲を越えて上部機関に訴えてまわり、とうとう事件を解決して、「女の方がこれほどやってくださるとは思いませんでした」と校長に感謝される。

正義感とか潔癖とかは、なにも女だけの専売特許ではないけれど、今の段階ではまだ男の社会になじみきれない女のほうが、こういう資質をすり減らさずに持っていることが多いのかもしれない。仕事にうちこむ女たちの、そういう美しさも画面から素直に伝わってくる。

一九七〇年代後半から八〇年代初めにかけて、中国とソ連でよく似た映画が作られたのは、偶然の一致であるかもしれない。しかしそこには、仕事を持つ女たちが社会の中に抜きがたい地歩を固め、作家や映画監督として活躍しているという共通の背景がある。それと同時に、女性の職場進出の成果を誇るだけでなく、仕事も家庭も恋愛も、すべて含んだトータルな人間として、女の問題をもう一度見なおそうという新しい視点が生まれてきている。こういう傾向は、一九七〇年代から欧米では女性解放運動の中で広がり、小説や映画にも反映されだしている。そういう運動の影響が直接には及んでいないソ連や中国で、それに呼応するような映画が生まれたのは、単なる偶然の一致というよりは、やはり世界的な大きな流れの一環と考えたい。中年のいい女を主人公にした映画、日本ではまだできないだろうか。

——一九八四年

『人、老年に到る』によせて

同人誌『誌上同窓会』に『人、中年に到る』のことを書いたのは、一九八四年のことだった。今回、編集者からお手紙をいただいて、あれから一五年もたったのかと驚いてしまった……。

あのときは、『人、中年に到る』と、ソ連（ああ、とっくになくなってしまった）の『インタビュアー』という二つの映画のヒロインたち――専門職を持ち、仕事と家庭の間にはさまれて悪戦苦闘する中年の女――を、日本の自分たちとひき比べながら紹介したのだった。わたし自身も、娘がまだ中学生、息子はやっと保育園を卒業して小学校に入ったところだったから、ヒロインたちの苦闘はまさにわが身のことだったし、そういう女たちを等身大に描くことが中国やソ連でやっとできるようになったということに感動したのだった。

一九七九年に映画の原作『人、中年に到る』を書いた諶容は、一二年を経た九一年、『人、老年に到る』を発表した。その当時、日本でも書店で見かけたのだが、そのうち読もうと思いながらそのままになっていた。高梨公江さんが自家出版された翻訳のおかげで、中国の女たちの老年に、そして自分自身の老年にも、否応なしに向かいあう機会がやってきた。著者にとって、わたしを含めた読者にとって、その間に流れた年月を思わずにはいられない。

『人、中年に到る』の主人公は二人の子を持つ眼科の医師だったが、『人、老年に到る』では、一九五〇年代に北京の大学でロシア語を共に学んだ三人の女性が主人公だ。著者自身が一九五四年に北京ロシア語学院に入学しているので、三人はまさに著者の分身である。また、仕事を持ち、子を育てながら定年まで働き続けたという意味では『人、中年に到る』の主人公の十数年後ともいえる。

物語は、党幹部だったスウィン（謝愫瑩、ワープロに文字がないので、以下名前は訳書のフリガナに従う）が退職したところから始まる。「まあ本来、女性が五十五歳で退職するというのも残酷過ぎるのだ」と著者もいうように、男性は六〇、女性は五五という中国の退職年齢は、明らかに男女差別だ。これまでは差別でなくて保護だなどといいくるめられてきた中国の女性たちも、最近では不当だと思うようになったとみえて、一部の専門職では女性も六〇まで働けるように改善されたと聞いたことがある。ただ、人口過剰の上にリストラが進んでいる現在、根本的な是正はまだされていないようだ。

そんなわけでやむなく退職したスウィンは、エネルギーを持てあまし、午前中は図書館で読書、午後は翻訳、夜は三種の新聞を読み比べるという厳しい日課を自分に課して、充実した退職生活を送ろうとしている。「生活とはスウィンにとっては、あたかも永遠に岸辺に着くことのない船のようなもので、退職前は、力を奮って漕ぎ、退職後も、彼女のその船はなおも全速力で前進してむかしのリズムを保ち、いささかの怠りもなかった」。こんなハリキリ老人は、日本でもよく見かける。

ところが、それに対する家族の反応ときたら、夫は「甲状腺の機能が昂進しているせい」、息子は「母親は幸せを受け止めることができない」、娘は「退職症候群で処置なし」と冷たいことこのうえない。こんなふうに、『人、中年に到る』とはちがって、この小説では最初から、主人公に対してかなり皮肉な目が注がれている。

スウインは、突然、事業を始めることを思い立つ。最近増えている女性起業家に情報を提供するコンサルティング会社を設立しようというのだ。幸い、大学時代からの仲良し三人組がそろって定年を迎えたところだ。

クラスでもとびきりの美人だったランニ（沈蘭妮）は、颯爽たる軍人と結ばれたが、結婚後は四川省の僻地に勤務する夫についてゆかなければならなかった。それでも専門のロシア語を教えるために町の学校に勤務し、息子は夫に任せて週末以外は単身赴任の生活を続けたが、二〇年という区切りで自分自身を納得させ、キャリアに終止符を打ったのち、やっと所帯らしい所帯を持った。いまは夫の退職で北京に落着き、ひっそりと暮らしている。学校中の男性の胸をときめかせた美貌も、いまは皺の中に埋もれている。スウインの誘いにも、「私は今、頭の中にはつまらない些事があるだけよ。夫が薬を飲んだとか、孫がご飯を食べたとか……」と消極的だが、昔の友情のよしみで協力することは承知した。

三人目のホェィシン（曽恵心）は、三人の中でもっとも苛酷な運命にもてあそばれた。専門を生かして出版社に勤め、上司であるロシア文学翻訳者と結ばれるが、文革の中で反革命の烙印を押され、夫とも離婚して北方の農村へ送られた。女手一つで育てあげた娘が大学生になって、やっと一息ついたところだ。

「彼女の本来のきりっとした美しいうりざね顔は刃物で削がれたように、ごつごつした三角形に変わってしまい、二つの大きな目の黒々とした瞳はほの暗くそして深くくぼんでしまって、その一面皺だらけの眼のまわりのがらんとしているのが一層ひどく目立っている。彼女のふっくらとした唇もかさかさになってしまい、あたかも水の涸れた井戸のようだった」

運命に裏切られたホェィシンは、「元気を出して、新たに青春を謳歌するのよ！」とハッパをかけるスウインを軽くいなして、いまは何も信じない、この世で必要とされなくなって、とても軽やかな感じなのだという。スウインの強引な誘いに、参加することを承知するが、成功を期待してはいない。

「私はすでに多すぎるくらいの失敗をして、麻痺してしまったから、またもう一回多く失敗したところで、何も大したことはないわ」

こうして、老いを認めない意気盛んなアジテーターであるスウイン、「家庭婦人」の役割が板に付いたランニ、すべてをあきらめて淡々と運命に対するホェィシンの三人が、「三女公司」の設立にむけて動き出すところから物語は始まる。とはいっても、三人の家を回り持ちで設立の相談をする場面でそれぞれの家族が登場し、その間に三人の過去がフラッシュ・バックで語られるというふうに話は広がり、なかなか先には進まない。さいわい訳者が巻頭に人物の一覧表をいれ、章題の下にカッコで過去と現在とを区別するという気配りをしてくれたので、なんとか読み進むことができる。さらに設立準備のために駆け回るスウインの目の前には、ペテン師と紙一重の起業家や、経済界の大物に転身した古参の党活動家や、もと国民党員の在米華僑などが次々に登場する。過去と現在の中国の人物総覧といったところだ。

脇役たちはいずれも、かなり戯画化されているが、その中で比較的好意的に描かれているのはランニの夫だろう。この解放軍の退役軍人は、祖国と人民のために生涯を捧げてきたはずなのに、その祖国の現状たるや……ということで怒りっぽくなり、人付き合いをきらって妻をてこずらせている。中でも彼の面目躍如なのは、姻戚にあたる帰国華僑との会食に引っぱり出される場面だ。最初は対外開放政策などを機嫌よく論じていたのだが、相手が「もう十年、二十年もたてば、北京は香港、台北と違いがなくなりますよ」といったとたん、サッと色をなして「もし本当に違いがなくなるのなら、それでは党が滅び、国が滅び、命も滅びてしまう！」と怒りだし、座を白けさせてしまう。この場面には、中国の小説の中で誠心誠意の解放軍兵士と長いつきあいをしてきたわたしも、つい「そうよねえ、あれだけ苦労して戦ったのに……」と相づちを打ちたくなった。この老人は頑固な反面、みかけによらず妻思いで、スウインが妻を会社設立の話に引き込んでくれたおかげで、妻の関心が家族の些事から外へ向くようになったと、感謝の言葉を述べたりする。

これと対照的な人物は、大脳を研究する科学者で大学教授であるスウインの夫だ。「巧言令色少なし仁」を絵に描いたような口先男で、妻の友人が集まるといえば料理まで作って下にも置かぬもてなしをする一方で、自分が指導する大学院の女子学生を自宅に呼び込んでちゃっかり手を握ったりしている。それを妻に追及されると、「男はいくつになっても、生きる欲望を失わない限り、若くて容貌の美しい女の子は男にとってどうしてもそんな一つの吸引力があるものなんだ。これは道徳問題には関係しないし、一種の必然的な存在だ」と、専門知識まで動員して煙に巻く。著者は皮肉な筆でこの男を描いてはいるが、女は若くて美しいことに価値があるという彼の論理を、スウィンも著者自身も、十分に論破できていない。むしろ、三人の主人公を紹介する際にも、それぞれの容姿とその衰えが克明に描写され、若さと美貌の喪失それ自身が悲劇なのだという基調が、物語全体に流れている。『人、中年に到る』では、主人公の容姿についての描写はなかったように思うのだが、八〇年代以後の中国における「女性の再発見」の流れが、若さと美貌という「女の価値」の再浮上を伴い、女性の作家もついそれに引きずられてしまうのだろうか。

二人の夫のほかに、もうひとりホェィシンの「元夫」が登場する。大学の寄宿舎に住んでいる娘のところへおずおずと面会に現れた風采のあがらない老人は、娘との交流と、ホェィシンの回想の中から、徐々に実像を現してくる。同じ職場の中で、ロシア文学への愛着を通して結ばれ、一人娘に恵まれたところで文革の嵐に襲われる。文革に襲われた家庭は無数にあるが、彼の場合は、妻を暴力から守ろうと偽りの告白をしたことが、妻を告発する結果になったばかりでなく、妻からも裏切りと思われてしまった。文革の悲劇はずいぶん読んだが、その大部分は外から来る迫害や裏切りに家族が一団となって耐える物語だった。たとえ一時的に家族に断絶が生じても、文革の収束とともに関係が修復されるのが一般的で、この夫婦のように、誤解しあったまま双方が孤独に耐えて老年に到るという話は珍しい。誤解を解くすべがないままに、元夫は新婚生活を送った家に住み続け、元妻は娘にさえかたくなに心を閉ざし続ける。著者は最後まで二人に希望を与えない（ちょっと冷たすぎるんじゃないの？　とわたしは思うのだが……）。

家族以外の登場人物といえば、「社会主義市場経済」の申し子たちだ。うさんくさい起業家の青年や、いち早く転身に成功した古参共産党員や、いまや華僑として歓迎される元国民党員……。いずれも、生真面目なスウインたちとは次元の違う世界に住んでいる。会社開設のために資金とコネを求めて奔走するスウインは、当然ながら彼らに失望を味わわされる。いまや経済界の大物になった昔なじみは、相談に来たスウインに忠告する。

「私はあなたに水を掛ける訳ではないが、謝さん、あなたは非常に正直な人だ。その上、考え方もね、比較的真っ当だ。あなたのような同志は、会社を作るなどしない方がいい」

こうして、「三女公司」は夢のままに終わり、最後の場面は北海公園のある夏の夜、まだ自分たちの未来を知らない三人の少女たちの歌うロシア民謡（五〇年代の青春のシンボル！）でしめくくられる。

『人、老年に到る』を読み終えて感じるのは、この小説が暗いということだ。表面的に見れば、主人公が仕事と家庭の負担に耐えかねて病気に倒れる『人、中年に到る』の方が悲劇で、『人、老年に到る』の方は経済開放時代の人間模様を戯画化した喜劇ということもできる。しかし、『人、中年に到る』の中には、こういう悲劇を訴えることがどうしても必要なのだという、著者の熱い心が感じられた。あるいは、政治的な枷から解き放たれて、こういう物語を書くことができるようになったという喜びが秘められていた。いままではこんな悲劇があった、でも、これから世の中は変わっていくのだと、著者も、同じ世代の女性たちも信じていたにちがいない。

その時から十数年をへて、著者たちの世代が感じているのは、またもや裏切られたという苦い思いなのではないだろうか。スウインは、公司を設立する動機を、こんなふうに語っている。

「本当の気持ちをいえば、私たちの世代の大学生は最も愛国的で、受けた教育は最良で、資質は最高なのよ。残念なことに時代に恵まれず、私たちの青春は次々と切れる間もなかった政治運動の中に消え失せてしまって、やっと望んだ新しい時代がやってきたと思えば、またまとめてばっさりとやられ、才能を発揮するチャンスがなかった。わたしはつまり実際行動で証明したいの。私たちは不用品ではない、わたしたちの輝けるときはまだなお進展しているのですよって」

中国の小説や評論を読んでいると、五〇年代の大学卒業生というのは、特別な重きを持って扱われていることがわかる。「新中国」が選び、教育した最初の世代であったかれらは、祖国を背負って立つべき最高の人材だと自他共に許していた。とりわけ、大学卒の女性はエリート中のエリートだった。それなのに、意気込んで社会に足を踏み入れた彼女たちは、政治の嵐の中で翻弄され、それがやっと終わったと思ったら、こんどは改革開放の嵐がやってきた。

改革開放の中に、彼女たちは「自由」とか「人権の尊重」とかいう希望を託したことだろう。しかし、実際にやってきたのは金が第一の世の中であり、女についていえば、若さと美貌が商品として流通する世の中だった。そこでは、いくら輝かしい学歴や職歴があっても、年老いた女は孫の面倒を見る以外の役には立たない。あれだけ張り切っていたスウインの最後の感慨は、「非常に孫がほしいと思った」である。おそらく著者自身も、生涯かけて教えられてきた価値観が崩れてゆく中で、それに変わるものを見いだせないとまどいを感じたのだろう。たぶんそれが、この物語の底に流れる暗さなのだ。

それでは、日本のわたしたちはどうなのだろう。日本の五〇年代、六〇年代の大学卒業生たちは、中国の彼女たちほどにも社会での活動を保障されていなかった。仕事を続けてきた人も、途中でやめざるを得なかった人も、いろいろな障害にぶつかり、乗り越えながらここまで来た。いままた、親たちの老後、自分たちの老後の保障はほとんどない。わたしたちに有利な点があるとしたら、はじめから国や社会を信じたり頼ったりすることがなかったということだろうか（思想や理念を信じたことはあったかもしれないが、それはそこにあるものではなく、めざすべきものだった）。そういう中で、女の生きる場所を少しずつ広げ、女を囲んでいた枠（そこには、あるべき「おばあさん」像もふくまれる）を少しずつ壊してきたという実感がある。だから、どうしようもない現実は現実として、それほど悲観せずにいられるのかもしれない。

わたしの同級生たちにも、ここ数年で、卒業以来続けてきた教職に早めの終止符を打ったり、夫婦で経営してきた工場を整理して引退したりという人が出てきているが、それぞれやりたいことをみつけて新しい暮らしを楽しんでいる。この本の訳者の高梨さんも、定年退職後に日本語教師として中国に二年滞在し、帰国後この本を訳されたというから、充実した「老年」のひとつのモデルといえそうだ。

中国でも、リストラや一人っ子政策の圧力など女性への逆風がある一方で、街の公園でおばあさんのディスコ隊が大張り切りだというニュースもある。子を産んで、孫の世話をして死んでいくだけの女の人生は、中国でもやはり変わりつつあって、その中にスウインたちのあがきもあるのかもしれない。

——一九九九年

新世代の中国映画

『黄色い大地』と『野山』

一九八六年は、おもしろい中国映画を二本見た。

陳凱歌《チェンカイコー》監督の『黄色い大地』（一九八四）は、中国のヌーベルバーグと話題を呼んだ作品。ロカルノ国際映画祭での銀賞ほか、海外でたくさんの賞を取り、日本でも珍しく単独に映画館で上映された。完成時から中国での賛否論は激しく、最近また批判がむし返されているらしい。

顔学恕《イエンシユエシユー》監督の『野山』（一九八五）は、中国映画祭として上映された八本の中でも評判の高かったもの。中国でもこの作品は高く評価され、中国のアカデミー賞といわれる金鶏賞で八五年の作品賞をはじめ六部門の賞をうけている。

どちらの映画も、旧来の水準をはるかに抜き、それだけにいろいろな思いを抱かされた。

『黄色い大地』は、冒頭のシーンから、黄色い大地と黄色く濁った水が画面いっぱいに写し出される。大地というと、私の頭の中にあるイメージは、一本の地平線のむこうに太陽が沈んでいく一面の平らな土地なのだけど、この映画に出てくる黄土地帯はそれと違ってデコボコである。黄色い土の丘があり、そのむこうにまた黄色い土の山があり、どこまで行っても同じ色の風景の中に、同じ色の水が流れてくる。

その黄色の中に、ポツンと黒い点があらわれ、じっと目をこらしていると、それがやがて人になってくる。ちょうど『アラビアのロレンス』(一九六二)と同じように、広大な天地の中のあまりに小さな点として、人々は登場し退場する。村の婚礼の行列も、延安から派遣されて来た解放軍の兵士も。

この映画の特徴は、いままでの中国映画にない意識的な美の構成にある。まずカメラワークの美しさ。人間を写す時も、カメラはしばしば人を画面の一番下か一番上に入れ、空や土や水をいっぱいに写し出す(ただし最初は新鮮なこのテクニックも、多用されすぎて後半は少々食傷するが)。色の使い方もすばらしい。土の色一色の背景に、農民の衣服の紺と紅が鮮やかにはえる。そして、バックに流される哀愁を帯びた民歌の調べ。

その中で、辺地の村を訪れた解放軍の兵士と貧しい農民の一家との交流が、最小限の説明で語られる。延安では女たちも字を習い銃を取っているという兵士の話をひそかに胸の中に暖め続ける少女、言葉は話さないが兵士の教えた歌だけは朗々と歌いあげるその弟。解放区はいわば中国の辺境。その中でもまた延安まで何日もかかる村での日常は、実際にこんなものだったのだろう。

冒頭から画像の中に引き込まれながら、私は「ああこの映画には違和感がないな」と思っていた。いままで中国映画を見る時は、いつも自分と映画の間にある異質さを、いろいろな理屈や弁解で埋めるという作業を伴っていた。この映画にはそれがない。中国映画もここまで来たかと思っているうちに、こんどは何となく別な落ち着かなさに襲われだした。この映画は、あまりに美しい。いままでの中国映画に比べて美しすぎる……。

例えば、貧しい農夫の紺の上下の服に、腰に一本の真紅の細帯、また、あの地方特有の洞穴式の家の入口にある明かりとりの窓に紙が何重にも切り貼りされて、それを通って光の入る時にできる陰影――こんな美しさは、あの土地で実際に貧しさを経験した人には決して出せないものではないか。この監督にとっての延安は、もうはるかに遠い伝説の彼方にあるにちがいない。彼と延安との距離は、私と彼との距離よりずっと遠く、彼とフランス映画の距離より遠い――そういう場に立った若い監督だからこそ、こういう詩情豊かな美しい映画が作れたのではないだろうか。

それから半年ほどして見たスピルバーグ監督の『カラーパープル』(一九八五)に、私は同じようなことを感じた。これは白人の男が黒人の女の世界を描いたもので、ここにもやはり遠いゆえの美があり、違和感があった。

中国の革命世代の人たちは、この映画を見てまず自分でもよくわからない違和感を持ち、それからいろいろな理由をつけて反対の論陣を張ったのではないだろうか。

世代の差、体験の差を埋めることはしょせん不可能なことなのだから、若い監督は自分なりの世界を作るしかないのだ。そう納得しながらも、最後に出てくる異様な農民の雨乞いのシーンは、アフリカ観光映画に出てくる現地人の踊りを連想させて、なんとも居心地悪いものだった。

『野山』の舞台もやはり辺境の農村だ(日本公開の際これを〝のやま〟と読ませていたが、この牧歌的な日本語は誤訳で、「野」は野生の野《や》、英訳のワイルド・マウンテンが正解である）。ただし時代は現代、「四つの近代化」が辺地にまで及び、農業は請負い制になり、個人企業が奨励されだした時代がまさに背景になっている。

この映画に出てくるのは二組の夫婦だ。昔ながらに畑を耕し子を育て、地道に生きることに満足している男と女。常に新しいものを求め、失敗しても嘲られてもまた起きあがって跳ぼうとする男と女。対照的なこの男女がそれぞれペアになっていれば問題はないのに、なぜかこれが交差した関係で二組の夫婦が成り立っていたのが、この物語の発端になる。

「百姓は百姓だ」というのが口ぐせの兄貴分と、山村の暮らしにあきたらなくて村を飛び出し、事業をおこしてはすってしまう弟分。それぞれに不満な妻たちとの間にすったもんだのごたごたのあげく、最後は両方の夫婦が入れ替わって一件落着、弟夫婦のおこした事業も成功して村に初めて電燈がともるという現行政策のキャンペーンにもなっている。

この映画は夫婦交換という結末が話題になり、それに対する批判もあったというが、映画のほんとうの面白さはそんな所にあるのではない。この映画の良さは、登場人物それぞれが実にリアルに生き生きと、そして愛すべき人柄に描かれていることだ。

四人の登場人物の中で、もっとも精彩を放ち、共感を呼ぶのは桂蘭《クイラン》、山奥の村で跳ぶことをいつも夢みている女だ。中国の映画には、以前から、ひたむきにわが道を進むりりしいヒロインがいた。『青春の歌』（一九五三）や『紅色娘子軍』（一九六一）など数えていけば次々に思い浮かんでくる。しかし、この桂蘭はちょっと違う。彼女の場合、なにかの思想にめざめたというようなことはまるでない。文字も知らず、テレビを見たこともない、ほんとうの山奥のおかみさんにすぎない。それなのに、本性ひたすらに、なにかに憧れ、高く跳びたい思いにかられている。夫が手を振り上げれば倍の声をあげて言い負かし、どうしても街を見たくなると、ある日、袋（すてきなパッチワークの）をひょいとさげてすたすたと歩きだしてしまう。初めての街で、数台のテレビと日用雑貨を置いた「百貨店」でまばたきもせず立ちつくし、街角で出会った女性が美しいとそのままついて行ってしまう。この底抜けの明るさ無邪気さは、いままでの革命的ヒロインにはまったく見られなかったものだ。

彼女に配する夫がまたいい。この男、最初の登場が便所がわりの豚囲いに座り込んで用を足しているところというのからしてしまらない。土地を耕せば本領を発揮する根っからの農民だが、無口で、頑固で、それでいてお人好し、頭の回転の早い妻に頭が上がらない。従来の中国映画なら否定的人物として軽くあしらわれてしまうこの夫、この映画では実に温かくきめ細かく造形されている。彼を演ずる俳優のとぼけた味わいがまたよく、この夫婦のかけあいにはお腹をかかえて笑ってしまう。これに対して進取の気象のある弟分が、どこかもろいやまっ気のある人物になっているのもかえってリアリティを感じさせる。

この映画を、「官僚主義が、山村の農家の家父長制度とみごとに癒着している姿を、女の立場から、つまり桂蘭が告発する形で描かれている」（映画評論家・林冬子氏　「'86中国映画祭」パンフレットより）というふうに見ることもできる。ただ私は、それとは少し違うふうにこの映画を見てしまった。

どんな時代でも、どんな社会でも、跳ぶことを夢見る人と、地を這うように生きる人がいる。前者の中のごく一部の人は、跳ぶことに成功して、大きくは人類の歴史を、小さくは桂蘭たちのように村の文明化を一歩おし進める。その陰にはもちろん、跳びそこなって落ちた人の無残な残骸が横たわっている。そして大多数の人は、時には空に憧れながらも、黙って土を耕し、ものを作って人間の暮らしを支えていく。そのどちらが立派でどちらが劣っているというわけでもない。この映画の作者は、そんな温かい目で登場人物を見ているような気がするのだ。

だから映画を見ている者は、桂蘭に熱い共感を寄せながらも、どじな封建亭主が彼女と同じくらいいとおしくなって、彼の幸せな再婚にほっとする。日本でいえば田辺聖子の小説のようなおおらかさ、ふところの広さがこの映画にはある。近代化の国策キャンペーンに乗ったように見せかけて、平気でそんなところは突き抜けてしまったところがニクい。

本稿の読者の中にも、二つの映画を見た方は少なくないと思う。映画から受けた印象も、人によってずいぶん違うかもしれない。そうだとしたら、中国の映画にも、それだけの手ごたえが出てきたことではないだろうか。

目下の中国、いささか逆風が吹いているのが気にかかるけど、新世代の映画人たち、そんなことでへこたれないでほしいと思う。

——一九八七年

フェミニズム映画の中の差別
映画『女人故事』を見て

「中国映画祭91」で、彭小蓮《ポンシャオリエン》監督の『女人故事』(一九八七)を見た。タイトルは中国語の原語のままで、「女のものがたり」という訳が副題風につけてある。

彭小蓮は、文化大革命後に大学に入って映画を学んだ「第五世代」に属する若い女性監督だ。北京電影学院の同期生には、『黄色い大地』(一九八四)の陳凱歌や『紅いコーリャン』(一九八七)の張芸謀《チャンイーモウ》など、中国のニューウェーブを代表する監督たちがいる。しかし、この映画を見た限りでは、彼女の手法はごくオーソドックスで、社会主義リアリズムの系列にある。中国における女性の差別をひたすら訴えている彼女の映画は、「女性主義リアリズム」とでも名づけようか。

映画の主人公は三人の女である。一人は貧しい家の長男の嫁、もう一人は嫁入り先から逃げ帰った若い妻、三人目は女の子ばかりの母子家庭の長女。この三人が生まれてはじめて村を出て、毛糸の行商をしながら出会うさまざまな出来事が、そのまま映画として展開される。

三人が村を出て行商に活路を求めたのには、それぞれの理由がある。まず、共通する貧しさ、そして農村に根深く存在する男児尊重と女性差別。農村の女性差別に関しては、『中国婦女』などの雑誌に載ったドキュメンタリーを編集して、『中国女性――家・仕事・性』（秋山、一九九一）という本をつくったことがある。そこに出てくるエピソードは、この映画とも重なるが、映画で見るとひときわリアルだ。

長男の嫁は、家の内外の労働を一手に背負い、舅姑に仕え、義理の弟妹を結婚させるための金まで工面しなければならない。いくら働いても感謝されるどころか、それがあたりまえなのだ。

女の値打ちは男とは比べ物にならないから、女の子ばかり四人もいる母子家庭となれば、村では最下層に位置づけられる。ありきたりの隣同士のいざこざでも、片方が勝ち誇ったように「おまえは男の子も産めない能なしだ」と罵ると、もう一方は返す言葉なくうなだれる。そんな母の姿を見ている長女は、なんとか自分の手で金を稼いで、蔑む相手を見返してやりたいと心に誓う。

若い花嫁が婚家から逃げ帰ったのは、兄に嫁を迎えるために、相手の家へ物々交換のように嫁にやられたからだった。結納金のない貧しい家同士では、こういう交換結婚もよくあるらしい。

千年前から変わらぬように見える農村。しかし、女たちが村の境を越えて広い世界に足を踏みだすことになったのは、一九八〇年代の経済開放の流れが、もう逆戻りできないものになってきたからだろう。初めての都会にどぎもを抜かれ、田舎者だと馬鹿にされながらも、三人の女はたくましく稼ぎ続け、知恵と自信を身につけてゆく。そのあたりはさすが、女が女を描いた映画として、笑いながら共感させられる。

三人が旅の途中で出会った女がまたすごい。男の子を産む執念に取りつかれ、「一人っ子政策」の網の目から逃れて、大きなお腹をかかえて一文なしで放浪しているのだ。ついに産まれた子を高くさしあげて、「私は男の子を産んだ!」と絶叫する。中国の映画で、国策である「一人っ子政策」を正面きって風刺したのは、後にも先にもこの作品だけだろう。

中国初のフェミニズム映画として、及第点をつけたい作品だったが、実はひとつ重く残るものがあった。それは、逃げだした花嫁の相手の男が、障害者に設定されていたことだ。字幕では原語そのままを使って固有名詞かと思えるようにぼかしてあったが、日本語の語感で「おし」にあたる罵り言葉が、そのまま相手の名前がわりに使われていた。相手が障害者だから、花嫁がいやがって逃げ帰ってもしかたがない、と観客を納得させる手だてに使われているのだ。

中国の婚姻法では、婚姻は当事者二人の自由意志によると決められているのだから、本人の意にそわない結婚であれば、相手がどんな人物だろうと拒否する権利が認められる。花嫁が逃げだしたくなるような状況を設定するなら、夫の暴力とか、姑の嫁いびりとか、いくらでも方法はあるはずだ。そこにわざわざ障害者を登場させるのは、障害者なら結婚を拒否されて当然だという一般の了解があり、監督もそれに疑問を持たなかったということだろう。この映画だけでなく、『紅いコーリャン』では、すぐ殺されてしまう最初の夫がハンセン病とされていたし、小説などでも同じパターンがよく使われる。そもそも、障害者を指す〈残廃人《ツァンフェイレン》〉という単語が、まだまだ流通しているのが中国の状況なのだ。

中国の差別構造はそれほどに複雑で重い。現在ニューヨーク留学中という彭小蓮が、そこで新しい視点を獲得してくるだろうか。せっかくのフェミニスト監督であるだけに、気にかかるところだ。

——一九九二年

変動しつつある都会の中で

『上海家族』『ションヤンの酒家《みせ》』

中国の都市に生きる女たちを描いた映画を二本見た。上海を舞台にした彭小蓮監督の『上海家族』（二〇〇二）と、重慶を舞台にした霍健起《フォジエンチ》監督の『ションヤンの酒家《みせ》』（二〇〇二）。どちらの映画も、市場経済がすっかり根付いて価値観が変動しつつある都会の中で生きる女たちの物語だ。このところ純粋無垢な自然や家族の愛情をうたいあげて、資本主義国の観客の涙腺を刺激しようという中国映画にいささか食傷していたので、久しぶりの都会的な「女性映画」は楽しめた。

『上海家族』を監督した彭小蓮は、一九八八年に、『女人故事　女のものがたり』を撮った人だ。農村での女性抑圧に耐えかねた三人の女たちが、村を飛び出して毛糸の行商をしてまわる物語は、フェミニズム・ロードムービーというべき痛快な映画だった。

日本とちがって中国には、数十年のキャリアを持つ女性映画監督が少なくないが、彼女たちの作品がフェミニズムの視点を持っているとは限らない。むしろ、革命直後に監督としての道を歩みだした世代の女性監督は、性差を感じさせない作品をつくることで、男性監督に互してこの世界で生き延びてきたともいえる。それに対して、文革後に映画を学んだ世代に属する彭小蓮は、フェミニストであることを隠そうとせず、むしろそれを自分のアイデンティティとしている。『女人故事』はフェミニストとしての監督のメッセージがこめられた作品だったが、それだけに女性抑圧への批判や一人っ子政策に対する風刺がきつく、中国国内ではなかなか上映されなかった。

その彭小蓮が、こんどは上海を舞台に、祖母、母、娘という三代の女の絆を描いた。厳しい受験勉強も屈託ない若さでのりきる娘、仕事を持って生きてきた世代でありながら自立と依存のあいだで揺れる母、女としての辛苦を運命として受け入れてきた祖母。監督は、娘のアーシャの視点から、世代の異なる女それぞれが抱える問題と、たがいの葛藤や共感をきめ細かなタッチで語ってゆく。淡々とした日常の描写を中心に物語が展開するので、『女人故事』のほとばしるエネルギーを期待していくと少々拍子抜けするが、これはこれでひとつの世界になっている。前作との差は、監督が重ねた歳月ゆえか、あるいは、中国社会の変化を反映しているのだろうか。

物語は、上海のアパートに住む家族の風景からはじまる。こぎれいに整えられた部屋、パソコンに向かう父、パパのバイクの後に乗って学校まで送ってもらう娘。いかにも幸せそうな核家族は、父の不倫がばれたことから、あっけなく崩壊する。別れる決意をした母は、自転車に大きな荷物をくくりつけて、娘ともども実家に転がりこむ。実家は戦前の映画にも出てきそうな昔風の集合住宅、何組もの家族が顔をつき合わせるような暮らしぶりで、プライバシーなどあったものではない。祖母は同居している息子とその婚約者に気をつかい、戻ってきた娘に厳しくあたる。

「女の人生は楽じゃない、つらくても耐えるのが女なんだよ」と娘を責める老母を演じるのはベテランの舞台俳優で、樹木希林を老けさせたような面立ちだ。ちょっと臭みのある存在感も、どこか通じるものがある。映画全体は高校生の娘の視点で撮られているので、どちらかといえばドキュメンタリー風の軽やかなタッチなのだが、祖母のクローズアップになると、一瞬画面が止まって、昔の中国映画の雰囲気が漂う。その古めかしさが、古い時代の女の生き難さと重なりあって、独特な力で迫ってくる。祖母が新劇風なら、母親のほうは、テレビドラマの雰囲気に近い。娘のさわやかさは、日本のいまどきの高校生よりちょっと古風で、デビュー当時の吉永小百合のイメージか。

狭い空間をめぐっての、実家でのいざこざが繰り広げられるかと思ったら、そこは肩すかし。あっさりと話は変わって、母の再婚が成立する。

再婚相手は妻に先立たれた子連れ男で、固い人物だという折り紙つきだ。なによりの決め手は自前の住居を持っていること。というわけで、子連れ同士の新婚生活がスタートする。ほとんど背中がくっつくような勉強部屋で、相手を意識しながらも無視しあう義理の姉弟。遅くまで勉強している二人の存在が、親たちの新婚ムードに水をさす。いまや中国の高校生は、日本をしのぐ苛酷な受験戦争の渦中にいるのだ。他の国の映画なら、義理の姉弟が互いに異性を意識する展開になりそうだが、そんな気配がまったくないのは、いかにも中国映画らしい。

そのうちに、真面目男の正体が見えてくる。じつはこの男、とんでもないケチで、家族が増えれば当然の支出の増加に耐えられない。息子のボロ靴をみかねた母が新しいのを買ってやれば、余計なお世話だと没収し、娘が毎日シャワーを浴びると水道料があがったと文句をいう。連れ子同士も心が通わないまま、つもったいらだちが爆発して、合同家族は破局を迎える。またも母娘は自転車に全財産を積んで家を出る。

川のほとりで母と娘は、これまでのこと、これからのことを語りあう。「あんたのために我慢してきた」という母に、「わたしのために我慢するのはやめて」と自立をうながす娘。母の弱さは、働くことがあたりまえとされてきた社会の中で、壁にぶつかることもなく、自立とか働く意味とかをとりたてて考える必要もなく、生きてこられたからだろうか。

映画の最後は、母と娘の、新しい出発を暗示する。最初の夫に分与させた金で古びた一室を手に入れた二人は、いそいそとその貧しい部屋を整える。母と娘ではあるけれど、これはやはり女同士の友情＝シスターフッドの物語だ。

『ションヤンの酒家』は女性作家池莉の原作だが、監督は男性で、『山の郵便配達』でヒットを飛ばした霍健起だ。舞台は重慶、上海ほど最先端ではないが、やはり変化の波に洗われている歴史のある都市だ。

主人公のションヤンは、小さな屋台風の店が集まっている旧市街の吉慶街で、名物「鴨の首」を商っている。独り者のションヤンは、田舎から出稼ぎに来ている住込み店員と二人、料理の仕込みから接客まで一日中働きづめだ。そのうえ、株の講習に行くという兄嫁に子供の世話を頼まれるやら、麻薬中毒で施設に入っている弟の面会に通うやら、人の世話にも身をすり減らし、ますます休む暇がない。

美人のションヤンがお目当ての客も少なくない。中でも一癖ありそうな中年男は、毎日のように通ってきては「鴨の首」と酒を注文すると、ションヤンの横顔に目をやりながら一人コップを傾ける。最初は無視していたションヤンも、兄嫁との派手なケンカで精根尽き果て、その後始末を黙々としてくれる男にふっと心が動く。郊外へのドライブで結ばれる二人。でも結局、相手の正体を見極めたションヤンは、土砂降りの雨の中を男に背を向けて歩み去る。何事もなかったように、また店に戻ったションヤンを映して映画は終る。

どちらの映画も、結局は女（たち）がひとりで生きていく物語だ。そして、都会での女の自立を阻む壁として、家の問題が浮かびあがる。社会主義経済の時代には、企業はすべて公営で、住居は勤め先から提供された。じつはその時でさえ、住居を提供するのは夫側の企業というのが慣例だった。市場経済が導入されると、住居は個人が金を出して買うものとなり、持てるものと持たざるものとの格差はさらに広がった。上海の母娘のように、夫の家を出てしまうと行き場がなく、家のための再婚という選択肢が笑い事ではなくなるのだ。それでも母娘が最後に部屋を手に入れたのは、前夫からの財産分配、つまり結婚中の財産は夫婦共有という社会主義的な原則がまだ存続するおかげだろう。

文化大革命の後遺症も、家の問題とからんでいる。上海の母娘の実家は、文革時代に他の家族に分配されて手狭になった。ションヤンのほうも、文革のごたごたで実家に他人が住みつき、名義を書き換えられてしまった。弟のために家を取戻そうというのが彼女の悲願で、そのために、あの手この手で住宅管理所の主任にとりいる。最後には、妹分の店員を主任の息子の嫁にともちかける。住込み店員のような居住権のない出稼ぎ労働者は、都市の経済を底辺で支える存在だ。ションヤンの弟をひそかに慕うこの娘は、強引な説得に負けて精神障害者である主任の息子に嫁ぐ。そして予想通りの夫の暴力。最後の場面では、婚家から逃げてきたらしい彼女が、大きなおなかを抱えてシヨンヤンの店を手伝っている。上海の母と娘の最後のシーンが、ここでは血の通わない姉妹の間で再現される。

意識の上での「家」からも、女たちはなかなか自由になれない。上海の祖母が女の道は耐えることだと戻ってきた娘に説教をするのも、跡取り息子に気兼ねするからだ。再婚した娘がまた戻ってくると、「わたしが無理強いしたからだ」と、こんどは娘を案じる胸のうちを、孫娘にむかってぶちまける。

ションヤンの兄嫁は気が強く、夫を尻にしいているが、その最大の誇りは跡取り息子を産んだことだ。都合のいい時は義理の妹を頼るくせに、けんかになれば、独り者のションヤンに「この家ではあんたこそよそ者だ」という言葉を投げつける。

社会主義の建前がくずれて金やコネの力がむき出しになった都会だからこそ、女や家についての古い本音が、女自身の口からもはばかりなく吐き出されるのだろう。ションヤンが振った男は、じつは飲み屋街再開発の黒幕だった。そのこともションヤンにはショックだったが、彼を振った第一の理由は、プロポーズを期待した彼女に対して、自由な関係を続けようといったからなのだ。

「女は自分を安心させてくれる人のところへ嫁に行きたいものなのよ」と彼女はいう。酒場の女が抱く結婚の夢とは、あまりにも昔懐かしいパターンだ。でも、夢は夢にすぎないこと、男に頼って生きることは結局自分にはできないことを、ションヤン自身がじつは一番よく知っているのではないだろうか。彼女の目に宿る強い光が、それをはっきりと語っている。

二つの映画は重なりあうテーマを持っているが、カメラの視線はずいぶん違う。『上海家族』は高校生の娘を中心に、そこから母や祖母を見つめている。深刻なテーマにしては淡々と軽やかに進行するのはそのせいだろう。母や祖母に対しても、女同士の暖かく率直な視線が注がれ、見ている私もそれを心地よく共有する。ただし、娘の視線は性的な表現にはむいていない。母親の女としての面が描ききれないのはそのためで、離婚や再婚に際しての心の動きには、いまひとつ説明不足の感がある。この映画に感じる物足りなさは、そのあたりからくるのだろう。

対照的に、ションヤンに向けられるカメラは性的で、彼女を射止めようと飲み屋に通う男の視線に同化する。屋台の女将にしては美しすぎるションヤンの横顔や、鏡に映る像が、くりかえしくりかえし映し出される。映画表現として完成されたパターンに身をゆだねながら、他方では、女である私はその視線に同化できない居心地の悪さを感じる。その居心地の悪さをはね返すのは、カメラを見返すションヤンの鋭いまなざしだ。ションヤン自身と同じように、この映画も内部に矛盾をかかえていて、それゆえ純粋一色の前作『山の郵便配達』より面白い。

それにしても、どちらの映画もロクな男が出てこない。そのために悩む価値もないような男ばかりでは、話の面白さも半減する。男の視線が作り出した魅力的なヒロインに対抗できるほどに、フェミニズム映画が魅力的な男を産む日は来るのだろうか？　そんな幻想が終ったところがフェミニズム映画の出発点だとわかっていても、一抹の寂しさはぬぐいきれない。

——二〇〇四年

女性兵士の描かれかた

六〇年代の中国映画と七〇年代のソ連演劇

最近、フェミニズムの視点から女性と軍隊の関係を分析する論考がふえてきた。この稿の中で参照した佐藤文香さんをはじめ、このテーマを追究する若い人が出てきている。その背景には、ここ二〇年ほどの間に急速に進んだ軍隊への女性の進出がある。映画『G・I ジェーン』（一九九七）に象徴される米国ではむろんのこと、日本でも女性の自衛隊進出はめざましく、女性自衛官への差別的人事が労働問題にとりくむグループに指摘されるところまできている。女性の軍隊参加をどう考えるかと聞かれれば、私自身は軍隊という存在そのものの解体をめざすしかないと思っているが、では現実に軍隊の中で働く女性が差別を受けているのを無視していいかと問われると……そう簡単に答えられない。

それはともかく、私が書いてみたいと思ったのは、第二波フェミニズムによる女性の軍隊参加が始まる以前に存在していた女性兵士たちのことだ。第二次世界大戦において、日本やドイツが女性の役割を銃後に限定したのに対し、米国や英国は女性兵士を活用した。また、制度のちがう社会主義圏にも女性兵士の伝統があり、革命政権樹立をめざす戦いや第二次大戦において活躍した。私が接してきたソ連や中国の映画や演劇の中には、女性兵士を扱った印象深い作品がいくつかある。それらの作品には、戦争当時の、また作品が作られた時期の、それぞれの国のジェンダー意識／構造がくっきりと刻印されている。これらの作品は日本ではあまり知られていないが、女性と軍隊の問題にさまざまな示唆を与えてくれる。とりあえず覚書きを記しておくことで、次の世代の研究者につなぐことができるのではないかと思い、研究ノートの形でまとめてみた。

共産党の旗のもとに――中国映画『紅色娘子軍』

「進め、進め、戦士の責務は重く、女の恨みは深い。昔は、花木蘭《ホアムーラン》、父に代わって従軍し、今は娘子軍、人民のため旗を掲げる……」。タイトルバックに軽快な主題歌が流れる。革命軍の女性部隊を描いたこの映画は、一九六〇年製作。中国国内で人気を博し、第一回百花賞を受賞した。監督は謝晋《しゃしん》、四半世紀後に日本でもヒットした文革批判映画『芙蓉鎮』（一九八七）を作った、息の長い映画人だ。当時国交のなかった日本では、中国映画は日中友好協会などのルートを通じて細々と自主上映されていた。『女性第二中隊長』と邦題のつけられたこの作品は、中国語を学ぶ学生だった私にとって最初に見た中国映画のひとつであり、強い印象を受けた作品だった。

この映画は一九三〇年ごろの中国・海南島を舞台にしている。当時の中国では、国民党を率いる蒋介石が二七年の反共クーデターによって革命の協力者だった共産党を追放し、独裁政治を行っていた。一方、地下に潜った共産党は、各地で武装闘争を展開していた。亜熱帯の島・海南島でも貧農や労働者を中心とする紅軍が解放区を樹立して、国民党軍や地主勢力と対峙していた。一九三〇年、島には中国紅軍初の女性兵士による一二〇人の中隊が組織され、紅色娘子軍《ホンスーニャンズジュン》と愛称された。物語は、このような歴史的背景のもとに展開される。

主人公である瓊花《チンホワ》は、悪徳地主の召使いとして虐待されていたところを、客として訪れた華僑の紳士に身請けされる。じつは彼は敵情視察の任務を負った共産党幹部で、地主に復讐したいという瓊花に娘子軍への参加を勧め、金を与えて解放区への道を示す。瓊花は途中で、婚家の虐待から逃れようとする紅蓮《ホンリエン》と道連れになり、二人で娘子軍に参加する。

物語は、個人的な復讐心に凝り固まっていた瓊花が、厳しい戦闘の試練と党指導者である江常青《ジアンチャンチン》(彼女を助けたニセ華僑)の助言によって、正しい階級意識と規律を身につけ、戦闘で犠牲になった江の遺志を継いで、女性第二中隊を率いるまでに成長する過程を描いている。

筋書きをみればわかるように、この映画はいくつかの明瞭なメッセージを伝えている。第一は、女がみずからの解放をかちとるためには、男と同じように武器を取って戦わなければならないということだ。主人公たちは、身よりのない召使いであり、貧しさゆえに売られた嫁である。当時の中国社会の中で、抑圧された階級の最底辺にいたのは、頼るべき男をもたない女たちだった。そんな女たちが解放される道は、戦いしかない。女であることを捨て、ジェンダーを超えた新しい人間になって戦うべきだというのが、映画の伝えるメッセージである。映画の中に「女が鉄砲を撃ちはじめるとは、今に鶏や鳥や犬猫までがお上に反抗するようになる」という地主の台詞があるが、女たちは最後に立ちあがるべき者であり、女たちが立ち上がってはじめて旧社会が根底から揺らぐことが、巧みな比喩によって語られている。

この単純明快なメッセージは、若い娘たちの軍装（＝男装）という形で視覚化される。自分自身を解放するために戦う決意をして、粗末ではあるがキリリとした軍装に身を包み、軍旗を掲げて行進する瓊花たちの姿は凛々しく美しい。この映画が中国で設定された映画賞の最初の受賞作となったのも、のちにバレエ劇化されて「革命模範劇」のお墨付きをもらったのも、この時代の女性解放のイメージをみごとに視覚化したからにほかならない。この原稿を書くために何十年ぶりかでビデオを見直した私もけっこう感動を新たにし、学生時代この映画に強い印象を受けたのも無理はないと改めて思ったものだ。▼1

もちろん、このような女性解放のとらえ方は、大きな問題をはらんでいる。現在の中国においては、中華人民共和国の誕生から文化大革命終了までの約三〇年間は、女性が解放されたというけれど、それは女が男と同じになることだったと批判的に省みられることが多い。フェミニスト批評家である戴錦華《たいきんか》は、「映画『紅色娘子軍』は新中国の女性に関する公式的話語《ディスコース》——女権／女性から（女）戦士／（女）英雄へ——の映画版を創りあげ完成した」（戴、二〇〇〇、一二七頁）とこの映画を位置づけている。戴は、主人公が女の服装をするのは仇である地主に対する場面だけであることを指摘して、そこに、ジェンダー化の視点は搾取階級のものであり、女性を蔑視するものだという暗黙のメッセージを読みとっている。

第二のメッセージは、女性の解放は被搾取階級の解放と同時に行われるものであり、そのためには正しい階級的視点＝共産党による指導が必要だということだ。この映画では、正しい党の路線は江常青という男性に体現されており、虐げられた無知な大衆だった瓊花は、彼の指導によって革命的な女戦士へと成長をとげるのである。周知のように、共和国建国の四九年から改革開放の八〇年代に到るまで、中国では女性史に限らずすべての歴史記述が、共産党による正しい指導という一本の線によって貫かれてきた。それをふまえた上で、戴錦華は、この映画の中で指導者である党員が男性に、指導される大衆が女性に設定されていることに注目し、そこには「男／女、尊／卑、高／下、啓蒙者／被啓蒙者、指導者／追随者」という潜在的なジェンダー秩序が存在していると指摘する。

このように、『紅色娘子軍』は、一九三〇年代の革命闘争において女性兵士が果たした役割を伝えると同時に、一九六〇年の中国で女性解放がいかに定義されていたかをも明瞭に伝える映画になっている。戴錦華がいうように、中国の女性を「紅装（お洒落）を愛さず武装を愛す▼2」と称えた毛沢東時代を代表する古典的映画として中国映画史上に位置づけられるのだ。

しかし、映画の伝えるメッセージがこれだけであったなら、いくら女性兵士が凛々しくても、当時あれほど人気を博したとは思えないし、日本の学生だった私に強い印象を残すこともなかっただろう。じつは、一九六〇年という革命後の中国映画にとってはひとつのピークを迎える時期に作られたこの作品は、表面にあらわれたメッセージとはまた別に、ジェンダーやセクシュアリティの表現においてかなり複雑な要素をはらんでおり、そのことが映画の面白さを生みだしているのである。

まず、主役の瓊花を典型的な「戦士／英雄」と設定したのに対して、副主人公である紅蓮には、女性ジェンダーを体現させていることがある。紅蓮には婚家にいたときから心を通わせていた隣人の青年がおり、彼は一足先に紅軍に参加していて、紅蓮の入隊を喜んで迎える。やがて二人は戦士仲間に祝福されて結婚式をあげ、紅蓮は戦闘が迫る中で出産、赤ん坊を背負って従軍する。当時の中国映画では、恋愛表現がほとんどタブーであったため、二人が愛を語る場面はない。そのかわり、厳しい訓練のあいまのひとときに、小川で水浴びをしたり洗濯したりする女性兵士を捉えた美しいシーンのなかに、紅蓮が遠慮する恋人の手から洗濯物を奪い取る一コマがある。どうやら女が男の下着を洗濯することは、性別役割分業の原点であるらしい。(七〇年代日本のリブ運動の中で吐かれた田中美津さんの名言の一つに「川へ洗濯に行ってしまうあたし」というのがあった)。いずれにしても、瓊花が戴錦華の表現をかりれば「(女)戦士」であるのに対して、紅蓮は「女(戦士)」であり、その存在によって娘子軍を娘子軍たらしめているのである。(蛇足であるが、紅蓮の最初の結婚は、労働力確保のための、木偶——おそらく幼時に死んだ息子の身がわり——との仮の結婚だったと設定されている。このあたりにも、紅蓮の処女性を示唆して不倫のイメージを避けるなど、当時の中国における清教徒的な性のモラルが微妙に反映している)。

では、瓊花のほうはジェンダー/セクシュアリティの上で無色透明であるかというと、そうではない。じつは映画の中には、指導者・啓蒙者である江常青に対する瓊花の愛情が、誰の目にもわかるように描かれているのだ。ただしそれは、台詞や筋書きからはみごとに消し去られている。二人の対話の中では、江はあくまで瓊花が正しい階級意識を持つように党の立場から助言しているので、愛だの恋だのはむろんのこと、たがいの感情を表すことすらまったくない。しかし、台詞を無視して画面を見れば、江を見つめる熱っぽい瓊花のまなざし、はやる瓊花をたしなめる暖かい江の微笑、クローズアップされた場面でのふたりは、映画のラブシーンの定石にのっとって撮られている。また、物語の導入部で瓊花を地主の手から救った江（華僑に化けた彼は、なんと白馬に乗って登場する）は、解放区への道を示し、道中の費用にと瓊花に数枚の銅貨を握らせる。この銅貨を瓊花はふところ深く秘めて持ち歩き、ことあるごとに取り出してじっと見つめる。最後にはそれは敵の手に倒れた江の形見となり、瓊花は銅貨を掌に、革命の道を歩み続けることを誓うのだ。

戴錦華が引用する謝晋監督の回想によると、最初のシナリオでは恋愛の描写もあったのが、六回の修正を経て、恋愛の表現はすべて削除されたということだ。それにもかかわらず、監督は二人の愛情を映像に表現し、観客はそれを感じ取った。つまりここでは、江に対する瓊花の秘めた恋と、公式路線に対して監督と観客が共謀して秘めた恋愛表現という、二重の隠し事がなされている。表面上はあまりに公式的なこの映画が広く人気を博した鍵は、やはりここにあったのではないだろうか。

もうひとつ、この映画がひそかに送った性的なメッセージとして、女性たちの軍装がある。紅色娘子軍の制服は、中国人民解放軍でおなじみのカーキ色の木綿でできた軍帽・軍服である。ただ海南島という亜熱帯の気候を考慮してか、ズボンがひざ丈の半ズボンになっている。足にはゲートルを巻いているので、映画では足の露出はそれほど気にならないが、男性兵士は長ズボンなのに、女性はなぜ半ズボンかというのは、なかなか意味深長である。

のちにこの半ズボンは、この物語のバレエ化において大きな効果を発揮する。銃を手にした娘子軍の群舞では、半ズボンからすらりと伸びた足が一糸乱れず跳躍するのが見ものである。これが男と同じダブダブの長ズボンではまったくサマにならなかっただろう。

しかも、戴錦華の考察によれば、実際の海南島女性部隊の写真は、中国風の服を着た一枚が残っているだけであり、制服は映画のための創作だろうということだ。いわれてみれば、後の抗日戦争時期、紅軍部隊に属した女性たちは、男と同じ軍服を着ている。もしこの制服が映画のための創作であったとすれば、半ズボンの軍装には、謝晋監督のひそかなジェンダー・メッセージが込められていたのかもしれない。

さらに戴錦華は、謝晋監督が、『紅色娘子軍』と同じ主演女優（祝希娟）を用いて一八年後に製作した『ああ、揺りかご』（一九七八）をこの作品と対比することによって、毛沢東時代のジェンダー意識が、文化大革命後に再逆転される様相を示してみせる。この映画は毛沢東の死から二年後という過渡期の作品で、日本では未公開である。私も未見なので戴錦華の筆を借りて内容を紹介しよう。

物語の始まりでは、映画のヒロインは男性戦闘部隊の指揮官であり、砲火飛び交う前線で敵陣を襲撃し陥落させる。果断で、勇敢で、粗野である。あるとき軍の幼児園を預かる「任務」に移されたのを契機として、映画は謝晋式の情に訴える手法によって、戦争と苦難のなかで「疎外」されていた女の母性の萌芽と女性性の復活を表してみせる。そこで、映画の終わりでは、この子供を抱いた女は、感情を胸に込め、恥じらいを秘めた眼差しで砲火の前線に戻る男たちを見送るのだ――疑いもなく、「彼女」／女は後方に残り、母として妻として、子供たちの身近に留まるのだ。（戴、二〇〇〇、一二八頁）

こうして、二本の映画を対比することから、戴は次のような定式をみちびきだす。「毛沢東時代がかつて革命／階級解放の名の下に女を社会歴史の中心舞台に登場させたとするならば、新時期の開始に伴って、「歴史」はふたたび人間性／解放の名の下に、女性に社会歴史の表舞台／スクリーンの前景から後景に退くことを要求したのだ。」(同前)

中国では、八〇年代になって、李小江らによる女性学創設の動きがおこる。戴錦華もその重要な一翼をになう研究者であるが、彼女たちは女性ジェンダーを抹殺した毛沢東時代の批判から出発すると同時に、女性をふたたび歴史の後景に押し込めようという八〇年以降の潮流にも抵抗しながら、独自の道を切り開こうとしている(本書所収「中国女性学における思想形成」参照)。戴錦華の映画論も、その苦闘の産物のひとつである。

母になれなかった兵士――ソ連演劇『夜明けは静かだ…』

私は一九七四年から八一年まで、今は消滅した国家であるソ連の首都、モスクワで暮らした。当時のソ連は、おなじ社会主義国とはいえ、ジェンダーに対する感覚は中国とかなり違っていた。女性の社会進出においては中国より先輩だったにもかかわらず、男と女の間には、服装から子供の遊びに至るまで、越えがたい境界線が引かれていた(秋山、一九八三)。男の子が最初に手にする玩具のひとつはプラスチック製の機関銃であり、銃をとって女子供を守るのは男の義務であると幼な心にも植えつけられていた。

七〇年代のソ連社会は、外からイメージされていたほど緊張したものではなく、市民は穏やかな日常を送っていたのだが、ナチスと戦った「大祖国戦争」の記憶は、マスコミでも日常の会話でも、折にふれて語られた。三〇年の歳月を経ても、十人にひとりが犠牲になったという戦争の傷跡はけっして癒えてはいなかった。

そんな時代に、女性兵士の群像を描いた『夜明けは静かだ…』[3]というボリス・ワシーリエフの小説（一九六九）が、モスクワで人気を誇っていたタガンカ劇場によって脚色・上演され、話題になった。ブレジネフの長期政権下にあった七〇年代のソ連では、一見安定した体制の表面下で、自由で民主的な社会への希求が高まりつつあった。そんな時代に、タガンカ劇場の首席演出家ユーリー・リュビーモフは、前衛的な演出手法と鋭い批判精神をもって、検閲と戦いながらつぎつぎに新しいレパートリーを世に問うていた。それは今から見れば、八〇年代のペレストロイカを地下で準備していた力が、堅い表土を破って顔を出した萌芽のひとつだったといえる。したがって、モスクワ市民の間でタガンカ劇場の人気は高く、ふつうのルートではとても切符が手に入らない。さいわい、夫が勤めていた国営出版所の同僚翻訳者にロシア演劇研究者の宮沢俊一氏がおり、リュビーモフをはじめソ連の演劇人と親しく交流していたので、私たちも恩恵にあずかることができた（タガンカ劇場については、堀江、一九九九に詳しい）。

『夜明けは静かだ…』は、第二次世界大戦を背景にした物語である。開戦後まもない一九四二年、ドイツ軍が破竹の勢いでソ連領土に侵攻を続けている時期、舞台は森の中の、とある村の駐屯地だ。兵士たちの無規律ぶりを嘆く曹長ヴァスコフのもとに、「酒も女も問題ない」とお墨付きで派遣されてきたのが若い女性ばかりの部隊、というところから物語は始まる。明るいコーラスとともに登場する女性兵士たちは、とまどう曹長におかまいなしに無邪気にはしゃぐ。着替えをしたり、シャワーを浴びたり、下着を干したりといった情景が展開され、曹長の困惑ぶりが観客の笑いを誘う。

ここでちょっと、この劇における舞台装置の説明をしておこう。リュビーモフ演出の独創性は、内容とともに装置にもある。リアルな背景や道具を使わずに、無機的・抽象的な素材をさまざまに使い分けて場面を展開するのが得意の手法だ。『夜明けは静かだ…』で使われるのは何枚もの細長い大きな板で、最初は四角く組み合わされ、女性兵士を満載したトラックの荷台の脇板として登場する。

脇板はワイヤーで持ち上げられ、それぞればらばらにして上から吊し縦に置くと、森林を表し、低く寝かしてワイヤーで少し持ち上げて、人がその上を揺れるようにして歩くと沼地に変貌し、真横にしたまま五〇センチほど持ち上げると、野外のシャワー室に変わる。それだけが舞台装置だが、俳優たちの見事な演技と観客の想像力がそこに「本物の」森林、「本物の」沼地、「本物の」シャワー室を現出させる。(堀江、一九九九、六三頁)

やがて夜が訪れ、明けかかるころ、舞台は一転シリアスな展開となる。ドイツ兵の斥候がパラシュート降下してきたという報告が入り、曹長は五人の兵士を連れて追跡に出る。沼地を先回りして奇襲をかける作戦だ。ところが敵の数は予想より多く、熾烈な接近戦となり、女性兵士はひとり、ひとりと倒れてゆく。

戦闘や死の場面は森の木に見立てた板の反転と照明や効果音をつかって象徴的に描かれる。ひとりひとりの死の場面で、これまでの生涯が回想され、彼女の死を悼む歌が合唱される。最後に、ひとり残った曹長が、ドイツ兵が立てこもる小屋に向かって突撃する。

生き残ったヴァスコフがすすり泣きをしながら、小屋から出てくる場面で芝居は終わるが、その間亡くなった五人の女性たちが普段着のまま、上から吊された板とワルツに合わせてゆっくり回りながら、舞台袖に姿を消す。
誰もいない舞台上では板だけがゆっくりと回っている。観客席の女性客がみなハンカチで涙を拭き、鼻をかむ。ロビーに出ると、二階へのビュッフェに上がる階段に五本の蝋燭が立てられ、五人の女性の死を弔っていた。(堀江、同前、六七頁)

このように、『夜明けは静かだ…』の舞台は、斬新な装置や演出手法を駆使してはいるが、内容は原作に忠実な、女性兵士たちへの鎮魂歌となっている。堀江は、リュビーモフの他の作品が観客の舞台への感情同化を極力避けた政治的メッセージの強いものであるのに対して、この芝居は観客の感情同化を拒むことなく、かといってセンチメンタルなカタルシスだけにも終わらずに、舞台上のテーマをあらためて考えさせるという意味で「リュビーモフらしい」演劇になっていると高い評価を与えている(堀江、同前、六二頁)。

私がこの舞台を初めて見たのは、モスクワで暮らしはじめて一、二年たったころだろうか。ロシア語の台詞の細かいニュアンスはともかくとしても、話の筋は理解できたし、テンポのよい舞台運び、要所に挿入された歌の美しさもあいまって、戦争のために青春を断ち切られた女性たちへの哀悼の念は作者や観客と共有できたとおもう。それでいながら、私はこの芝居に完全な「感情同化」はできなかった。この作品における女性兵士の描かれ方、この作品の底に流れるジェンダー意識（当時まだそんな言葉は知らなかったが）に違和感をおぼえたのだ。

それを説明するために、この劇の中で女性兵士たちがどう位置づけられているのか、もう少し詳しく見てみよう。まず、この戦場だが、ここはけっして前線ではない。男たちが出征したあとの村では女たちが残って生活を営んでいる。負傷したため後方勤務に回された曹長は、村のおかみさんたちと「よろしく」やっている。

それだけに、導入部の女性部隊の登場は牧歌的である。まず驚かされるのは、制服がスカートであることだ。中国・海南島の女性兵士の制服が半ズボンだったのに対して、なぜソ連の女性兵士がスカートにブーツという制服なのだろう。その疑問には、ふたつの答えができそうだ。ひとつは、中国庶民の伝統的な服装が、男女を問わずズボンと上着の組み合わせであるのに対して、ヨーロッパに属するロシアの伝統的服装コードは、女性のズボン姿を認めなかったことだろう。第二の理由は、女性兵士には前線における戦闘が想定されていなかったことではないか。この部隊は、無学な曹長に「この子たちは兵隊のくせに学問があるんだ」とつぶやかせる高射機関砲隊である。想定された戦闘任務は、撃墜した敵機の乗員を捕虜にする程度で、地上での接近戦までは含まれていなかったにちがいない。▼4

スカートの制服に加えて、女性部隊の女らしさは過剰なまでに演出される。おしゃべり、クスクス笑い、歌（シェリトリンド、ラ・クカラチャ）、「いちご摘みもいけないんですか？」、「指がはさまったの…痛いわ…」。女というものは、男とはまるで異質の存在であり、軍隊とは水と油なのだということが観客に印象づけられる。おまけに、シャワーや洗濯の場面では、吊り下げた装置の板で胴の部分をたくみに遮蔽しながらも、裸をイメージさせるむき出しの手足や、洗濯ずみの下着が見せつけられる。当時のソ連では、思想と同時にエロチシズムに対しても検閲の目が厳しかったので、ある時期の日本でそうであったのと同じように、エロスの表現が反体制と結びつくという一面があったことは否定できない。けれども私には、男性観客向けのサービスがいささか過剰だと感じられた。

もうひとつ、さらに大きな問題は、大学生だったユダヤ人の少女ソーニャの死を悼むリータと曹長のこんな会話だ。

「優等生だったわ。ずーっと優等生だった——小学校でも、大学でも」
「うん、詩を読んでいた……でも大事なのはそのことじゃない。大事なのは——ソーニャは子供を産めただろうっていうことだ。その子が孫や、ひ孫を産む。でもその糸は……ぷつんと切れちまった」

詩を読んでいたソーニャよりも、彼女が子を産めなかったことが大事だとするこの台詞が、たたき上げの曹長の口から出ることは、かならずしも不自然だとはいえない。しかし、後半の舞台の流れの中で、ヴァスコフ曹長は作者にかわって娘たちの死について語る役割を与えられている。その中でこの台詞は、一人の女性の死に対する曹長個人の感慨にとどまらず、戦闘で死んだ女性兵士すべての死を悼む文脈で発せられ、受け取られる。女性たちは、母になるべき存在であり、それゆえに戦闘で死んではいけない、と。(では男なら、死んでもいい?)

この芝居を見た後、私はこの台本の日本語共訳者で宮沢氏のパートナーである五月女道子さんに、曹長の台詞についての違和感を話してみた。彼女の答はこうだった。

「あなたの言い分はわかるけど、あの台詞はすごくロシアらしいじゃない?」

たしかに、『夜明けは静かだ…』の底に流れている差異に重点をおくジェンダー意識と母性の尊重とは、ロシアの伝統文化に根を持っている(ハップス、二〇〇〇)。そんな文化の土台のある国で、西欧でも日本でも実現しなかった女性の参戦がなぜ実現したかといえば、それはロシアではなくソ連＝社会主義体制が、男女平等というイデオロギーの推進者だったからだ。ヴァスコフ曹長も、指揮官としての威信を保とうとするときは「ここには女性なんてものはいないんだ!　あるものは兵士と指揮官だけだ。戦争が終わるまではみんな中性なんだ……」と口にする(もっともその台詞は、「すると、これまで中性の曹長が、ベッドを誰かさんのために解放してたってわけですか……」とまぜっかえされてしまうが)。

兵士となった女性たちも、それぞれに家族を殺されたり、孤児院の出身だったりという事情に迫られてではあるが、みずから志願して入隊したのであり、銃をとって戦うことに疑いやためらいを見せるわけではない。そのかぎりでは、『夜明けは静かだ…』と『紅色娘子軍』は、女性の軍隊参加を肯定するたてまえにおいて違いはない。それでありながら、女が武器をとって戦うことの意味づけにおいて、両者はみごとに対照をなしている。後者がそれを女にとっての解放と意味づけるのに対して、前者は避けるべき犠牲であり、誤りだったとするのだ。

この違いを説明するには、『紅色娘子軍』と『ああ、揺りかご』の対比でふれた中国における一九六〇年代と八〇年代以降のジェンダー意識の変化を思い起こすのが早道だ。中国では八〇年代になって復活したジェンダーの差異を肯定する意識が、ソ連では一足早く、七〇年代には復活していたのだ(おそらく転換点は、フルシチョフによるスターリン批判とそれに続く「雪どけ」が始まった六〇年前後だろう)。

おもしろいことに、差異を肯定するジェンダー意識は、反体制知識人だけでなく、前衛演劇を検閲する側の官僚・軍人にも共有されていた。そのことを示すエピソードをリュビーモフが回想している。それによると、あるとき軍に呼びつけられ、長老の軍人から「この作品は厭戦思想をあおる、女が死ぬのはいかん、男五人が死んで女が生き残るようにしろ」といわれ、茫然としたということだ(堀江、同前、六七頁)。

こうみていくと、『夜明けは静かだ…』は、母親になるべき女が兵士として殺されたことを悼むという意味での反戦劇の枠を出ないのだろうか。そうだとすれば、七〇年代ソ連におけるこの作品の持つ批判性は、いったいどこにあるのだろうか。

ひとつの要素は、ジェンダーの差異を強調する立場からの、社会主義的男女平等思想への批判である。男女平等が体制によって上から押しつけられたとき、差異を強調することが体制批判につながるのは、八〇年代中国でも起こったことだ。七〇年代ソ連で地下出版されたロシア・フェミニストの声『女性とロシア』も、女性性と宗教性を強調したものだった（マモーノワ他、一九八二、秋山、一九八三、二三九頁）。しかし、批判がそこにとどまるならば、それは私にとって理解できるにしても、共鳴できるものとはいえない。

しかし、『夜明けは静かだ…』における戦争批判は、女性を犠牲にしたということから出発しながら、もう一歩、戦争そのものへの問い直しをはらんでいるのではないか、という気もする。たとえば、曹長の次の台詞。

「今は戦争だ。それはわかっている。しかし戦争が終って平和が来た時はどうだ？　何故君たちみんなが死ななきゃならなかったかわかってもらえるだろうか？（中略）あなたたちは男なのに、私たちの未来の母親を守ってやることができなかったのは何故だと聞かれた時、なんて答えればいいんだろう？　娘たちを死なしてしまって自分たちは生き残っているのは何故だ？　キーロフ線の線路や白海―バルト海運河がそんなに大事だったのかと聞かれたら？」

この台詞は、さきに引用したソーニャの死を悼む台詞と重なるが、最後の一行では、戦争そのものの意味への疑問が口にされている。これは、祖国防衛の戦いについて一分の疑問もさしはさむことが許されなかった当時のソ連においては、かなりきわどい台詞といえる。軍が「厭戦思想」の嫌疑をかけたのは、意外に的を射ていたのかもしれない。

佐藤文香は女性の参戦についての言説を「差異」「平等」「ミリタリズム」の三つの軸において分類した（佐藤、一九九八、四頁）。この座標軸を借りるならば、『夜明けは静かだ…』においては、差異の目盛りをプラスのほうへ目一杯動かした力が余って、ミリタリズムをマイナスのほうに引きずったといえるかもしれない。この作品が七〇年代ソ連において体制に対する有効な批判力をもったとしたら、それは「正義の戦い」に対してわずかなりとも疑問を投げかけたことにあるのではないだろうか。

以上のように、社会主義という共通の体制のもとにあっても、六〇年代中国と七〇年代ソ連における女性兵士の描かれかたは、対照的といえるほどの違いをみせている。その背後には、それぞれの国の伝統的ジェンダー意識、女性兵士が登場する戦争の性格とその時代のジェンダー意識、そして作品が作られた時代のジェンダー意識が複雑に重なりあっている。

そんなふうに複雑に重なりあったジェンダー意識の層をときほぐして、それぞれの作品の面白さとそこに含まれる問題点とを、どれだけ紹介・分析できたかはこころもとない。いずれにしても、ある時期に私のなかに強く印象づけられた女性兵士たちの面影を、他の人たちに伝えることができたなら、この稿を書こうとした最初の目的はとげられたことになる。

註

（1）『紅色娘子軍』の映画・バレエ劇の映像は、中国や香港でＶＣＤなどの形で販売されており、一部は日本の中国専門書店でも売られている。筆者はこれをビデオに再録したものを見た。なお、このバレエ劇とその映像化は、文化大革命中も上演許可された八本の革命模範劇のひとつとして人気を保ち、日本にも紹介されている。

（2）毛沢東の詩「女性民兵のための写真に題す」（一九六一）の一部。全文は「颯爽英資五尺槍　曙光初照演兵場　中華児女多奇志　不愛紅装愛軍装」（颯爽たる雄姿、手には銃、夜明けの光が練兵場を照らす、中国女性には奇特な者が多い、お洒落より軍装を好むのだから）。

（3）原題は、正確に訳せば『夜明け、ここは静かだ』（ア　ゾーリ　ズジェシ　チィーヒエ）であるが、日本語訳・上演に際して使われた題名に統一した。なお、この劇の日本における上演は、劇団東演によって、一九七五年、七八年、九四年の三回にわたって行われている。翻訳は宮沢俊一・五月女道子、演出は最初の二回が下村正夫、三回目は原孝。いずれも、リュビーモフ演出を忠実に再現した舞台づくりが行われている。なお、文中の引用は、七五年上演台本によった。

（4）同じソ連でも男性と同じ戦闘任務についた女性航空連隊では、戦闘服やブーツだけでなく下着まで男性用のものが支給されたという。（佐々木陽子『総力戦と女性兵士』青弓社、二〇〇一）

——二〇〇一年

第3章

ジェンダーの視点で読む中国文学

1938年、西安での蕭紅（左）と丁玲（右）

ジェンダーの視点から読みなおす

中国現代文学の場合

一　はじめに

ジェンダーという概念は、第二波フェミニズム運動によって導入されたものである。文学研究の分野では、ジェンダーの視点による研究は「フェミニズム批評」として発展してきた。一九六〇年代末に米国で始まった第二波フェミニズムは、これまで私的な領域とされていた男女の個人的な関係（それはとりわけ性に凝縮されている）に、差別・支配の構造がひそんでいることを暴きだした。その個人的な領域におけるジェンダー構造を反映してきたのが文学であり、フェミニズム批評はそこに分析のメスを入れるものだ。

フェミニズム文学批評の流れは大きく三つの段階に整理される。第一段階は、「フェミニスト・クリティーク」と呼ばれる男性作家・批評家の父権思想・女性嫌悪に対する批判で、その代表はケイト・ミレットの『性の政治学』（一九七〇＝一九八五）である。第二段階は、女性によって書かれた文学の再発見で、女性作家の読み直し・発掘を行い、女性自身の観点から女性であることの意味を根源的に問いなおそうとする試みである。これはショーウォーターによって「ガイノクリティシズム」と名付けられた。第三段階は「ポスト構造主義フェミニズム批評」で、ここには現代もっとも新しいとされる脱構築派批評、ジェンダー批評、精神分析フェミニズム批評、ポスト植民地主義フェミニズム批評など、従来の文学を根底から問いなおすさまざまな潮流が含まれる（ショーウォーター、一九八五＝九〇序、織田、一九八八、小林、一九九七）。

以上のような整理は、第二波フェミニズム運動誕生の地である米国における流れを中心にしたものので、それ以外の国では状況は多少異なっている。フェミニズムが後発した地域では、これらの段階に対応する論著は、必ずしも時代順ではなく混在して発表されることになる。とりわけ、中国のように一九七〇年代末まで文化的鎖国状態であったところでは、フェミニズム批評の紹介と実践とは、八〇年代後半以降の、十余年の歴史の中に凝縮される（江上、一九九六）。

例えば、劉思謙《りゅうしけん》は次のように述べている。

しかし中国の女性文学研究はどの社会運動にも属さず、この三段階のいずれとも共時的な関係を持たなかったので、わたしたちは彼らにとって避け難かった理論上の狭さと偏りを自覚的に避けることができ、この三段階の三種の理論思惟の取るべきところを同じ時間平面上において鑑別、吸収、借用することができる。（劉思謙、一九九三、一二二頁）

劉思謙のいう三段階は前述の分類より幅が広く、一九世紀末の第一波フェミニズム運動から現在までを視野に入れたもの（張京媛、一九九二序参照）であるが、いずれにせよ、数十年にわたって蓄積された海外フェミニズムの成果が中国にいちどきに流入したことはまちがいない。それは例えばジェンダー概念の混乱といったマイナス面をもつと同時に、第二章で紹介するような高い水準の成果をも短時間で生みだした。

ジェンダーの視点による文学史の書きなおしとは、前記のようなフェミニズム批評の方法を用いて従来の文学作品に対する評価をくつがえし、無視されていた作品や作家を発掘するとともに、「男性の文学体験に全面的に基づいてきた読むことと書くことについて、従来受け入れられてきた理論的前提の修正＝見直しをも要求」（ショーウォーター、前掲書）しようという試み全体を指している。それは、ひとつの結論が出るといったものではなく、試行錯誤と論争を繰り返しながら進められてゆく作業の大きな流れである。その試みが、中国文学の分野でどのように進められているかを概観し、問題を整理することを本稿の目的としたい。

二 「フェミニズム文学史」と「女性文学史」

中国の場合、文学史を読みなおそう、書きなおそうという動きは、フェミニズムの側からだけ起こったわけではない。八〇年代新時期文学の興隆と呼応して、文学研究者の中から、文学史を書きなおそうという提起がおこなわれた。八〇年代に文学を研究することは、とりもなおさず過去の一元的な政治支配による歪みをただし、空白を埋めることである。ジェンダーの視点による文学史の読み直しは、文学研究全体のこのような動きと呼応しながら、独自の道を開いてきている[1]。

ジェンダーの視点による文学史研究は、中国ではかなり異例なスタートを切った。作品論、作家論などの蓄積がほとんどない段階で、いきなりレベルの高い通史が出現したのだ。一九八九年に出版された孟悦《もうえつ》・戴錦華《たいきんか》による『歴史の地表に浮かび出る』がそれである。ポスト構造主義、記号学、解釈学などさまざまな方法を駆使して中国文学史をフェミニズムの視点から論じたこの本は、いささか衒学的なきらいはあるが、強い衝撃力と高度な理論性を兼ね備えている。女性学が提唱されてわずか数年で、このような本を生みえたのは、まさに後発の強みである。

『歴史の地表に浮かび出る』は、中国女性学の創始者というべき李小江《りしょうこう》の編集による「婦女研究叢書」の一冊であるが、この叢書の出版にいたる経過は、そのまま中国女性学の歩みでもある（秋山、一九九六a、秋山・江上・田畑・前山編、一九九八）。

一九一九年から四九年にいたる中国の近代（中国語では〈現代〉）文学史を記述したこの本は、九人の女性作家を扱った各論の部分と、「緒論」および三つに分けた各時代論、「結語」とからなっている。著者たちは「緒論」で、中国の歴史において、女性たちが言葉を奪われ、他者の位置に置かれてきたことを告発する。女性にとって書くことは、奪われた言葉を取り戻し、これまで書かれた歴史を覆すものだと著者たちはいう。

> 女性としての集団的経験は、単なる人類の経験の補充や補完ではなく、むしろ逆に、それを覆し組替えるものであり、全人類がいかなる方式で生存してきたか、またしているかを新たに説明しなおす

ものだ。〔……〕実際、女性が描けるのはもう一つ別種の歴史ではなく、すでに書かれている歴史の中の無意識、つまりあらゆる統治機構が自分の正しさ、完璧さを証明するために抑え、覆い、抹殺したものなのである。（孟・戴、一九八九、四頁）

さらに、各時代論において著者たちは、それぞれの時代における女性の位置を見定めようとする。そこで測られるのは、各時代の「主導意識」と、周縁におかれている女性との距離である。例えば、著者たちは次のように分析する。中国近代文学の草創期である五四の時代（一九一七―二七）の主導意識は「父」を殺そうとする反逆の息子にあった。女性たちは反逆の息子と同じ側にいたが、彼らの「妹」の位置にあった。まだ成熟しない娘である彼女たちは、自分自身の言葉を持たず、兄たちの唱える「人道」「科学」「民主」といった理念をくりかえすことしかできなかったのだ。

五四の娘たちが成長し、自立した女としての声を上げるには、それからおよそ十年後、丁玲《ていれい》や蕭《しょう》紅《こう》といった女性作家の登場を待たねばならなかった。「女性は抑圧されているが独立したジェンダー・グループとして、たとえ周縁であろうとも、時代の舞台に登場した」（前掲書、一一〇頁）。しかし、三〇年代には中国は革命と戦争の時代にはいり、時代の主導意識は革命の大義＝大衆の神の側に立った。女の経験はふたたび周縁に押しやられ、女性作家の自我の叫びはかき消されてしまった。

ところが、一九三二年の「満州国」成立、三七年以降の日本軍による侵略によって国内が分断されると、日本軍占領下におかれた地域では、中国人にとっては主導意識そのものの欠落という奇妙な空白状態が生まれた。そのポッカリあいた空白に、政治や戦争とは無関係に自己を物語る女性たちの文学が開花した。張愛玲《ちょうあいれい》、蘇青《そせい》といった、これまでの文学史で忘れ去られていた作家たちである。

『歴史の地表に浮かび出る』は、このような形で中国文学史の中に、女性の位置を定める作業をおこなった。単に女性作家を拾い集め羅列するのでなく、ジェンダーの視点から歴史の構造をみきわめようという強烈な意識に貫かれているのがこの文学史の特徴である。

この本の鋭いまなざしは、女性と国家という、現在の中国ではきわどい問題の核心にまで迫っている。それがはっきり表れているのは「結語」の部分である。ここでは、革命前の時代から人民共和国への橋渡しとして、象徴的な物語である『白毛女』が論じられている。暴虐な地主に迫害された喜児《シーアル》という娘が山の洞窟に逃げ込んで白髪の妖怪として生き延び、八路軍に助け出されるこの物語は、一九四四年、延安魯迅芸術学院による集団創作歌劇をもとに、改作をかさねられてきたものだ。「旧社会は人を鬼にし、新社会は鬼を人にする」というキャッチコピーとともに、新中国における女性解放の物語として歌劇や映画、バレエとなって親しまれてきた。

これに対して著者たちは、『白毛女』を女性自身の解放の物語ではなく、『シンデレラ』や『眠れる森の美女』と同じ救い出される女の物語として読みなおす。主人公は深い神秘な空間の中で、ある日王子様が現れて自分を鬼から人へ変えてくれるのを待っている受身の存在で、物語を語る男／語られる女、救う男／救われる女という、古くからあるパターンと同じだというのだ。ただ、『白毛女』が童話と違っているのは、喜児を救い出すのが特定の男性ではなく、象徴的な「父」の化身＝共産党八路軍であることだ。旧社会で抑圧されていた喜児は、党の娘として再生した。「党の娘――この三〇年近くの長きにわたって活躍した肯定的女性の文学形象は、新中国女性の超えがたい精神性別身分を規定した」（二六七頁）。こうして中国女性は、解放の神話のもとで自己を喪失し、また喪失した自己を探し求める理由と権利をも失ったと、著者たちは革命による女性解放の物語を脱構築する。文学を論じ、女性解放を論じながら、国家支配体制の根幹に迫る鋭い批判である。▼2

『歴史の地表に浮かび出る』が出版されて六年後、一九九五年に盛英《せいえい》主編『二十世紀中国女性文学史』が出版された。上下あわせて一一〇九ページという大部の本である。

序文では、この本で対象とする女性文学とは「女性を創造の主体とし、女性意識と性別の特徴を表す」と定義したうえで、女性文学史を書く意味を次の二点にまとめている。「一、以前の総合文学史の偏った構造を克服し、傾いた文学の生態の補正と平衡を促す。二、女性文学の伝統をうち立て、女性作家が創作の天賦と特性を発揮するのを利し、女性文学の繁栄を促進する」（八頁）

その目的を果たすために、この文学史はできるだけ多くの女性作家を登場させ、論じることをめざしている。目次に登場する作家の名前だけでも一五〇人、その中には、日本占領下で執筆した張愛玲や蘇青、国外に出てしまった謝冰瑩《しゃひょうえい》、政治的な問題が未解決のまま放置されていた楊剛《ようごう》や関露《かんろ》など、従来の文学史では黙殺されていた人々が含まれている。また、狭義の作家に限らず、ジャーナリストや、記録文学・伝記文学・児童文学の作家も含め、さらに台湾・香港の作家にも付録として一章がさかれている。二〇世紀中国の女性作家を網羅した辞典的な性格を持つ文学史として、一つの到達点であるといえよう。執筆者は全部で一六人、うち男性四人と「男女が協力し、女性が研究主体となり、女性自身を描いた」と、編者の盛英は「後記」で述べている。

ボリュームの点では比類のない『二十世紀中国女性文学史』だが、序文や各時代の解説を見る限りでは、この文学史は『歴史の地表に浮かび出る』のもつ鋭い批判力、衝撃力を持っていない。『歴史の地表に浮かび出る』が従来の文学史の転覆をはかる試みであるとすれば、『二十世紀中国女性文学史』のほうは修正・補充によって均衡の回復を目指すというところだろう。叙述の中には「彼女たちの背後には過去の戦争の時代が、彼女たちの眼前にはわき上がる社会主義の今日があった」というたぐいの常套句も散見される。主編である盛英は、外国のフェミニズム批評を中国にそのまま適用することを批判し、中国の現実をふまえた批評基準を確立することを提唱している（盛英、一九九二、〈代後記〉）。その見解は納得できるものだが、この文学史で見る限り、従来の文学史の評価基準だった「革命性」あるいは「進歩性」という物差しと、「女性意識」というジェンダー視点による物差しとが、きちんと関係付けられないまま併用されているという印象を受ける。

全体としての論調のほかに、作家の評価に関して気づいた問題をひとつ指摘しておこう。この本の特徴のひとつは、八〇年代以後の「新時期」に三〇〇ページ余りをさき、現存の女性作家をほぼ網羅していることだ。それなのに、八〇年に『ある冬の童話』を発表して衝撃的なデビューをした遇羅錦《ぐうらきん》については、文革批判の作品名を列挙した中に『ある冬の童話』が登場するだけで、文章による記述がみあたらない。『ある冬の童話』は、文革を批判して銃殺された兄を持つ主人公が、女としての文革体験を通して国家を問いなおした、新時期文学の中でもジェンダー視点が鮮明な作品である（本書所収「八〇年代中国文学にみる性と愛」参照）。『二十世紀中国女性文学史』より紙数の少ない『遅れてきた潮流』（楽鑠、一九八八）『男権伝統の檻を出る』（劉慧英、一九九五）などには、短いながら遇羅錦へのきちんとした論及があるのに、この本が無視しているのは、遇羅錦が八六年ドイツに亡命したことと無関係だろうか。[3]

また、天安門事件にかかわったとして逮捕され、今また三峡ダム反対の論陣を張っているルポルタージュ作家、戴晴《たいせい》の名も見あたらない。少なくとも彼女の連作ルポルタージュ「中国女性系列」は、八〇年代の女性文学を語る場合に見逃せないと思うのだが。[4]

遇羅錦や戴晴が政治的立場ゆえに無視されたとすれば、謝冰瑩や張愛玲を抹殺してきた過去の文学史と同じ轍を踏んだことになる。今後の研究者に基礎的資料として利用される本だけに問題は大きい。この文学史が出版されたのは、北京で国連世界女性会議が開かれた一九九五年である。この年は会議開催の追い風を受けて、女性関係の出版やシンポジウムのブームであった。その一方で、李小江など自主的な活動を続けてきた女性学研究者には、自由な発言を規制する圧力がかけられた（李小江、一九九五b）。文学史の編集に直接の圧力がかかったかどうかはともかくとして、フェミニストの「自粛」を促す空気がここに反映されたとはいえないだろうか。

一九八九年発行の「フェミニズム文学史」から、一九九五年発行の「女性文学史」への後退は、現在中国におけるフェミニズム批評・女性学研究がいまだに厳しい状況にあることを象徴している。

三　読みなおす作業——丁玲と蕭紅の場合

ジェンダーの視点による文学史の読みなおしは、さまざまな作家や作品対象に、さまざまな方法で行われている。この章では、現時点におけるそれらの研究の成果を一瞥した上で、丁玲と蕭紅という二人の代表的な女性作家がどう読みなおされているかを少し詳しくたどってみたい。

「フェミニスト・クリティーク」、すなわち文学における父権意識再検討の試みとしては、劉慧英《りゅうけいえい》『男権伝統の檻を出る』（一九九五）における郁達夫から張賢亮にいたる男性作家の「性と祖国」の分析、陳順馨《ちんじゅんけい》『中国当代文学の叙事と性別』（一九九五）における曹禺《そうぐう》や趙樹理《ちょうじゅり》が描く女性像の分析などがある。日本でも、白水紀子（一九九八）による茅盾作品中の女性像の分析などの試みが始まっている。中国近代文学における「フェミニスト・クリティーク」の最後にして最大の対象は「偉大なる父」魯迅だろう。ジェンダー視点からの魯迅の再読や伝記の再検討を、今後の研究者に期待している▼5。

「ガイノクリティシズム」、すなわち女性作家の再発見・再評価をめざす研究の先駆的なものとしては、閻純徳《えんじゅんとく》らによる女性作家評伝がある（閻純徳主編、一九八三）。閻らのグループによる女性作家発掘の共同作業は、早くも七六年に始められている。ジェンダーなどという語が導入されるはるか以前、忘れられていた女性作家をよみがえらせようという情熱が伝わる労作である。その後、女性作家の研究はさまざまな形で出ているが、全部を把握して紹介するには力が及ばない。ここでは、日本の研究者による女性作家発掘の試みとして、江上幸子による楊剛（一九九二）、前山加奈子による関露（一九九一）、櫻庭ゆみ子による蘇青（一九九六）などの研究をあげておこう。

このほか、陳順馨は前掲書所収の「当代『一七年』小説叙事話語と性別」で、作品中における語り手の位置と叙述の方法を分析することにより、性別が極度に無視された共和国成立の一九四九年から文革開始までの「一七年」文学の中にジェンダーの差異を読みとろうとする。

さらに新しい八〇年以後の「新時期」文学は、歴史というには近すぎる。しかし、八〇年代初頭にわき上がった女性たちの表現を、他の人に先駆けて評価し位置づけた李子雲（一九八四、一九九四）と、婦女研究叢書の一冊『遅れて来た潮流——新時期婦女創作研究』（一九八八）で新時期女性文学を分類整理した楽鑠（男性）、八〇年代から九〇年代へのフェミニズム文学の発展をあとづけようとする任一鳴（一九九五、一九九七）らの名をあげておく。

このように、ジェンダー視点による文学史読みなおしの試みは、短い時間にしてはかなりの成果を上げている。つぎに、二人の作家がどう読みなおされてきたか、具体的な例をながめてみよう。

1　丁玲の場合

丁玲[6]の中国文学への登場は、中国近代文学の誕生から十年を経た一九二七年だった。『歴史の地表に浮かび出る』は、これを中国フェミニズム文学史上の画期と位置づけている。

新文化運動の出発からほぼ十年にして、この世代（五四の世代）の娘たちは女に向かって歩き始めたようにみえる。丁玲の『夢珂』、『ソフィの日記』の中の「娘」にはすでに両親がなく、はじめて汚濁した人の世に対する女性の性別自我から出た鋭い洞察をあらわした。ソフィの諷刺に満ちたあの自己総括——私は女らしさたっぷりの女にすぎない——は、娘が女に向かう重大な転換を示している。彼女は「女」になりはじめただけでなく、「女」——社会における女性の基準——と自分を区別しはじめた。娘たちははじめて新しい女性の自由な心を獲得した。その心はもはや父の娘のように歴史の陰影を負ってはおらず、また単なる反逆の息子のこだまでもなかった。(孟・戴、一九八九、一七頁)

丁玲の初期の作品、とりわけ『ソフィの日記』(一九二八)は、同時代の小説の中で、今なお熱気を持って論じられている珍しい作品である。七〇年を経た今もさまざまな読みを引き出すこの小説は、ジェンダーの視点から丁玲を読みなおす場合にも、原点というべき作品である。

それだけにこの小説は、中国文学史の上では、「毀誉褒貶の間」(袁良駿論文の題、同編、一九八二所収)にあった。ソフィという強烈な自我をもつヒロインは、茅盾による「個人主義者、旧礼教への反逆者」「『五四』以後解放された若い女性の性愛上の矛盾した心理の代表者」(〈記丁玲〉、一九三三)という定義によって文学史上に一応の位置づけを得た。

この作品を出発点に、丁玲は「恋愛と革命の葛藤」を経て、大衆を描く『水』(一九三一)に到達し、夫を国民党に殺され、自身は捕われるという試練を経て延安にたどり着く。延安では「戦地服務団」などの活動の傍ら抗戦をテーマにした短編やルポルタージュを書き、農地改革を描いた『太陽は桑乾河を照らす』(一九四八)でスターリン賞の栄光に輝く――というのが、五七年に右派・反党分子として批判されるまでの丁玲の輝かしい足取りであった。革命をめざしての自己改革という この図式では、『ソフィの日記』をはじめ『霞村にいた時』(一九四一)、『医院にて』(一九四一)、『国際婦人デーに思う』〈三八節有感〉(一九四二)など、ジェンダー意識が強く表れた作品群は、革命的作品の高峰の谷間に隠れた存在だった。

皮肉なことに、ジェンダーの問題を扱った丁玲の作品が注目を浴びたのは、五七年の丁玲批判においてだった。丁玲批判においては、国民党に軟禁されていた時期の丁玲の「裏切り」という政治的事件と重ねあわせる形で、延安時代の作品『霞村にいた時』、『医院にて』、『国際婦人デーに思う』がとりあげられ、『ソフィの日記』はその原点として袋叩きにあった。主人公のソフィは丁玲と同一視され、両者に対して、男を弄ぶブルジョア階級の堕落した悪女という罵言が投げつけられた（たとえば姚文元、一九五八）。ソフィと並んで非難の的になったのは、『霞村にいた時』の主人公貞貞であったが、例えば「日本侵略者に連れ去られて従軍娼妓になった女を、女神のように美化している」という批判の一句（周揚、一九五八）は、どんな経緯にしろ娼妓に身を落とした女は堕落の烙印を押されてしまう旧社会の道徳枠組にみごとに乗ったものである。貞貞への非難はそのまま丁玲に重ねられ、党への裏切りと貞操を失った（特務《スパイ》とされた馮達との関係を続け、娘を生んだ）という二重の「失節」としてつきつけられた。

丁玲批判は、当時の政治路線と文壇内での派閥争いが絡んだ政治的事件であり、八〇年代以降は当事者による新たな証言もあらわれて真相が解明されつつある（たとえば、李之璉、一九九三）。しかし、政治的発言としての丁玲批判を感情的に補完するものとして、節を失った女への侮蔑、性的に自立した女への憎悪という中国社会の底流に渦巻いている女性嫌悪が煽られたことは明らかである（自伝的小説『魍魎《もうりょう》世界』（一九八六）の中で、丁玲は、自分が裏切り者の子を産んだという烙印を押されただけでなく、罪のない娘まで蔑視を受けたと語っている）。これは丁玲批判の持ったジェンダー的意味として押さえておくべきだと考える。話はそれるが、文化大革命収束後の江青批判においても、やはり女性嫌悪が利用された。諷刺画の江青がつねにスカート姿で描かれていたことにそれが象徴的に表れている。

丁玲批判においてジェンダーの問題を扱った作品に非難が集中したことは、フェミニズム批評にとってはむしろ幸いだった。丁玲批判のための反面教材として、『国際婦人デーに思う』、『医院にて』といった作品が改めて印刷され、衆目に触れたからだ。とりわけ『国際婦人デーに思う』という散文は、丁玲批判がなかったら『解放日報』の中に埋もれたままだったかもしれない。少なくとも私が六〇年代にこの文の存在を知り、七〇年代の第二波フェミニズム運動の中で再読して衝撃を受けることはなかっただろう。

私が『国際婦人デーに思う』を翻訳して、丁玲に関する短い文章と共に小さなリブ・グループで発行していた雑誌に発表したのは一九七四年のことである。そのとき私は、国際婦人デーに寄せて一九四二年延安における女性差別を告発した丁玲の文を、一九六〇年代米国の人権運動の中での女性差別を告発した女たちの文章と重ねて読んだ。両者の共通性は、進歩的であるはずの陣営内での根強い性差別を告発していることにとどまらず、怒りを秘めた皮肉や婉曲な表現、女たちへの強くあろうという連帯のメッセージまで、いわばその息づかいそのものがとてもよく似ていると感じたのだ。

日本語訳の『国際婦人デーに思う』は、中国文学関係の人の目にはほとんど触れなかった（七〇年前後は、文革と大学闘争のさなかで、中国文学研究も大学も、半ば機能を停止していたし、私自身も研究の場から離れていた）。ただ、当時米国人の友人の協力で前記の文を英訳して作った“Ting

Ling ——A Purged Feminist” というパンフレットが、米国で中国文学研究者の目にとまり、さらに中国へ伝えられたらしく、〈丁玲——被清洗的女権運動鼓吹者〉（〔日〕阿克亜馬・有高著）として『丁玲研究資料』の文献リストに掲載されている（秋山、一九九三b）。

七〇年代後半以降は、ジェンダーの視点に立った丁玲研究がひとつの流れになってくる。それはまず、フェミニズム批評の洗礼を受けた国外から始まり（たとえば、Feuerwerker、一九八二、中島、一九八二）、中国国内へも浸透し始める。さきに引用した『歴史の地表に浮かび出る』では、丁玲文学を文学史上における自立した「女」の出現として評価し、延安時代の批判的作品を、周縁におかれた女だからこそ、主導する側の問題点を見抜くことができたのだと評価する。この新しい文学史では、丁玲文学の高峰を二〇年代の『ソフィの日記』と延安時代の『霞村にいた時』、『医院にて』、『国際婦人デーに思う』におくという、従来の文学史の完全な逆転が行われる。

劉慧英の『男権伝統の檻を出る』ではさらに、「無情な政治の風雨にさらされた後、彼女の女性としての自我意識は明らかに後退、萎縮し、それが晩年の文学創作の深さと力に影響を及ぼした」と、後期の丁玲に対して厳しい評価を下している。なかでも、従来は丁玲文学の最高峰とされていた『太陽は桑乾河を照らす』の中で、父権社会で女に投げつけられる〈妖精《ヤオジン》＝ばけもの〉〈破鞋《ポーシエ》＝売春婦〉といった女を性的におとしめる罵言が「階級敵」に属する女に対して安易に使われているという指摘は鋭い（劉、一九九五、一七七頁）。

以上のように、丁玲の評価は「革命文学派」とフェミニズム批評の間で綱引きされている状況にある。革命的作家としての丁玲評価は、中国国内ではいまだなお強い。中国で開かれる丁玲学会では、ジェンダー視点からの発表は少数派で、「丁玲を女権主義者だなんてとんでもない」という地方の作家協会幹部の発言が支持されるような雰囲気がある。[7]

　また、復権後の丁玲自身も、中国文壇の最長老として保守派の立場に立ち（袁良駿、一九八八）、フェミニズム批評や女性学にかかわる若い世代とはほとんど無縁であった。たとえば、外国人留学生の問いに答えて『国際婦人デーに思う』について語った文章があるが、そこで丁玲が強調しているのは、これが「反党の毒草」ではないと、「毛主席も保証してくれた」ということであり、発言の最後は「女性が真の解放、自由、平等を得るには、全社会・全制度の徹底的変革なしには不可能だ」と結ばれている（丁玲、一九八〇）。かつて私は丁玲を「意識せざるフェミニスト」と呼んだ（秋山、一九七三）が、『国際婦人デーに思う』に秘められた「家父長制社会主義」（ステイシー、一九八三＝一九九〇）への批判の鋭さは丁玲自身には意識されていないのだ。ここに、フェミニズム批評の「片思い」ともいうべき丁玲論のパラドックスが存在している。

　ジェンダー視点からの丁玲の作品論は少なくないが、ここではユニークな例をひとつ紹介してこの節を結ぼう。それは、「女権批評」[8]に対する「男権批評」、すなわち男性の側からのジェンダー批評を標榜した男性研究者董柄月《とうへいげつ》の「男権と丁玲の初期小説創作」である。この論文は、丁玲の初期の作品に登場する男性像を分析し、そこには男性の物品化——丁玲による「逆差別」——が行われていると指摘する。そのうえで、この逆差別を父権文化伝統を転覆するための丁玲の戦略と位置づける。筆者の董氏は、フェミニスト研究者とも交流のある若い世代であり、フェミニズム批評を無視したり敵視したりするのでなく、互いの視点をぶつけることで対話してゆこうという姿勢を示している。ジェンダーの視点による文学史読みなおしの新しい切り口を示すものとして興味深い。

2　蕭紅の場合

蕭紅は一時はあらゆる文学史の中で「ページの周縁」の位置を占めていたかに見える——人々は「抗戦文学」あるいは「抗戦作家」を語るときたまたま彼女に言及し、内地に流亡してきた東北作家たちを語るついでに彼女の名を並べあげる——一人の個性的な女性作家であり、民族の歴史が重大な局面に立ったときさまざまな苦難を肩に負いながら独立と明晰さを保っていた知識女性である蕭紅は、民族の無意識の海の中にずっと忘れ去られうち捨てられていた。（劉慧英、一九九五、一八二頁）

蕭紅[▼9]は、現在では丁玲と並んで高い評価を受けているが、人民共和国成立後のいわゆる「一七年」の時代には、半ば忘れられた作家であった。私が修士論文で蕭紅をとりあげた一九六六年には、中国で出版されていたのは中編『生死場』および短編をおさめた『蕭紅選集』（人民文学出版社、一九五九）一冊だけで、あとの作品は四八年以前、あるいは香港出版のものでしか読めなかった。蕭紅が「民族の無意識の海」から救出されるのは八〇年代になってからで、八一年にハルビンで生誕七〇周年記念会が開かれるなど、故郷の東北を中心として蕭紅への関心が高まった。ただ、故郷を追われ戦火のもとで客死した悲劇の生涯への同情が先行し、作品の評価は後れをとった感がある。

蕭紅の代表作は、『生死場』（一九三五）と『呼蘭河伝』（一九四〇）である。この二作品は、前者は日本占領下のハルビンから上海へ逃れてきて作家としてデビューした作品であり、後者は香港で客死する二年前の作品である。

人民出版社版の『蕭紅選集』が『生死場』を中心に編集されていることでもわかるように、この作品はこれまでの文学史で、蕭紅のもっとも優れた作品とされてきた。その価値は、この作品が同時に刊行された蕭軍の『八月の郷村』と並んで、東北人民の抗日の戦いを描いた最初の作品だということにある。

魯迅の助力によって出版された『生死場』には、魯迅の「序」と胡風の「読後記」が付されていた。魯迅と胡風という権威によるお墨付きは、この作品の評価を安定させると同時に、作品の読みを限定もした。『生死場』の世界を「北方人民の生への頑強さと、死への抗い」と表現した魯迅の「序」は、一九三五年の上海で東北人民の抵抗を描いたこの作品が出版されることの意味を重視している。胡風の「読後記」はさらにはっきりとこの作品を抗日文学と規定しているが、そのうえで『生死場』の欠陥として三点をあげ、その第一に構成が弱く中心に向かっての発展が感じられないとした。いわば胡風は、『生死場』を抗日文学と規定したうえで、その種の作品としては決定的な弱点を持っていると指摘したのである。人民共和国になってからも、この評価は受け継がれ、前記の劉慧英のコメントのような状況が続いてきた。

『生死場』の読みなおしは、抗日の物語の陰に隠れていた、東北農民の日常生活の物語を再評価することから始まった。じつは、『生死場』という小説は、日本軍の侵略とそれへの抵抗を描く前に、ほぼ紙幅の三分の二を費やして、それにさかのぼること十年の村の日常が描かれている。それは平和で牧歌的な日常とはほど遠く、凄惨な誕生と死の繰り返しである。そして、『生死場』という小説を読みなおすとき、後半の抗日ゲリラ結成の部分が図式的で深みに欠けるのに対して、前半部は今なお迫力を失っていない。そのために、これに対してさまざまな立場からの読みなおしの試みが、最初は国外から、八〇年代以降は中国国内でも始まった。

なかでも、フェミニズムの立場から、「女性の身体」をキイワードとして読み解こうとした劉禾《りゅうか》の論文「再び『生死場』に戻る――女性と民族国家」（一九九四）は、男性批評家たちによって「民族寓話」と解釈されてきた『生死場』を、女性の身体そのものを通して生命の意義を問う小説なのだと再定義している。登場人物の中でも蕭紅がもっとも共感を込めて描いている金枝は、中国人に強姦された後に、抗日を叫ぶ王婆を前にして「おらは中国人が恨めしい」とつぶやく。劉禾はこれを、蕭軍の『八月の郷村』に描かれた日本人による強姦事件と対比して、「蕭軍による女の身体の盗用を蕭紅が巧妙に覆した」とする。劉禾の「民族寓話」批判には、米国在住の中国人であればこその歯切れの良さがあり、日本人として安易にこれに乗ってしまうことはためらわれるが、蕭紅が投げかけたひとつの問いが、時空を超えて劉禾に受けとめられたことは確かである。

後期の代表作である『呼蘭河伝』は、『生死場』よりさらにさかのぼった蕭紅の少女時代の故郷の小さな街を舞台にした、というよりは街そのものを主人公とした物語である。たぐいまれな美しさをもつこの物語もまた、婚家先の無知と因習によって殺される幼い嫁の悲劇を中心的なエピソードとして扱っている。しかし、抗日戦のさなかに香港で書かれた戦いとは全く関係ないこの作品に対する評価は高くなかった。『生死場』評価における魯迅と胡風の役割をここで果たしたのは、四六年に茅盾によって書かれた「序」であった。茅盾はこの中で『呼蘭河伝』という小説らしくない小説の美しさを的確に把握し、この作品に対する愛惜の念を表しているのだが、最後の部分でこの作品には「封建的な搾取と圧迫」も「日本帝国主義の血腥《ちなまぐさ》い侵略」も反映されていないと「正しい」政治的立場に立ち戻って締めくくっている。(前記の魯迅、胡風、茅盾の文は、ハルビン出版社版『蕭紅全集』に再録されている。他の論評や回想はいっさい収録されていないことからも、この三文の権威が裏付けられる)。

こうして、『呼蘭河伝』は蕭紅の政治的後退を反映する作品と位置付けられ、ほとんど忘れられてきた。しかし国外ではこの作品にひかれる研究者が多く、日本では一九六二年に立間祥介氏の訳が出ている(平凡社『中国現代文学選集7』所収)。私が蕭紅を知ったきっかけもこの翻訳だった。

八〇年代以降の中国における『呼蘭河伝』の再評価としては、銭理群《せんりぐん》の「『民族の魂を改造』する文学」が画期的なものといえる。この論文では、魯迅と蕭紅を重ねあわせ、彼らの文学は中国民族の奴隷根性を摘発し、あらたな「民族の魂」を形成するためのものだとした。蕭紅が『呼蘭河伝』の中で、被害者としての民衆だけでなく加害者としての民衆を描いたことが、高い評価を受けたのである。こうして蕭紅は、まず父なる魯迅の血を引く娘として承認された。フェミニズムの視点による文学史『歴史の地表に浮かび出る』も、この銭理群の評価を受け継ぎ、「主導意識」から疎外されていた女だからこそ持ちえた批判的視点だとしている。

『呼蘭河伝』のもつ批判性を再評価した銭理群に対して、表現の面から再評価しようという試みが、秋山洋子「蕭紅再読――『女の表現』を求めて」(本書所収)である。この論の目的は、ひとつの中心を持たず、物語が街全体に拡散してゆく『呼蘭河伝』の構成と、人と動物、自然と生活が等価値に描写され、連想でつながってゆくそのスタイルが、男性批評家たちの批判に対して、蕭紅が意識的に提出した答えであったことを論証しようというものである。それを確認することで、悲劇のヒロインとして定着した蕭紅像から、文学表現におけるひるまぬ挑戦者・開拓者としての蕭紅を救い出そうという試みでもある。

四　まとめ——中国のジェンダー状況と問題点

まとめにかえて、現在の中国におけるジェンダー状況と、その問題点を整理しておこう。

文革収束後、八〇年代から現在にいたる中国のジェンダー状況をひとことでいうならば、「女性」の再発見であった。▼10 四九年の建国から文革にいたるまで、中国では女性解放は男女平等・社会的生産への参加として語られ、文学から服装にいたるまで、性差の表現は最小限に抑えられた。八〇年代における「女性」の再発見は、このような過去への反動、女性にとっての人間性の解放と受け取られた。中国の女性学創設も、『女に向かって』（李小江、一九九五c＝二〇〇〇）という書名が象徴するように、女性の自己発見、アイデンティティ確立の過程であった。

しかし、この「女性」には落とし穴がある。第二波フェミニズムがジェンダーという概念を作り上げたのは、肉体的に与えられた性別（sex）とそれに対して社会から与えられたイメージや役割（gender）とを引き剥がすためだった。ところが、中国ではこれが未分化のままに「女性」をめぐる言説がさかんになり、伝統的な女性役割や女らしさの復活と、フェミニズム的なアイデンティティの確立への動きとが、並行し、重なり合い、時には混同されながら進むことになった。市場経済の発展は、性の商品化・女性労働の周縁化という形でこの流れに棹さした（秋山、一九九一a）。

一九九五年の北京での国連世界女性会議をきっかけとして、中国にジェンダーという概念が導入されたときも、ジェンダーが「性別」と訳され、ジェンダー意識が「女性意識」「性別意識」と訳されたために混乱が起きた。「女性意識」という同じ語が、一方では伝統的な女らしさを、他方ではフェミニズム的な批判意識をあらわすものとして使われたからだ（王政、一九九七）。

「女性」という語の曖昧さは、「女性文学」という概念にも引き継がれている。この概念が女性作家によって書かれた文学を指すという点ではほぼ一致しているものの、女性を題材にしたものに限るか、あるいはジェンダー意識がはっきりあらわれたものに限るかといった点では、論者によって微妙なくいちがいがある。女性作家のテクストを読み込んでゆくのは重要な作業であるが、きちんとした分析の視点なしに、単に作者の性別だけで「女性文学」の枠に囲い込むのでは、女性作家を周縁の位置に置きつづけることになりかねない。フェミニズム批評から高く評価されている作家（例えば、王安憶）が、かならずしもフェミニストを自認しないのは、それを危惧するからではないだろうか。劉慧英はこの問題を、中国女性のフェミニスト自認を妨げている第一の原因は、伝統的な女性蔑視の強さだという角度から論じている。（劉慧英、一九九五、第六章）。

このような未解決の問題をかかえながらも、中国におけるフェミニズム批評は意欲的な展開を見せている。中国のフェミニスト研究者を取り巻く環境は、李小江が「中国の国家が集権的性格を持っているとすれば、中国の学界は典型的な『男性特権』的性格を持っている」(一九九五a)というように、けっして甘いものではないが、それだけに批判の武器としての有効性は高いともいえる。日本でも、フェミニズム批評の方法で中国文学を読みなおそうという研究者は少しずつ増えてきている。今後の研究の発展、交流を期待したい。

註

(1) 文学史の書きなおし、すなわち〈重写文学史〉を主導してきた『上海文論』誌は、一九八九年第二期という早い時期にフェミニズム文学批評特集を組んでいる。

(2) 秋山は『歴史の地表に浮かび出る』の書評を書き(一九九二)、《中国現代文学研究叢刊》一九九六年二期に訳載されたが、このときいくつかの部分が削除された。例えば、本の成立が「天安門広場での青年運動の高揚と圧殺の過程」と並行していたというくだりや、『白毛女』分析における著者の党批判の鋭さを指摘したくだりである。この削除については、著者に累の及ぶ恐れがあるからと事前に相談を受けたので、訳者・編集者の判断に任せると了承した。この本と著者の中国における立場の厳しさを示唆するエピソードとして紹介する。なお、秋山の書評が訳載されたのも、中国国内でしかるべき書評が出なかったからだという。

(3) 遇羅錦をめぐる事情は、安本実・竹内久美子訳『ある冬の童話』(一九八六、田畑書店)、押川雄孝・宮田和子訳/竹内実解説『春の童話』(一九八七、同)の訳者あとがき、解説に詳しい。兄の遇羅克については、加々美光行『逆説としての中国革命』(一九八六、同)参照。

（4）戴晴については、田畑佐和子「戴晴おぼえがき」『中国研究月報』一九八九年八月参照。「中国女性系列」は洛恪と共著、うち三編の田畑による訳が、『季刊中国研究』第一九号（一九九一）にある。
（5）本稿は一九九七年九月に開かれたシンポジウム「中国の社会・文化とジェンダー」での報告をもとにしているが、同シンポジウムでの発言で、合山究氏はこれまでの魯迅研究で、第一夫人朱安の存在が無視されてきたことに批判的な発言をされた。氏の発言では、フェミニストは「新しい女」である許広平の側に立っていると理解されていたようだが、姑と家に仕えることに自己のアイデンティティを見出そうとした朱安や、魯迅側からの証言で兄弟不和の元凶とされてきた周作人夫人羽太信子などは、フェミニズムの側からも再検討すべき存在である。
（6）丁玲（一九〇四―八六）。一九二七年「新しい女性」の矛盾した心理を描いてデビューするが、共産党の思想的影響を受け、一九三〇年左翼作家連盟に参加する。三一年夫の胡也頻が国民党政府に処刑され、三三年には丁玲自身も逮捕・軟禁されるが、三六年延安に脱出。中華人民共和国成立後まで代表的な革命的作家として活躍する。五七年に右派として批判を受けて文壇から姿を消し、文化大革命収束後に復活した。
（7）一九九三年湖南省常徳市郊外で開かれた第六回、九六年山西省長治市で開かれた第七回に参加した。江上幸子「第六回丁玲国際学会に参加して」『中国研究所月報』一九九三年一一月号がある。
（8）フェミニズムは中国では〈女権主義〉〈女性主義〉の二つの訳語が使われている。前者は、第一波フェミニズム（参政権運動が中心）の時代から使われてきた訳語で、「ブルジョア」を冠して批判的に使われた歴史が長い。そのため、最近では〈女性主義〉のほうが多く使われるようになっている。董氏と話す機会があって、訳語について尋ねたところ、〈女権〉という語には女性と権利という二つの意味が含まれているので、自分はこの語を使うといっていた。
（9）蕭紅（一九一一―四二）。「満州国」治下のハルビンで文学活動を始め、夫の蕭軍と共に上海に出る。魯迅の助力を得て東北農村における抗日を描いた『生死場』でデビューする。日中戦争の勃発によって上海から内地へ避難し、その途上で蕭軍と別れ端木蕻良と結婚。重慶からさらに香港へと戦火を逃れ執筆を続けるが、病に倒れる。四一年一二月日本軍が香港を占領、その直後に死去した。
（10）中国語では女性をあらわす語として〈婦女〉〈女性〉〈女人〉があるが、具体的・一般的には〈婦女〉が使われ、ジェンダーやセクシュアリティを強調する場合や抽象性を持つ場合は〈女性〉が使われることが多い。したがって、〈婦女意識〉とはあまりいわず、〈女性意識〉が使われる。〈女人〉は、日本語の「女」というニュアンスに近いようだ。

――一九九八年

※丁玲と蕭紅の作品のうち、日本語で読めるものをあげておく。一九八〇年代以前に出版されたものは、全集、選書、文庫など、図書館などでみつけやすいものに限った。

蕭紅

「呼蘭河の物語」立間祥介訳『中国現代文学選集　7』一九六二年

／『中国の革命と文学　5』一九七二年、共に平凡社

「手」平石淑子訳『中国現代文学珠玉選　小説1』二玄社、二〇〇〇年

「蓮池花」下出宣子訳『中国現代文学珠玉選　小説2』二弦社、二〇〇〇年
「蕭紅が〈異郷〉日本で書いた詩（連作詩〈沙粒〉の翻訳）」
秋山洋子訳『世界文学』九五号、二〇〇二年

丁玲

『現代中国文学全集　丁玲篇』岡崎俊夫訳、河出書房、一九五六年
「太陽は桑乾河にかがやく」「新しい信念」「霞村にいた時」「夜」を収録
『霞村にいた時』岡崎俊夫訳、岩波文庫、一九五六年
「莎菲女士の日記」「阿毛姑娘」「ある夜」「新しい信念」
「霞村にいた時」「夜」「真の人間の一生」を収録
『丁玲の自伝的回想』中島みどり編訳、朝日新聞社、一九八二年
「国際婦人デーにおもう〈三八節有感〉」秋山洋子訳
『リブ私史ノート』所収「丁玲について」、インパクト出版会、一九九三年
「霞村にいた時」江上幸子訳『中国現代文学珠玉選　小説1』二玄社、二〇〇〇年
「夜」丸山昇訳『中国現代文学珠玉選　小説3』二玄社、二〇〇一年
『丁玲自伝――ある女性作家の回想』田畑佐和子訳、東方書店、二〇〇四年
「暗黒の世界で〈魍魎世界〉」「風雪に耐えて〈風雪人間〉」を収録

蕭紅再読

「女の表現」を求めて

1　蕭紅——薄命のヒロイン像

本稿は、中国の女性作家蕭紅《しょうこう》を、最近のフェミニズム文学批評の達成をふまえて再読しようという試みである。

蕭紅は、一九一一年に中国の東北、黒龍江省呼蘭県で生まれ、一九四二年香港で死んだ。その生涯は三一年に満たない短いものだったが、一九三三年に共作短編集『跋渉』を出版して以来、わずか一〇年ほどの間に、代表作である長編小説『生死場』（一九三五）、『呼蘭河伝』（一九四〇）、短編連作『商市街』（一九三六）のほか、多くの短編小説、散文、詩を書き残した。現在彼女の作品は、上下二冊の『蕭紅全集』としてまとめられている。[1]

蕭紅の短い生涯は、波乱に富んだものであった。地主の家庭に生まれ、新しい教育の息吹に触れ、厳格な父に背いて家を飛び出す。婚約者だった男と同棲するが、妊娠したあげく捨てられる。その窮状を救ったのがハルビンの文学青年たちで、そのひとり蕭軍《しょうぐん》と結ばれた。共同で短編集『跋渉』を出版したが、「満州国」の支配下で発禁処分となる。三四年青島を経て上海に行き、魯迅の庇護のもとに作家活動にはいる。しかしまもなく日本の侵略は中国全土に及び、三七年には上海を離れて武漢から重慶へと戦火に追われて避難した。その間、一九三八年に蕭軍と別れて、やはり東北出身作家端木蕻良《たんぼくこうりょう》と生活を共にし、重慶からさらに香港へ飛ぶ。しかし、安全地帯と思われていた香港も一九四一年一二月の日本軍の連合国への宣戦布告と同時に攻撃を受け、入院していた蕭紅は日本軍に病院から追い出され臨時病院で生涯を閉じた。生涯で二度出産をしているが、ハルビンでは経済的理由で人手に託し、重慶では死産だったということだ。

こうしてみると、蕭紅の生涯は悲劇の色にそめられた一編の小説のようである。それを最初に紹介したのは、蕭紅の最期をみとるめぐりあわせになった駱賓基《らくひんき》だった。やはり東北出身で蕭紅より六歳年下の駱賓基は、蕭紅の死の四年後に、「巨星のような彼女の墜落によって心に受けた耐え難い悲しみという重荷から逃れるため」「哀思」をこめて（駱賓基、一九八〇、二一頁）『蕭紅小伝』を書きあげた。蕭紅が著者に語った話を軸に、友人たちの回想録を参照して書きあげられたこの伝記は、事実の誤りや空白を残してはいるものの、著者が蕭紅に寄せる思いがそれを補って、感動的な伝記文学となっている。

注目すべきことは、この伝記が蕭紅を日本による中国侵略の犠牲者としてだけではなく、「男性を社会の中心とする封建歴史」の犠牲者としてはっきりと位置づけていることだ。駱賓基は、蕭紅を抑圧し傷つけた「敵」として、封建的家父長である父のみならず、愛し合って結ばれたはずの男たちや、その仲間である進歩的作家たちをも容赦なく批判する。そして蕭紅を、人一倍強い反抗心を持ちながら、男性中心社会とその意識を体現している男たちによって抑圧され、疎外され、傷つき挫折してゆくヒロインとして描きあげた。いわば、フェミニズムの視点による蕭紅の伝記は、早くも一九四六年に男性である駱賓基によって先取りされたのだ。

悲劇のヒロインとしての蕭紅像は、人々の同情と共感を呼んだ。中国では蕭紅がほとんど読まれていなかった時代にも、[2]日本や米国では熱烈な蕭紅ファン[3]が絶えなかった。中国で文学史の再評価が行われるようになった一九八〇年代以降は、東北を中心に蕭紅ブームがおこった。その反面「厳粛な現実主義革命作家である蕭紅の険しい生涯の道は多くの人の心を動かし、彼女の愛情の曲折、彼女の不幸な早逝は人を歯がみさせ嘆息させたが、それは逆に彼女の創作思想と作品全体の真剣な研究を疎かにすることになった」（鄒牛蓉、一九九四、一四六頁）と批判されるような傾向も見られた。筆者は「現実主義革命作家」という蕭紅の定義には必ずしも同意しないが、薄命のヒロインという蕭紅のイメージが創作者としての蕭紅を覆い隠してしまう危険があるという指摘には同感である。

本論では蕭紅の伝記に詳しく触れることはしない。ここではひとつだけ、蕭紅のイメージを定着させた一言を紹介しておこう。一九三八年に蕭紅が友人の聶紺弩《じょうこんど》に語ったというこの言葉は、『蕭紅小伝』にも効果的に引用されている。

「あなたにわかる？　わたしは女よ。女の空は低く、翼は薄い。おまけに身にふりかかる荷の重さ！そのうえ嫌になるのは、女はあまりにも自己犠牲の精神に富んでいること。それは勇敢ではなくて、卑怯だってことよ。長い孤立無援の中で育まれた自ら犠牲に甘んじる惰性。わかっているのに、こんな考えから逃れられない。わたしなんかどうでもいい、屈辱なんかどうでもいい、災難なんかどうでもいい、ひいては死さえどうでもいい、って。わからない、わたしは一人なのか二人なのか。こう考えるのはわたしなのか、ああ考えるのがわたしなのか。そう、わたしは飛びたい、でもそれと同時に感じるの……落ちるかもしれないって」(聶紺弩、一九四六)

2 『生死場』――女の身体から読みなおす

一九三五年一二月に上海で出版された『生死場』は、蕭紅にとって中国文学界へのデビュー作であり、前期を代表する作品である。作品の内容に入る前に、中国女性作家の中での蕭紅の位置について、簡単に触れておこう。

中国近代文学の出発点は、一九一〇年代末に起こった五四文化運動である。この運動が敵として告発したのは、国内においては儒教倫理にもとづく家父長制であった。フェミニズムの観点に立つ中国近代文学史『歴史の地表に浮かび出る』(孟・戴、一九八九)は、この時代(一九一七―二七)を「子」による父殺しの時代と定義し、中国女性文学者の第一世代を「子」の同伴者である「娘」であるとした。「娘」であるということは「子」の理念を共有しているが、女としての自我意識にはまだ目覚めていないことを示唆している。この娘が成長し、女としての自我意識を持ち始めたのは一九二〇年代末であり、丁玲の第一創作集『暗黒の中で』(一九二八)がその出発点であったとされる。蕭紅は、第二世代の女性作家として、丁玲より少し遅れて登場した。

反逆の娘たちが反逆の子との自己同一化の段階を離脱し、暗黒の中に疎外感を獲得するとともに、中国近代文学における女性の伝統は、意識的・無意識的に重大な意義を持つ第一歩を踏み出していた。女性は、抑圧されているが独立したジェンダー・グループとして、たとえ周縁であろうとも、時代の舞台に登場したのである。（孟悦・戴錦華、一一〇頁）

一方、彼女たちが舞台に登場したのは、一九二七年に反共クーデターに成功した蔣介石の国民党政府と、共産党が主導する革命勢力との厳しい対決の時代であった。革命勢力の側は高らかに大衆という旗を掲げたが、『歴史の地表…』の著者によれば、それは具体的な中国の下層大衆ではなく、神話化され理想化された「大衆の神」であった。「大衆の神の威圧のもとで、もともと文化の周縁に遊離していた女性問題は、再びある程度ある種の無意識状態に入っていった」（同前、一〇八頁）

『生死場』は、このような歴史的背景のなかで、日本の中国侵略に対する農民の抵抗を描いた作品として登場した。日本は一九三一年に満州国を成立させ、中国侵略を進めていたが、国民党政府は日本との直接対決を避け、国内での抗日の声を抑えていた。したがって、一九三五年の時点で東北農民の抗日の闘いを描くことは、侵略者およびそれに対抗しえない権力に対決するという、革命勢力側にとっての最重要課題に応じたものであった。魯迅が「『生死場』序」でたたえた「北方人民の生への頑強さと、死への抗い」（五四頁）は、そういう政治的背景のもとでこそ意味を持ち、人々に衝撃を与えたのであった。その後の中国においても、一九八〇年代に至るまで、『生死場』はその政治的意義ゆえに蕭紅の作品の中で最高の評価を受けてきた。

しかし、抗日文学という先入観でこの物語を読み始めると、とまどいを感じないではいられない。

全一七章のうち九章、ページ数ではほぼ三分の二を費して延々と綴られているのは、満州国成立より一〇年さかのぼる農村の日常生活であるからだ。

物語の後半、時の経過を示す「十年」という短い章のあと、物語は急展開する。村に見知らぬ旗が掲げられ、虐殺や連行が行われ、村人の中に抗日ゲリラが結成されるまでの経過が、前半とはまるで違う速いテンポで語られるのだ。

『生死場』を抗日の物語とする従来の読み方では、後半の部分がこの物語の中心であり、前半は農民の生活の苦しさ、地主による搾取の残酷さを際だたせるための助走部とみなされてきた。それゆえ前半部の描写は煩雑に過ぎ、それがこの作品の構成上の欠陥だとみなされた。たとえば胡風は『生死場』初版に付された「読後記」で、「題材に対する組織力が不十分」で、「全編が散漫なスケッチのようで中心に向かっての発展が感じられず、読者はしかるべき緊張と迫力を得ることができない」（二四七頁）ことを、作品の第一の欠陥と指摘している。この「読後記」は魯迅の「序」とともに、後の蕭紅評価の原点となったものである。

しかし、政治的な先入観にとらわれずにこの作品を読んでみると、前半の村の生活がじつに精緻にリアルに描かれていておもしろいのに対して、後半は観念が先行して現実感が失われていることに気がつく。そこでまず、中国の外から、この作品の前半に注目した読みなおしが始まった。たとえば、米国の蕭紅研究者ゴールドブラット（葛浩文）は、『生死場』の長所はひとつの村全体を主役としていきいきと描きあげたことであるとして、抗日の部分に関心を集中してきた中国の批評家を批判している（葛浩文、一九七九）。また、蕭紅の作品をていねいに追ってきた平石淑子は、民衆に寄せる蕭紅の同情と共感を「ヒューマニズム」と規定し、『生死場』が抗日文学として成立したのは、本土の人々が「彼女の、東北作家たちの〝郷愁〟を〝抗日〟と読みかえ、解釈した」（平石、一九八二）ことによるとしている。さらに八〇年代になると中国でも、『生死場』の前半部分に注目し、たとえば「郷土文学」▼4という枠組みで読み解こうとする研究があらわれている（邢富君・陸文采、一九八二、王培元、一九八九）。

このようなさまざまな解釈に対して、『生死場』はまたフェミニズムの視点からの解読の意欲をそそる物語である。なぜなら、ここに描かれている生と死は、その大部分が女たちの肉体を通して表現されているからだ。川辺での逢い引きによって妊娠し、生まれた子も夫に投げ殺されてしまう金枝《ジンジ》、病におかされ夫に見放されて体にウジをわかせて死んでゆく月英《ユエイン》、息子の死を知って毒を飲む王婆《ワンポ》……。とりわけくりかえされるのは出産の場面だ。それはたとえば、こんなふうに描かれる。

> 騒ぎのうちに一夜があけて、外で鶏が鳴きだした頃、女は突然顔を蒼白にして苦しみはじめた。顔は黄色に変わった。家中のものが不安にかられた。（中略）
>
> こちらでは子供が誕生した。子供はそのまま息を引き取った。手伝いのものが産婦を立たせると、たちまち子供は炕《カン》の上に落ちて、なにかの塊のような音を立てた。女は血の光の中に身を横たえ、肉体を血に浸していた。（九八頁）

女たちの出産を書き重ねてゆくこの章は、「刑罰の日々」と題されている。脇役として登場する男たちは、陣痛に苦しむ妻にキセルを投げつけたり、臨月の妻に性交を迫って産気づかせたりと、女たちの苦痛の種をふやすばかりの存在だ。「男というのは冷酷な人類」（九八頁）で「石のように堅く」（六八頁）、「男が女のことを気にかけるのは、あんたたちのような年頃だけ」（同前）と、蕭紅は村の女たちの口を借りていう。

このような『生死場』の世界を、「女性の身体」に焦点を絞って読み解こうとした論文に、劉禾《りゅうか》の「再び『生死場』に戻る——女性と民族国家」がある。劉禾は、『生死場』がまず男性批評家による「民族寓話」によって解釈されてきたとし、蕭紅がここで描こうとしたのは女の身体体験なのだと反論する。

「生」は女の世界では出産を指し、そこから引き出される形象は肢体が引き裂かれ、血と肉の見分けもつかない母体である。「死」もまたこれとかかわる血みどろな現実、目を見張らせる肉体の変質と損壊であり、魂の離脱などというものではけっしてない。（中略）蕭紅にとって生命は、国家・民族・人類の大意義圏に入って初めて意味を持つものではない。女の世界では、身体こそが生命の意義の出発点であり帰着点なのだ。（劉禾、一九九四、七一頁）

ここを出発点として、劉禾は『生死場』の世界には、女の身体が意義を持つ場と、男が主導する「民族国家空間」との激しい交差と衝突が描かれているとする。そして、この物語を「男性寓話」に対する蕭紅の異議申し立てとして読みとるキイワードとして、若い寡婦である金枝が発するつぎの言葉をあげる。

「昔は男が恨めしかった。今は日本人がうらめしい、か」。最後に、彼女は傷ついた心の旅路をふりかえった。「おらは中国人が恨めしい。ほかにはなにも恨まねえ」(一三六頁)

この金枝は『生死場』を女の視点から読むとき最も重要な役割をはたす登場人物である。物語の中での金枝は、「強姦される女」である。最初彼女は、若い男の口笛に胸をときめかせる少女として登場する。しかし、楽しいはずの逢い引きを、蕭紅は次のように描く。

五分後、娘は雛鳥のように、野獣に押さえつけられたままだった。男は気がふれた。彼の大きな手は敵意にあふれたかのように、もう一つの肉体をわしづかみにしていた。まるでその肉体を呑み込もうというかのように、まるでその熱い肉を破壊しようというかのように。(六七頁)

思いがけぬ妊娠、貞操を破った女に対する(相手の男には決してむかない)村人の蔑み、刑罰としての出産。その出産さえも、夫が強要した性行為による早産として蕭紅は描く。そのうえ生まれた子が夫に投げ殺されるというおまけまでつけて。

物語の後半、十年がたって、寡婦になった金枝は、ハルビンへ出稼ぎにいく(これは『生死場』の中で唯一物語が村の外へ出る章だ)。繕い女として働くある日、注文主に強姦され、かわりに一元という金を与えられる。

一人の金枝という女に、蕭紅は三度違った形の強姦を体験させる。恋愛の形をした強姦、夫婦間の強姦、金を媒介にした強姦。肉体に対する残虐行為の中でも、被害者が女でなければ成立しないのが強姦である。その象徴的な被害者である金枝が、日本人の残虐行為を訴える王婆の演説を聞いたあとで、ぽつりともらすのがさきに引用した「おらは中国人が恨めしい」というつぶやきである。

この金枝の言葉について、筆者は以前こう書いた。


金枝のこの言葉は、日本への抵抗を基調としたこの小説の中に、不協和音のようにポンと投げ出されたままである。それだけに、この一言は、妙に読むものの心に引っかかる。あるいはこれは、抗日という大義のために筆を取った蕭紅が、ふっともらしたホンネであったかもしれない。（秋山、一九七六、一七五頁）

劉禾は、蕭軍の『八月の郷村』においては日本人の中国人に対する犯罪として強姦が描かれていることに注目してこう指摘する。「〔『八月の郷村』の〕李七嫂の悲劇は中国人の抗戦の情熱をかきたてるためであり、その代価として女性の身体は国家民族主義闘争の場所を満たすものとなった。それに対して、『生死場』の金枝が中国の男に強姦される顛末は、蕭軍の小説における女性の身体の盗用を巧妙に転覆している」（七六頁）。金枝の一言は、蕭紅が物語の構成上の均衡をあえて破ってまでも、きたるべきフェミニズム批評に向けてしかけた時限爆弾ではなかっただろうか。

3 「どうしても小説を書いてみせる」

劉禾が指摘した『生死場』における女性の身体意義と民族国家主義の交差・衝突は、蕭紅自身が意識的に描ききったものではない。そのためこの作品は、どういう立場から読むにせよ、明らかな構成上の破綻を内包している。さきにふれたように、この構成上の欠陥は初版に付された胡風の「読後記」ですでに指摘されていた。

さらにさかのぼって、『生死場』が書き上げられたばかりの青島時代に、友人の梅林は蕭紅とこんな会話を交わしたという。

「どう？　張くん」ある日の午後原稿を返すと、彼女はこう聞いた。
「なかなかいいよ。ただ全体の構成に有機的なつながりが欠けている」
「わたしもそんな気がするの。だけど今はここまで。ほかの方法を思いつかないから、このままにしておくわ」（梅林、一九四二）

ここで注目したいのは、蕭紅が梅林の批判を受け入れながらも、それにあわせて『生死場』を書き直そうとはしていないことだ。「ほかの方法を思いつかない」という蕭紅の言葉は、時間が足りないとか、力が及ばないというのとは少し違う。むしろ、どう批判されようとも、現在の自分にとってはこれしかないという自信あるいは居直りを感じさせる。おそらく蕭紅は、『生死場』の構造は内容と深く結びついていることを、強く意識していたのだ。批判者たちを満足させるように構成を変えるとすれば、前半の女たちの物語を切り詰めて、男たちの戦いに話を集中するしかないが、それでは別な作品になりかねない。それは自分の「方法」ではないと蕭紅は言いたかったのではないだろうか。

その結果、幸いにも『生死場』は現在の形でわれわれの前に残り、矛盾を内包しながらも、多角的で豊かな読みを可能とするテクストとして存在している。この作品の構成が問題になるにしても、現在の論者たち（フェミニストを含むがそれだけにとどまらない）が描く修正のイメージは、胡風が想定したものとは別な方向に向くことになるだろう。

蕭紅は、理性よりは感情の勝った作家とみなされてきた。繊細で詩的な文章がそのイメージを増幅した。しかし、作家としての蕭紅は、方法の問題をはっきりと意識していた。そして胡風や梅林たち男性批評家の批判を、痛いほどかみしめていた。▼5

蕭紅自身が小説の方法について書き残したものはないが、一九三八年に西安で聶紺弩と交わした会話が残されている。

わたしはいった。「蕭紅、君はすばらしい散文家になれるよ、魯迅も君は誰より前途があるといったじゃないか」

彼女は笑っていった。「またいわれた！　君は散文家だ、でも君の小説はだめだって」

「そんなこといったっけ？」

「同じことよ、もう聞きあきたわ。ある種の小説学は、小説には決まった書き方がある、必ずいくつかの条件を備えなければならない、必ずバルザックやチェホフのように書かなければいけないという。わたしはそんなこと信じない、さまざまな作者がいて、さまざまな小説がある。もし小説はこうでなければならないとすれば、魯迅の小説、『髪の話』や『小さな出来事』や『家鴨の喜劇』なんかは小説じゃないわ」(聶紺弩、一九八一)

小説の方法は作家の個性に応じて多様でいいという蕭紅のこの主張は、彼女の数少ない文学論として、しばしば引用されているが、その主張自体は今日からみれば当然のことである。むしろこの会話で注目したいのは、蕭紅が自分の小説に対する同輩の男性作家たちの批評を非常に敏感に受けとめ、それに傷ついていたことだ。さきにあげた胡風や梅林の批評のほかに、『蕭紅小伝』には、蕭紅のパートナーであった蕭軍や端木蕻良が蕭紅の作品をあげつらう場面も書かれている。

そのような蕭紅への批判のほとんどが、小説としての構成の弱さを指摘するものだった。いいかえれば、細部はいいが全体はよくない、散文としては読めるが小説としては未熟だということである。そこにはむろん、蕭紅が指摘したように、小説はかくあるべしという規範意識がはたらいている。

これに対して蕭紅は、それらの批判が的外れだと感じ続けていた。「君はすばらしい散文家になれる」という聶紺弩の好意的な発言に対して瞬間的に反発したのは、不服の念が長いあいだ積もりに積もっていたからだ。前記の会話に続いて「どうして散文を軽んじるのか」とたずねる聶紺弩に、蕭紅はこう答えた。

「そうじゃないわ。ただ、あなたを含めてみんながわたしにああだこうだという、わたしには小説が書けないって意味なのよ。わたしは我慢できないから、どうしても書いてみせる」

さまざまな作者があり、さまざまな小説があるというのは、わたしにはわたしの方法があるという蕭紅の独立宣言なのであった。

4 『呼蘭河伝』——中心から拡散する世界

一九四〇年に香港で書き上げられた『呼蘭河伝』は、蕭紅の故郷、呼蘭河の町とそこに住む人々を主人公とした物語である。物語の素材は蕭紅の幼年時代の記憶にもとづいているが、単なる回想や自伝ではなく、「新たに構築したフィクション」（平石、一九九二、九〇頁）として読まれるべきものである。

物語は大地が裂けるような厳寒の描写から始まり、町の四季とそれに応じた年中行事がくりひろげられる。町は遠景でとらえられ、つぎつぎに登場する人々も、一瞬の印象を残して町の風景の中に消えて行く。第三章になってはじめて語り手の「わたし」が、幼い少女として登場する。寒々とした大きな家と、家族の中で唯一の庇護者である祖父。遊び場だった裏庭の花や木や昆虫たち。遠い幼い日の光景は、追憶のフィルターを通していきいきと再現される。

第五章になって、淡々とした『呼蘭河伝』の流れの中ではヤマというべき事件が起こる。それは、近所の車引きの家にもらわれてきた童養媳《トンヤンシ》（幼い時に買われた嫁）の物語だ。一二歳にしては大柄で健康そのものだった幼い「嫁」は、嫁らしくしつけるために必要だとして姑に折檻され、夜毎うなされるようになる。家族は嫁に物の怪がついて病気になったと信じ込み、治療と称して怪しげな療法や呪術に金をつぎ込む。あげくのはてに、幼い嫁は衆人環視の中で熱い湯にくりかえしつけられ、昏睡したのち命を落とす。彼女が姑の折檻を受けた理由は、ただひとつ「らしくない」ということだった。童養媳のくせに恥ずかしがらない、飯を三杯も食い、背筋を伸ばして座り、風のように速く歩く。年齢のわりに体の大きいことまでが罪状に数えられる。あるべき嫁という秩序の中に収まりきらないことそのものが、この古い町の「家」においては、殺されるに十分な理由なのだった。この殺人劇の一部始終は、おなじ少女として童養媳と心を通わせた「わたし」の目を通して克明に語られる。「わたし」もまた、家の秩序にはまりきらない同類なのだった。

しかしこの密度の高い悲劇さえも、『呼蘭河伝』の中では数あるエピソードのひとつとしてしか扱われていない。あわれな童養媳は白い兎の伝説となって町の風景にとけ込み、章が変わって、新たな人物とエピソードが登場する。そして最後に、「裏庭の主人は今はいない。老いた主人は死に、幼い主人は故郷を捨てた」としめくくられ、呼蘭河の町は思い出のかなたへ消えてゆく。

『呼蘭河伝』は不思議に美しい物語であり、読むものを魅了せずにはおかない力を持っている。そのことをみごとに物語っているのは、一九四六年に茅盾によって書かれた「蕭紅の『呼蘭河伝』を読む」である。この文は一九四七年版の『呼蘭河伝』に「序」として収録され、その後の『呼蘭河伝』評価のスタンダードとなったものである。

茅盾は「序」の最後を、『呼蘭河伝』には「封建的な搾取と圧迫」も「日本帝国主義の血腥い侵略」も描かれておらず、当時の蕭紅の思想的な弱さが反映されているとしめくくる。つまり結論においては「民族国家」の立場を堅持しているのだが、そこに至るまでには作品の内容がことこまかに分析紹介されている。それを読んでいくと、茅盾がいかに『呼蘭河伝』という作品を愛し、評価しているかがひしひしと伝わってくるのだ。その意味でこの文章は矛盾に満ち、それゆえに感動的である。

茅盾以来、長いあいだ中国では、『呼蘭河伝』は蕭紅の思想的後退を反映した作品とされてきた（最近の例では鉄峰、一九九一a、二一八頁）。それに対して、中国における『呼蘭河伝』の評価に新しい切口を開いたのは、銭理群の「『民族の魂を改造』する文学」（一九八二）であった。銭は魯迅と蕭紅を重ねあわせ、ふたりの文学を中国民族の中にひそむ屈辱的な奴隷根性を摘発し、麻痺した魂を目覚めさせ、新しい「民族の魂」を形成するためのものだと規定した。これによって、『呼蘭河伝』は新しい思想的意義を与えられた。フェミニズムの立場に立つ『歴史の地表に浮かび出る』も、銭理群の評価の上に立って、蕭紅が同時代の男性作家が及ばなかった民族の歴史への深い洞察の眼をもち得たと次のように評価している。

同じ群衆でも、『生死場』の鈍感な一群は歴史の被害者にすぎず、蕭紅が書いたのはかれらの悲しく同情すべき面だけであるが、『呼蘭河伝』の一群はもっと複雑で、蕭紅が注目したのはこの鈍感な群衆が歴史の停滞に対して負うべき責任である。かれらはたしかに奴隷であり、主体ではなく、動物的ですらあり、悪意はない。しかし、この主体でないものがひとたび文化の主体の位置におかれ、社会生活の中心におかれるや、たちまち「悪意のない」残忍な暴君奴隷主となる。幼い童養媳はこの名もなく意識もない群衆に殺されたのではなかったか？（一九七頁）

女性の問題に絞ってみても、『呼蘭河伝』における蕭紅は女を殺す社会の仕組みをより深いところからえぐり出し、女の被害性と同時に加害性をも明らかにしたという点で、『生死場』より一歩進んだ認識に達している。『呼蘭河伝』のなかには、童養媳の物語のほかにも、蕭紅のフェミニズム視点を分析する上で興味深い場面がいくつもあるが、それについては他の論考でも言及されているので（たとえば、劉思謙、一九九三、一九九頁、葛浩文＝ゴールドブラット、一九八九、一五九頁）、ここでは視点を少し変えて、小説の方法という面から『呼蘭河伝』を考察したい。

さきにふれた銭理群の論文は、『呼蘭河伝』にみられる日常的な些事のこまかな描写を、蕭紅の文学観とのかかわりにおいて次のように捉えている。

作家が全民族の魂の改造をめざすとき、彼らの関心の、研究の中心は、社会の常軌を逸した個別の、特殊な、偶然な事件と人物ではなくなり、民族の大多数のもっとも普遍的な生活、もっとも一般的な思想、社会全体の風俗になる。魯迅と蕭紅の作品にある社会風俗画の描写は一般読者だれもが気づくが、しばしば作品に色彩を加える手段の一つとみなし、作家の生活に対する独自の認識と作家の文学観全体からその意義を認識しようとはしない。（一三二頁）

銭理群の論は、蕭紅を魯迅という偉大な「父の娘」としてのみ捉えている点など、筆者には賛同できない部分もあるが、これまでの批評家が小説構成上の欠点とみなしがちだった社会風俗の細密な描写を、作家の文学観との関連においてとらえたことは画期的だと評価したい。筆者はさらに一歩進めて、このような細部へのこだわりこそが、蕭紅が確信を持ってたどり着いた自分自身の方法であったと考えている。

それをもうすこし説明しよう。蕭紅は『生死場』について、「全体の構成に有機的なつながりが欠けている」「中心に向かっての発展が感じられない」という男たちの批判を受けた。第三章で触れたように、その批判を蕭紅は痛いほど意識していた。そして、批判されたからこそ小説を書くのだと聶紺弩に向かって宣言した。『呼蘭河伝』は、そのあとで蕭紅が完成した代表的な作品である。だとすればそれは、『生死場』で受けた批判への、蕭紅の意識的な答えであったはずだ。その答えとして書かれたのが、中心に向かって発展するどころか、その逆に、中心そのものが拡散して呼蘭河という町全体に広がってしまう物語なのであった。

『生死場』の構成を批判された蕭紅は、この小説を抗日闘争という「中心に向かって」「有機的に」再構成するためには、自分がもっとも書きたかった金枝の物語や女たちの出産と死を削るしかないと考えた。あるいは逆に、女たちの経験を中心に、物語を再構成することができただろうか？　当時の思想状況（蕭紅自身をも含めて）がそれを許さなかっただけでなく、そうすることは、単に男たちの小説論を裏返しにすることでしかないと蕭紅は感じたのではなかったか。男たちの世界には、つねに確固とした中心がある――文学の世界においても、日常の世界においても。でも女である自分は、決してその中心に位置することはない。つねに周縁にある自分が、男たちのように中心と周縁とを、大事と些事とを区別する必要があるのだろうか。

『呼蘭河伝』の構成は、こうした自問自答をくりかえすうちに、蕭紅の中に育まれていったと筆者は推測している。それは茅盾がとまどっているように、「全巻をつらぬく筋がなく、物語と人物はみな細々として断片的でひとつの有機体ではない」（茅盾、「呼蘭河伝・序」）。しかしこれは、蕭紅が構成に失敗したのではなく、これこそ彼女が意図した構成なのである。そうでなければこの「らしくない」小説が、どうして小説らしい小説よりも「さらに『人を引きつける』もの」（同前）になりえただろうか。

例えば、『呼蘭河伝』の中でもっとも小説らしいエピソードである童養媳の物語が、それだけでひとつの短編としてまとめられたとしよう。それはたしかに、童養媳の死という中心に向かって発展する衝撃的な物語になっただろう。しかし、『呼蘭河伝』の中におかれたように、人の心の奥深く沈んで、いつまでも忘れられないものになりえただろうか。

『呼蘭河伝』の世界では、童養媳の死も、茸入りの豆腐料理も、人を呑み込むどぶ川も、裏庭の蝶や蜻蛉も、それぞれが同じようにていねいに、愛情をこめて描かれている。蕭紅と重なる時代を生き、さらに若く死んだ金子みすゞが「すずと、小鳥と、それからわたし／みんなちがって、みんないい」と歌ったように、次元の異なるさまざまなものが、それぞれに価値を持って存在している。それでいながら、それらは無意味に並列されているのではなく、連想の糸で縦横に結びつけられている。このような『呼蘭河伝』の構成は、筆先から自然に流れでたものではなく、蕭紅によって意識的に選ばれ、構築されたものであり、それこそが批判者への挑戦だったと筆者は考える。『呼蘭河伝』の世界は、『生死場』を経て蕭紅がたどり着いた彼女自身の表現――女の表現の世界である。蕭紅は、女の悲劇を描いたことにおいて中国フェミニズム文学の先駆者であっただけでなく、女の表現の方法を切り開いたことにおいても先駆者であった。つぎの一文は現代の女性表現について書かれたものであるが、蕭紅の表現についての本論の補足として読むことが十分可能である。

一九七〇年代の女性表現は、男性文化の言語表現とは異なった女性特有の表現方法を求めて、試行と実験を繰り返した。言葉の意味や文法の論理的構成に頼らず、リズムやメタフォアに頼り、わき道やギャップや飛躍や連想や沈黙などを自在に取り入れた破調の文章構成などによって、女性はロゴセントリックな表現と文化への挑戦を試みたのである。(水田、一九九三、一五頁)

本論では、『呼蘭河伝』の内容に深く分け入って、蕭紅がきりひらいた文章表現の世界を分析するには至らなかった。それは今後の課題に残すとして、ここでは「薄命のヒロイン」蕭紅の、表現上のひるまぬ挑戦者、開拓者としての像を確定することで筆を置く。

註

(1)《蕭紅全集》上・下、哈尔浜出版社、一九九一。蕭紅の現存する全作品及び『生死場』の魯迅による「序」と胡風による「読後記」、茅盾による『呼蘭河伝』の「序」が収録されているので、本論文の引用はこの全集のページによる。この全集には、脱字や誤植があるなど、完全なものとはいえないが、論文の主旨に関わる問題はないと思われる。

（2）筆者が最初に中国を訪れたのは一九六五年だったが、蕭紅の名にすぐ反応を示したのは上海魯迅博物館の館員だけだった。接待してくれた学生に蕭紅を修士論文のテーマにしていると説明したら、「もっと革命的な作家を選ぶべきだ」と忠告された。

（3）日本では『呼蘭河伝』の訳者立間祥介、『蕭紅伝』の著者尾坂徳司、米国では蕭紅研究の第一人者ゴールドブラット＝葛浩文らの諸氏は、「蕭紅ファン」の名を冠しても不本意とはされないだろう。かれらの著作からは、学問的な情熱に加えて、蕭紅への熱い思いが伝わってくる。

（4）中国における「郷土文学」とは、単に地方の文学とか農村文学というのではなく、底辺の民衆を描くことを通して中国民族の本質、とりわけその精神的欠陥の根元に迫ろうとする文学ジャンルを意味している。

（5）たとえば胡風は、『生死場』の欠点のひとつとして方言の多用をあげているが、蕭紅はこれを意識してその後方言の使用をやめたとゴールドブラットは指摘している。（《漫談中国新文学》四五頁）

——一九九六年

丁玲の「風雨の中で蕭紅を偲ぶ」をめぐって

1　ただ一度の出会い

一九三〇年代にもっとも活躍した中国女性作家を二人あげるとすれば、丁玲と蕭紅という名に異論のある人は少ないだろう。革命と抗日を主軸に語られた従来の中国文学史においても、フェミニズムの視点から語られる最近の文学史においても、二人の作家は高い評価を受けている。

この二人の女性作家は、生涯一度だけ出会い、短期間ではあるが行動を共にした。その出会いについて、蕭紅はなにも語っていないが、丁玲は蕭紅の死を悼んで一編の文章を書いている。それは、一九四二年に書かれた「風雨の中で蕭紅を偲ぶ」▼1である。

この文章の中で、丁玲は蕭紅との出会いを、こう回想している。


蕭紅と私が知りあったのは、初春で、そのとき山西はまだ寒く、長いあいだ軍とともに旅をして荒々しさに慣れた私は、彼女の蒼白い顔、きつく結ばれた唇、すばしこい動作と神経質な笑い声を、特別なものに感じ、たくさんの回憶を呼びさまされた。しかし、彼女の話し方はとても自然で率直だった。一人の作家である彼女が、どうしてそんなに世事に疎いのか、私は不思議に思った。おそらく女性はみな純潔さと幻想を保ちやすく、そのためにまたいくらか幼く弱々しくみえるのかもしれない。

丁玲と蕭紅が出会ったのは、一九三八年の初春であった。年譜によれば丁玲は、一九三六年国民党の監視下から解放区に脱出した。翌三七年九月、「西北戦地服務団」の主任として団員を率いて山西省におもむき、各地を移動しながら抗日宣伝活動に従事した（王周生、一九九七）。

一方、蕭紅は三七年に日本軍の上海攻撃が始まったため、蕭軍と共に武漢に逃れ、三八年一月、李公樸の呼びかけに答えて民族革命大学に参加するために山西省臨汾におもむいた。蕭紅と丁玲が出会ったのはこの臨汾で、丁玲は三三歳、蕭紅はまだ二六歳であった。丁玲と蕭紅は、それから約二カ月、行動を共にした。短い間ではあるが、それは蕭紅にとって、運命の分かれ道となる重大な時点であった。

二月、日本軍が臨汾に近づいたので、民族革命大学は郷寧に向けて撤退することになった。蕭軍は端木蕻良と一緒にいたくないので、とどまって学校とともに郷寧へ撤退することに決めた。蕭紅と端木蕻良、聶紺弩、塞克、艾青、田間は丁玲の戦地服務団について西安にいった。ほどなく、蕭軍は民族革命大学を捨てて延安に行った。延安で蕭軍は、任務のため延安に戻っていた丁玲と聶紺弩に会い、また彼らといっしょに西安に来た。蕭紅はすぐに蕭軍に離婚を申し出た。蕭軍は、蕭紅が出産の後で子供をおいてから去ることを求めたが、蕭紅はきかなかった。蕭軍は受け入れ、二人はここで道を分

かった。(鉄峰、一九九一b)

2 語ったこと、語らなかったこと

丁玲は、蕭紅がハルビン以来の伴侶であった蕭軍と別れ、第二の伴侶である端木蕻良と結ばれるまでを、近くで見守っていた一人である。民族革命大学でも戦地服務団でも、女性の数は少なかったから、蕭紅の最も近くにいた女性といってまちがいないだろう。蕭紅は丁玲に、自分の迷いについて、決断について、相談をしたのではなかっただろうか。とりわけ、このとき蕭紅は妊娠していた。それにもかかわらず、なぜ彼女のほうから蕭軍に別れを持ち出したのかということは大きな謎として残っている。そのことについて蕭紅は、一児の母である丁玲に相談しなかったのだろうか。蕭紅と丁玲の愛読者なら、それを知りたいと考えるのは当然だろう。

ところが、「風雨の中で蕭紅を偲ぶ」には、当時二人が交わした会話について、具体的な描写がまったくない。「私たちは心を込めてともに歌い、毎晩遅くまで話し込んだ」と書かれているだけだ。

同じ時期に蕭紅らと行動を共にした聶紺弩は、「西安にて」という回想を書いている(聶、一九四六)。この回想は「風雨の中……」と同じ程度の短いものだが、そこには蕭紅と交わした会話が詳細に記録されている。蕭紅を語るときだれもが引用する「私は女よ。女の空は低く、翼は薄い、そして身に積もる荷の重いこと!」という独白は、聶によって記録されたものだ。また、「私は蕭軍を愛している、今でも愛しているわ、彼は優れた小説家で、思想上の同志、おまけに艱難を共にしてきた！　でも、彼の妻でいるのはあまりに苦しいの！」という蕭紅の言葉と、「僕は言ったよ、彼女を愛してると。つまり、なんとか折り合いをつけることはできる。でもやっぱり苦しいし、彼女も苦しいだろう。だけど彼女が先に別れようと言い出さなければ、僕らは永遠に夫婦だ、こちらが先に彼女を捨てることは決してない！」という蕭軍の言葉とが並べて置かれ、二人の愛と別れについて推察するうえで重要な手がかりを与えている。

丁玲が蕭紅と交わした会話は、聶紺弩と蕭紅との会話より少なかったとは考えられない。それなのに丁玲は、なぜ少しも語ろうとしないのだろう。あるいは、蕭紅と蕭軍、そして端木との愛情の葛藤については、個人のプライバシーとして秘しておくべきだと判断したのかもしれない。しかし、もう少し抽象的なレベルでも、作家として女性としての蕭紅が、作家として女性としての丁玲に語った言葉はたくさんあったはずだ。それがまったく記録されないままに終わったのは、なんとしても残念である。

蕭紅の言葉を記すかわりに、丁玲は二人の会話について、次のように書いている。

私たちは互いに心を割って話したが、今になって思うと、なんとわずかしか話さなかったのだろう！　私たちは自分のことを一度も話さなかったようだ、とりわけ私は。しかしまた、一言一句の中にも自分を失ったことはなかったと思っている、なぜなら私たちはどちらも本当にあまりに本気で友人の前に自分の心をさらけ出すことをあまりに愛していたし、本当に近しく感じていたから。けれどもやはり私にはあまりに少ししか話さなかったと感じられる、なぜなら、こんなふうに妨げなく、こだわりなく、警戒の必要なく話し合える相手は本当に少なくなってしまったのだから！

この短い一節は、なんど繰り返して読んでもわかりにくい。いったい二人は、たくさん語ったのか、そうではなかったのか。心を打ち明けあったのか、そうではなかったのか。

ここから推察できるのは、丁玲と蕭紅の出会いが、出会ったとたんに百年の知己のごとく心を開いた、というような単純なものではなかったことだ。「思想上、情感上、性格上」まったく違っていた、そしてそれぞれ非常に繊細で敏感なふたりは、またそれぞれに深い苦悩を抱いていた。この一節のわかりにくさは、出会いの奥にあった二人の苦悩の深さ、その共鳴とズレとが、十分説明しきれていないところから来るものではないだろうか。

「風雨の中で蕭紅を偲ぶ」という文章そのものが、他の人の蕭紅回憶にくらべて、より重く、複雑な感情が込められた文章である。それは、この文章の中に、蕭紅の夭折を知った丁玲の悲しみばかりでなく、さらに複雑な丁玲自身の苦悩がその上に重ねられているからではないだろうか。その苦悩は、蕭紅と出会った一九三八年当時の丁玲の苦悩であり、さらに、「風雨の中…」執筆当時、一九四二年の丁玲の苦悩でもある。

3　丁玲の孤独

西北戦地服務団の主任である丁玲は、軍装に身を固めた颯爽たる女性兵士であった。丁玲と蕭紅がいっしょに写っている唯一の写真でも、軍帽軍外套姿の丁玲と、スカートから華奢な足を出している蕭紅とは対照的である。しかし、英雄的な外見は、丁玲の心を守る鎧であった。のちに丁玲が『魍魎世界』で描いたような、国民党軟禁時代に受けた心の傷は、まだ完全に癒されてはいなかった。[2]むしろそれを忘れるために、丁玲は活動に没頭していた。

蕭軍の小説『側面──臨汾から延安へ』（一九四一）には、丁玲をモデルにしたと思われるD女史が登場する。彼女は自分の心境をこう語っている。

わたしは今……なにも考えない……わたしはわたしの魂が目覚めるのを避けている……わたしには子供がいる、母もいる……わたしはただ、仕事、仕事、仕事のことだけ考えている……仕事の中から必要なものをすくい上げるの……。わたしにはは家がない、友達もない……わたし自身に属するものはなにもない、あるのはただわたしの同志……わたしたちの「党」……わたしは文学の仕事に戻るのがこわい……あの孤独な責苦に耐えきれないわ……（第一章、四）［点線は原文のまま］

『側面』は、蕭軍と蕭紅の別れをめぐるいきさつを実録風に書いた小説である。D女史もいきいきと形象されており、このせりふも、蕭軍の勝手な創作とは思えないリアリティをもっている。このせりふを、「風雨の中…」の「私たちは互いに心を割って話したが、今になって思うと、なんとわずかしか話さなかったのだろう！　私たちは自分のことを一度も話さなかったようだ、とりわけ私は」の説明と読むのは、深読みにすぎるだろうか？

4　ふたつの挿話

丁玲と蕭紅とが行動を共にした期間、二人の関係を語る資料は多くはない。ただ、聞き書きという形で残された日本語資料の中に、ふたつの挿話が残っている。そのいずれも、これまで語られてきた事実とは食い違うもので、真偽の判断が難しいが、まったくの作り事とは思えない。ここでは、語られたことだけを紹介して人々の解釈に委ねたい。

ひとつは、端木蕻良が、日本の蕭紅研究者・平石淑子に語った回想の一節である。[3] それによれば、臨汾であるとき蕭軍が、蕭紅と端木を前にこういった。「君たち二人は結婚しろ。おれは丁玲と結婚するから」。この言葉は唐突に言われたもので、端木はその当時も、回想を語った時点でも、この言葉をどう解釈していいか判断しかねていたようだ。その後の経緯を考えても、蕭軍の言葉は蕭紅と端木に向けられたもので、丁玲という名はたまたま口をついて出たと解釈するのが妥当であろう。すくなくとも、丁玲と蕭軍の間にそのような合意があったとは考えにくい。[4] ただ、『側面』の描写と照らし合わせるとき、丁玲の深い苦悩に蕭軍の文学者としての鋭敏な感覚が反応し、こんな言葉が口をついてでる原因になったとすれば、それなりに納得できる。

もうひとつの聞き書きは、池田幸子が筆者に語ったものである。[5] 池田幸子は反戦作家鹿地亘《かじわたる》の妻で、上海時代から重慶時代にかけて蕭紅と親しくしていた。西安から武漢に戻ってきた蕭紅に、なぜ延安に行かなかったのかと尋ねたところ、「丁玲と一緒にいることに耐えられなかった」と答えたという。池田は、それを二人の性格があまりに違っていたために、繊細な蕭紅には耐えられなかったのだろうと解釈していた。

筆者自身も最初に池田の話を聞いたときは、繊細な蕭紅と荒削りな丁玲、内向的な蕭紅と外向的な丁玲といった単純な対比でこの言葉を解釈していた。しかし、「風雨の中…」を読むうちに、蕭紅が丁玲と共にいることに耐え難さを感じたとしたら、それは二人の性格の違いではなくて、二人がそれぞれ抱えていた苦悩の深さによるものではないかと思うようになった。

二人の人間が同じ苦しみを抱いている場合には、苦しみを分かち合うことでそれを軽くすることができるだろう。しかし、まったく違う、同じように深い苦しみを抱いた二人が近くにいて、しかも互いが相手の苦しみに対して敏感に反応したとしたら、ときにはそれは耐え難くなるのではないだろうか。

そういうふうに考えると、「私たちは自分のことを一度も話さなかったようだ、とりわけ私は」という丁玲の言葉と、「丁玲と共にいるのに耐えられなかった」という蕭紅の言葉とのつながりが見えてくるように思われる。

5　嵐の予感の中で

先に述べたように、「風雨の中で蕭紅を偲ぶ」は、蕭紅について具体的に語られていることが非常に少ない文章である。それにもかかわらず、この文は真情にあふれ、読む者の心を打つ。

丁玲は雨に振り込められた窰洞《ヤオトン》（山腹に横穴を掘ってしつらえた住居で、延安周辺に特有なもの）の情景から筆を起こす。そして、すべてを湿らせる重苦しい雨の中で、気力を失いそうになりながら、関節炎で痛む手、暗い灯火にかすむ目で、日夜書き続ける自分自身の姿を描く。

丁玲の思いは、さらに世を去っていった友人たちの上に飛ぶ。蕭紅との短い出会いを語り、蕭紅が香港で病に倒れたときいて、その短い生涯を予感したことを語る。「この言葉を語るとき、私が知りあった、あるいは名を知っている中国の女の友人をひとわたり思い浮かべ、無言の寂寞を感じないではいられなかった、苦労に耐え、他力に依存せず、才知と気骨があり文筆に携わっている女ともだちの、なんと寥々たることか！」

そして丁玲は、死者たちがこの世に残していった思いを、生きている者として引き継いで行くことを誓う。その言葉は、安易な「革命的」言辞とは反対に、重く、苦悩に満ちているが、決して後へは引かない強い意志を秘めている。

私が生きている限り、友人たちの死は必ず私の重苦しい呼吸を圧迫し続けるにちがいない。とりわけこのような風雨の日には、私はさらに重荷を感じる。私の仕事はすでに十分私の一生をすり減らすに足るもので、あなたたちの無念の死と、あなたたちの未完の事業を加えるまでもない。でも私はかならず持ちこたえてゆけるだろう。私はこの風雨にことよせて、あなたたち、死んでしまった、まだ死んでいない友人たちに語りかけよう。私の命の残りすべてを、あなたたちの慰安と光栄のために絞り出そう、それがあなたたちのためだけであってもかまわない、あなたたちは苦難を身に受けた労働者であり、あなたたちの理想は真理なのだから。

筆を置いたとき、風雨はおさまって、おぼろな月が西の山に浮かんでいた。「風雨」という言葉に、時代の暗さと友を失った暗い心をたとえた丁玲は、明日の晴天に希望を託してこの文章を終えている。

こうして「風雨の中…」を再読してみると、この文章は蕭紅について書いたものというよりは、丁玲自身の心を描いたものである。そして、短いながらも、構成、文章の美しさ、内容の深さのどれをとっても、丁玲の作品の中でも優れた一編に数えることができる。

中国近代文学の中で、死者の回想という形で作者自身の思いを語った文章といえば、魯迅の「忘却のための記念」[6]が第一にあげられる。「風雨の中…」で丁玲が世を去った友人たちに寄せる思いには、国民党の弾圧によって命を奪われた若い文学者たちに寄せる魯迅の思いと通じあうものがある。

丁玲という作家は、小説の中に自分をさらけ出すことは少ないが、むしろこのような散文の中に、率直な思いを吐露することがしばしばある。長年の同志への秘めた恋を告白した「恋文ではなく」[7]（一九三三）や、解放区における女性差別を告発して後に厳しい批判にさらされた「国際婦人デーに思う」[8]（一九四三）などがその代表といえるが、「風雨の中…」も、それに比肩する作品である。

「風雨の中…」が書かれたのは一九四二年四月二五日、「国際婦人デーに思う」が書かれた翌月である。この二つの文章を読み比べると、文体や、そこに流れる感情には共通したものがある。

筆者は「国際婦人デーに思う」を中国におけるフェミニズム文学の先駆として高く評価しているが（秋山、一九七三＝一九九三）、それは単に、延安における女性差別を批判しているからではない。そこには、批判と同時に、苦しい状況に耐えて自己の道を歩み続けようとする女性たちへの愛情と連帯の心があふれているからだ。その女性たちとは、他者だけではなく、丁玲自身をも含んでいる。「風雨の中で蕭紅を偲ぶ」もまた、風雨に閉ざされた状況の中で、志半ばに倒れた仲間たちへの愛情と連帯を表明する文章である。この風雨は、日本の中国侵略という時代状況を象徴するだけでなく、当時の延安で始まりつつあった知識人に対する整風運動への不安をも（丁玲自身は無意識にであれ）反映していると思われるが、整風運動の問題はこの小論ではとても扱いきれないので、他の論に譲ることにする。[9] いずれにせよ、「国際婦人デーに思う」と「風雨の中で蕭紅を偲ぶ」とは、呼応しあう作品として論じられていくべきだと考えている。

註

（1）〈風雨中憶蕭紅〉《穀雨》第五期、一九四二年六月延安で出版。文末の執筆日時は四月二五日となっている。全文で三〇〇〇字ほどの短い文である。本論では、王観泉編《懐念蕭紅》（黒竜江人民出版社、一九八四）を底本とした。

（2）《魍魎世界》は丁玲の最後の作品で、死後一年を経た一九八六年に出版された。ここでは国民党によって軟禁されていた陰鬱な時期、とりわけ、夫であった馮達を密告者だと疑いながら、寂しさのあまり身をゆだね、娘を出産する経緯が切々と綴られている。（田畑佐和子訳『丁玲自伝』所収）

（3）平石淑子「蕭紅をめぐる人々（四）」（『野草』第三二号、一九八三年）。なお、このエピソードは、蕭紅の死後端木蕻良の妻となった鐘耀群による《端木与蕭紅》（中国文聯出版社、一九九八）にも登場する（二一七頁）が、蕭軍が口にした相手の名は××と伏せられている。

（4）当時の丁玲は、戦地服務団で行動を共にしていた陳明との感情的結びつきが強まりつつあったと思われる。しかし、戦時下という厳しい条件や、丁玲が一二歳年長だったなどの事情があり、ふたりの恋愛は曲折を経て、正式に結婚に至るのは一九四二年のことである。

（5）秋山洋子「戦火の中で知った蕭紅――池田幸子さん聞き書き」（『鄔其山』第四号、内山書店、一九八四）。なお、聞き書きをしたのは一九六四年で、修士論文「蕭紅の文学」に付録として添付したものが最初の形である。

（6）〈為了忘却的紀念〉一九三三年（《南腔北調集》所収）。

（7）〈不算情書〉（《文学》第一巻第三期、一九三三）。「あなた」への手紙という形で、友人であり同志であった馮雪峰への愛情を、国民党に銃殺された夫・胡也頻への愛情と対比しながら語っている。女にとって、ふたつの異なるそれぞれに真実の愛が同時に成立しうることを語るユニークな散文である。

（8）〈三八節有感〉（《解放日報》一九四二年三月九日）。三月八日の国際婦人デーによせて、共産党解放区である延安に存在する女性差別を告発した文章。この文章は当時反党的だと批判を受けたにとどまらず、五七年の丁玲批判でも蒸し返され、丁玲の反党を示す罪状のひとつとして以後数十年の運命を決定することになった。

（9）延安における整風運動は、毛沢東による「延安文芸座談会における講話」（いわゆる「文芸講話」）を生み、文学・芸術を党が指導するという、その後の中国における文芸政策の原型を作った重要なものである。近年、当事者における資料や研究がかなり出てきているが、毛沢東と共産党の絶対的権威に関わる問題なので、まだ十分な解明がされているとは言い難い。ここでは参考に、「風雨の中で蕭紅を偲ぶ」が書かれた前後の出来事だけを、『丁玲年譜』から抄出しておく。

一九四二年三月九日 『解放日報』に丁玲の「国際婦人デーに思う」発表。

三月一〇日/二三日 同紙に王実味「野百合の花」発表。

四月初め、毛沢東主催の高級幹部学習会で二作品が批判される。丁玲は翌日賀龍からそのことを告げられる。

四月二五日 丁玲「風雨の中で蕭紅を偲ぶ」執筆。

五月一日 延安で蕭紅追悼会開催。

五月二日—二三日 毛沢東の主催による延安文芸座談会開催。

六月一一日 中央研究院の王実味に対する思想闘争座談会で、丁玲は「国際婦人デーに思う」が党の立場に立っていなかったと自己批判。

——一九九九年

丁玲の告発が意味するもの

『霞村にいた時』再考

一九四一年に丁玲が書いた小説『霞村にいた時』は、少女貞貞《チェンチェン》の再生の物語である。解放区の村に住む貞貞は、村を襲撃した日本軍に拉致されて強姦され、のちには日本軍人の現地妻とされた。その立場を利用して貞貞は、中国側のために諜報工作をおこない、戦局を有利に導く。つまり、彼女は犠牲者であると同時に、抗日の活動家でもある。それにもかかわらず、病気をうつされて村に戻ってきた貞貞に対して、多くの村人は、彼女が「節を失った」といって軽蔑し、「破鞋《ポーシエ》よりひどい」と陰口をいう。この物語のひとつの重点は、作者丁玲の分身である語り手の目を通して、このような村人たちの意識のあり方を鋭くえぐり、告発することにおかれている。本論では、この丁玲の告発の内容を探り、それが時代を超えてもつ意味を検証しようというものである。

霞村の人々は、貞貞を「破鞋よりひどい」と侮蔑する。破鞋とは、売春婦や性的に堕落した女性に対する蔑称である。じつは、『霞村にいた時』が書かれる少し前、解放区における共産党の女性活動家の間で、「破鞋」は重要な問題として論じられていた。これは貞貞の問題を考察する上で参考になるので、一九三九年に延安で発行された『中国婦女』に掲載された二本の論文の内容を要約して紹介しよう。

破鞋は売春で生計を立てる女性に対する山西地方の蔑称である。当地には貧しさが主な原因で昔から少なからぬ破鞋がいたが、日本の侵略による生活の破壊、日本軍による姦淫略奪政策により、その数はさらに増している。山西省西北部の破鞋は、都市の売春婦と違って、日常的には農業などの生産労働に従事し、家計補助のために売春をしている。したがって、彼女たちは基本的には働く女性であり、社会の矛盾を敏感に意識している。抗日戦の初期、婦女救国会を組織したが、一般の女性は古い観念に縛られてなかなか家の外に出られなかった。このとき破鞋たちは積極的に参加し、組織の幹部に選ばれた例もある。ただ、一般の人々の差別意識はなお強く、そのため運動に困難を生じたこともある。破鞋問題の根本的解決には、女性の労働参加、教育・婚姻制度の改革、意識の改革など、社会全体の改革が必要である。われわれは救国運動に参加する破鞋の自尊心を傷つけることなく、長所を認め、活動の中で彼女たちの自我意識の目覚めと変化を促さなければならない。(劉英/亜蘇、一九三九)

前記の二論文では、破鞋を基本的には労働階層の女性と規定して、女性組織から彼女たちを排除すべきだという党の一部にあった意見を批判している。これらの論文は、蔑視を受けている破鞋たちへの同情と、緻密な分析とが結び付いた優れた論であり、当時の解放区における女性解放運動の水準の高さをうかがわせる。この時期の女性運動は、王明路線による誤った方針をとったと四三年の党決定により批判され、長い間無視されてきた。それを再評価した論文として、江上幸子「抗戦期の辺区における中国共産党の女性運動とその方針転換」(一九九三a)がある。同時期の『中国婦女』には丁玲も寄稿しているので、丁玲もこれらの論文を目にしていたとみていいだろう。

しかし、党の女性活動家の中にあったこのような問題認識は、解放区の一般住民にとっては理解を超えるものだった。霞村の村人の目には、破鞋は貞操を失った女であり、軽蔑されるべき存在としか映らない。そして、貧しさが原因であろうと、侵略軍の暴行によるものであろうと、貞操を失った女は同じように非難され、軽蔑されるべきなのだった。

村人の貞貞に対する非難を、もうすこし深く分析してみよう。村人たちにとって貞貞が許せないのは、貞操を失っただけでなく、そのことを恥じる素振りを見せないことだ。貞貞の叔母であり、同情者である劉二媽《リウアルマ》さえもこう語る。

「鬼子《グイズ》(日本兵)のことを口にするのに、まるで何でもねえみたいに平気なんですからね。まだ一八だってのに、羞らいってものがちっともなくなっちまって」

村人はこんな言葉を投げつける。

「恥っさらしのくせに、大きな顔をして……」

ここに、女性への性的加害にまつわる特殊性がある。一般の犯罪では、暴力を受けた人はあきらかに被害者であり、人々の同情を受ける。ところが、女性に対する性犯罪だけは、逆に被害者の側の恥とされる。人々の冷たい目によって、被害者は二度目の辱めを受けるのだ。『霞村にいた時』は、さりげない会話の中に、このようなことの本質をくっきりと浮かび上がらせている。被害者である貞貞さえも、一方では再生への希望を語りながら、他方では「結局私はきれいではなくなったんです、傷物で、二度と幸福になれるとは思えません」と口に出さずにいられないほどに、恥の意識は人々の心を縛りつけている。

被害者に恥を押しつけることによって、被害を免れたものたちは自分の潔白さを誇る。「ことに女たちのなかには、貞貞がいるために、自分に対する誇りの念をおこし、いまさらのように自分の純潔を発見したものもあった。自分は強姦されていないからといって威張れるわけなのだ」と、丁玲の分身である語り手は皮肉たっぷりにコメントしている。

節を失った女への侮蔑の奥には、性そのものを隠すべき卑しいものとタブー視する観念がある。村人たちの目には、日本軍がくる前から村の若者との恋愛を隠そうとしなかった貞貞は、ふしだらな娘と映っていたのだ。

以上に述べたような精神構造は、魯迅が「私の節烈観」（一九一八）で批判したように、中国人の心の中に深く根を張っている。解放区の中心である延安さえも例外ではなかった。丁玲自身もまた、国民党に軟禁されていた時代に党を裏切った男と同棲して子を産んだことや、恋愛問題などで、貞貞が受けたにも似た冷たい視線を浴びせられたという。また、彼女の身辺にいる女性の同志たちも、丁玲が「国際婦人デーに思う〈三八節有感〉」（一九四二）でリアルに描写したように、離婚、出産や育児による第一線からの落伍など、女であるゆえのさまざまな困難にぶつかっていた。

『霞村にいた時』や『医院にて』（一九四一）などの小説、女性差別を告発したエッセイ「国際婦人デーに思う」などは、延安における女性の現実の中から生まれた切実な問題提起であった。しかし、その問題提起が、延安で指導的な立場にいる人々（それはほとんど男性であったが）にきちんと受け入れられることはなかった。丁玲の提言は反党的言辞と曲解され、自己批判・自己改造が求められた。性をめぐる問題はタブーであり続け、男女の平等は法律や経済、社会的労働にかかわる面でのみ語られた。そのためかえって、古い貞節観念は「解放」をくぐり抜けて生き延びることになった。

丁玲自身、四二年に批判を受けてからは、女性問題に対する鋭い意識を前面に出すことはなくなった。それは従来、革命的な自己変革と評価されてきたが、最近ではフェミニズム批評の立場から、丁玲における女性意識の後退として批判する評者もでてきている。たとえば、劉慧英は、丁玲がスターリン賞を受賞した長編『太陽は桑乾河を照らす』（一九四八）の中で、地主の妻を「もともと隣村の破鞋で、……儀式もなければ輿入れもなくいっしょになった」と描写しているくだりをとりあげて、三〇年代末から四〇年代初めの丁玲であれば、「破鞋」や「仲人も婚礼も」ぬきで同棲したことを、一人の女性の「罪状」とすることはありえなかったと指摘している。（劉、一九九五）

丁玲自身が女性意識を表面から消そうとも、『霞村にいた時』や「国際婦人デーに思う」は、一九五七年の丁玲批判において、格好の標的としてむしかえされた。このとき文学者たちが貞貞というヒロイン像に浴びせかけたのが、「羞恥を知らない気持」という、霞村の村人と同じ次元の罵言であったことは、記録にとどめる価値がある。（姚文元、一九五八）

『霞村にいた時』で丁玲が告発した問題は、当時の解放区ばかりでなく、その後の中国にも存在し続けた。したがって、貞貞のような境遇に落とされた女性たちの苦難も終わらなかった。以下に紹介するのは、現在の中国において中国人作家によって書かれた日本軍「慰安婦」問題調査報告（江浩、一九九八）の一部である。

調査グループの一人は、一九四〇年に河南省新郷地区で、八二人の女性が日本軍に拉致され、軍の「慰安婦」にされたという事件があったことを知り、現地へ赴いた。ところが、「慰安婦」にされた女性の家族や親類を探しても名乗り出た者は一人もいないばかりでなく、親族だと判明した人々を訪問しても、許しを請うような目で見るだけで一言も発しない。

その後の書類調査で、次の事実が判明した。拉致されて「慰安婦」にされた八二名の女性（日本軍の軍営で死亡した者も含めて）には、戦後漢奸（売国奴）の帽子がかぶせられた。彼女たちの家族は政治闘争がおこるたびに標的にされ、文革中には一族すべてが日本のスパイとして追及を受けた。記録によると、三二人が批判闘争の結果死にいたり、五八人が障害者となり、六人が屈辱に耐えられなくて自殺した（さらに多数の犠牲者が出たという口頭による証言もある）。

最後に調査者は、八二人のうちただ一人生存が確認できた女性から話を聞くことに成功した。聞き書き当時六七歳だったこの女性は、日本軍の慰安所での悲惨をつぶさに語った。それと同時に、日本軍の手から解放された後、同じ中国人から批判を受け差別され続けた後半生についても語り、「もしも出てきてからこうなると知っていたら、慰安所で死んだほうがましだった」という。

「わたしたちはただの女、日本人に蹂躙された女だというだけで、犬のように這って生きなければならないのですか。ここ何年か、新しく架けた橋を、村人は渡らせてくれないし、新しく建てた家にも入れてくれない。外で駆け回っている子供たちもわたしに触れさせない。悪運をもたらすからといって」

この聞き書きがおこなわれたのは、一九九二年のことである。新しい橋が架かり、新しい家が建ったここ何年かというのは、もはや文革の時代ではなく、あきらかに改革開放の時代のことである。村の外見は新しくなっても、差別だけはまったく変わらず生き続けていることがわかる。

この記録を最後に引用したのは、日本軍の加害を過小評価し、中国の人々を非難するためではない。性的被害を受けた女性に対する蔑視は、儒教社会であった日本や韓国に留まらず、全世界でまだ解決されていない重大な問題なのである。しかし、一九七〇年代から始まった第二波女性解放運動において、この問題は女性に対する暴力の問題の一環として、広く注目を浴び、女性の視点から検証されてきた。そして、恥ずべきなのは被害者ではなく加害者であることが確認され、被害を受けた女性が自尊心を取り戻し、自立へ向かうことができるように、多様な支援活動が組織されはじめた。第二次大戦中の日本軍による従軍慰安婦問題がこの時期になって再告発されたのも、韓国や日本で、被害女性たちを支援する女性運動の力量が育ってきたからである。

このような時代の動きに目をやるとき、抗日戦中の一九四一年という時点で、村人の意識構造を的確に暴き出すとともに、貞貞を犠牲者あるいは抗戦の英雄という類型に留めることなく、さらに自立に向けての一歩を踏み出させた『霞村にいた時』の先見性を、あらためて評価することができる。

——二〇〇〇年

錯綜する民族とジェンダー

「淪陥区」の女性作家

大東亜文学者大会に参加した中国人作家の中には、毎回女性作家が含まれていた。一九四二年の第一回には「満州国」からの呉瑛《ごえい》、四三年の第二回には上海からの関露《かんろ》、四四年の第三回には北京からの梅娘《ばいじょう》らである。

彼女たちの文学活動の場は、中国では「淪陥区《りんかんく》」と呼ばれていた日本の支配地域であった。淪陥区における文学活動は、中国では長年にわたって文学史から抹殺され、彼女たちの名前も埋もれたままだった。この時期の文学にふたたび光が当たったのは、八〇年代の改革開放の時代になってからである。東北作家の作品や日本占領下の上海・北京で書かれた作品が復刊され、上海の流行作家であった張愛玲などは、リバイバル・ブームを引き起こしたほどだった。

八〇年代の中国ではまた、女性作家の新たな活躍が見られ、つづいてフェミニズム批評が芽を吹いた。フェミニズム批評の視点から文学史の書き直しを試みた孟悦・戴錦華による『歴史の地表に浮かび出る』（一九八九）は、淪陥区における女性作家の活躍に注目し、政治的空白状態が女性作家に活動の余地を与えた逆説的な意味をこう考察している。

淪陥区の人々がみな前途がわからぬという生命の無常観を抱いているとすれば、女性はさらに女性の運命についての無常観を抱いている。これもまさに淪陥区女性文学が発展し得た重要な原因のひとつである。三〇年代以来ずっと周縁におかれ、抗戦の勃発後またもや次第に沈黙の中に消えゆきつつあった女性の自我にとっては、この文化侵略がもたらした偶然の話語の隙間は、たしかにある種の牢獄の中の自由であった。自由についていえば、淪陥区の女性作家の周囲には、もはや国家や大衆や民族主体を代表する主導意識形態による女性の規範や女性への要求は存在しなかった。（中略）彼女らはまたひとつの無秩序時代に入り、侵略者の統治を除いては、以前それらの都市で要求された伝統的性別役割はもはや秩序ある威力を失った。（第一二章、一二）

第三回大会に出席した梅娘は、張愛玲と並んで「南玲北娘」と称された人気作家であり、この大会で第二回大東亜文学賞を授与された。第二回大会に出席した関露は、日本占領下の上海で晩年の田村俊子を助けて雑誌『女聲』を発行したことで知られている。地下共産党員であった彼女は、日本の宣撫工作の一翼に組み込まれた雑誌の中で、中国の女性読者にむかって、社会に目を向け自己を確立せよというメッセージを送り続けた。これもまた、女性ジャーナリストによる「偶然の隙間」の活用といえるかもしれない（前山、一九九一）。

外国軍隊による占領・植民地という政治的空白状態を利用して自我を表現するのが女性作家たち

のひとつの戦略であったとしたら、民族としての被抑圧とジェンダーとしての被抑圧をひとつのテクストに重ね合わせて描くことも、彼女たちのもうひとつの戦略だった。

上海や北京よりもさらに孤立した空間である「満州国」の作家・呉瑛は、自分が女性作家であることを強く意識していた。作家であると同時に編集者としても活躍していたせいか、呉瑛はとりわけ「満州女性作家」をまとまった存在として意識し、自分をその流れの中に位置づけようという姿勢を示している。

一九四四年に書いた「満州女性文学の人と作品」(呉瑛、一九四四a)で、呉瑛は一九三三年に悄吟(蕭紅)と三郎(蕭軍)のカップルが合作で出版した短篇集『跋渉』を、満州文学の最初の成果として評価している。じつは『跋渉』は発禁処分にされ、それをきっかけに蕭紅と蕭軍は「満州国」を後にした。そして三五年、上海で魯迅の後盾を得て、東北農民の抗日の戦いを描く『八月の郷村』(蕭軍)、『生死場』(蕭紅)でデビューする。呉瑛の文中ではむろん語られていないが、中国人文学者の間では当然知られていたこれらの経緯をふまえた上で、呉瑛は蕭紅から自分までを「満州女性文学」の流れとして次のようにとらえている。

私は満洲の郷土に生長し、そして満洲郷土に生活してゐる。知識の無かった時代にも、青春にも、文学の友情の花園に結ばれて来、又それによって郷愁と飢渇とを癒して来た。

学校で、私は蕭紅の作品を読んだ。社会で私は梅娘と永久の友情を結んだ。この二人の満洲女性文学活動の先輩は私に啓蒙と輔育とを与へた。蕭紅が南粤に客死したと聞き、私は荒野たりし満洲女性

文学を開拓した志士に対して言ひようのない苦痛を抱く。(呉瑛、一九四四b)

呉瑛が蕭紅を自分の先達と捉えたとき、蕭紅のテクストの中に錯綜する民族とジェンダーの抑圧を、はっきり意識していたかどうかはわからない。たとえば、抗日文学第一号と中国文学史に位置づけられ、それゆえに評価されてきた『生死場』を、フェミニズムの視点から読み直す試みは、一九七〇年代ころから国外で、中国ではごく最近になって行われるようになったにすぎないのだから。

東北農村での抗日義勇軍結成をクライマックスとするこの小説は、前半の三分の二が「満州国」成立から一〇年前にさかのぼる平凡な村の日常描写にあてられている。そこでは人間や動物の出産と死が、くりかえしくりかえし語られる。従来の中国における正統的批評では、前半の冗長さは構成上の未熟さと片づけられ、評価の中心は後半に置かれてきた。

これに対するフェミニズム視点からの読み直しの代表的なものとして、米国在住の劉禾による「再び『生死場』にもどる――女性と民族国家」(一九九四)がある。ここで劉は、この小説における「生」と「死」の場とは、女の身体そのものであるとして、従来の正統的批評――劉によれば男性批評家のナショナリズム言説――から『生死場』をとりもどそうと試みた。「蕭紅にとって生命は、国家・民族・人類の大意義圏にはいって初めて意味を持つものではない。女の世界では、身体こそが生命の意義の出発点であり帰着点なのだ」

劉は、同じ時期に書かれた蕭軍の『八月の郷村』と『生死場』を対比し、前者の中でパルチザン兵士が回想する故郷がのどかな田園風景であるのに対して、蕭紅の描く一九二〇年代の農村が、女たちの出産と死をめぐる血に彩られていることを具体的に指摘する。さらに、『八月の郷村』においては、日本兵による強姦が描かれて中国人による抗戦の情熱をかき立てる役割を果たしたのに対して、『生死場』においては具体的な強姦は中国人の男によって引き起こされ、被害者が「おらは中国人が憎らしい」とつぶやく場面があることを指摘する。この独白は抗日の気運が盛り上がってゆく『生死場』の後半部にポンと投げ出すようにおかれており、私はこれを蕭紅が「きたるべきフェミニズム批評に向けてしかけた時限爆弾」と評したことがある。『生死場』はそれほどに輻輳したメッセージを伝えるテクストなのである（本書所収「蕭紅再読」参照）。

呉瑛は「満州女性文学の人と作品」の中で、「満州農民を素材とした作品」として『生死場』の名をさりげなくあげている。公然と読めたはずのないこの作品を呉瑛がどうやって目にしたのか興味深いが、それにもまして、東北の風土に根ざした農民文学であり、抗日文学であり、フェミニズム文学としても読めるこの作品のメッセージを呉瑛がどう受取っていたか知りたいところである。

蕭紅の作品には、貧しさと性によって二重に苛酷な運命にさらされる女たちが登場するが、呉瑛の作品世界もそれを受継いでいる。代表的な作品としては「あんたたちと違うのは、あたしが女だってこと、女だからどうした、女だって生きなきゃならない」という抗議から始まる『翠紅』（一九四〇）だろう。もと娼妓である翠紅の一人語りで構成されるこの短編の語り口は、追いつめられた状況にありながら、不思議なほどにカラッとしてたくましい。蕭紅を超える呉瑛の可能性は、このような強さに秘められていたのかもしれない。

また、没落してゆく旧家の中での女たちの運命を描く『墟園《きょえん》』（一九四四）の世界も、蕭紅が捨て去った（そしてしばしば回顧の中に登場する）父の支配する冷たい家と重なりあう。呉瑛は、清末に始まる『墟園』の続編を同時代まで書き継ごうと数万字の草稿を書きあげていたというが、それは日の目を見ることなく終わった。

植民地とジェンダーの問題を考えるときに、短いが気になる呉瑛の作品がある。一九九六年に中国で編纂された『東北現代文学大系』の解説の中で、この作品は抗日の意図を秘めたものとして呉瑛の作品の中では唯一政治的に高い評価をされている。

呉瑛の『鳴』は、暗示的手法を用いて、夫で日本を比喩し、妻で満州を比喩し、父で中国を比喩することで、ひとつの家族の壊滅を通して、日本の「満州を占領し、さらに中国を侵略するとともに、中華民族を滅ぼそうとする」飽くことのない貪婪な野心を暴いている。（李春燕、一九九六）

一九四三年に発表された『鳴』は、酔って眠りこけている夫にうらみつらみをぶつける「わたし」のモノローグとして書き出される。

「あんたは、あんたは犬よ、わたしのすべてを奪い、わたしのすべてを占領した、そのうえゆっくりわたしの肉をさいなみ、慢性の殺人手段でわたしを征服しわたしから奪う、わたしには何もなくなった」

「あんたはまた、私の実父と仲違いし、私と実父との関係を断ち切った、わたしと父が会うことを禁じ、文通も禁じ、わたしに自分の血族を認めぬようにさせた。ああ、何という世界だろう」

このような夫に対するむき出しの憎悪を、前掲の「導言」のように侵略者日本に対する憎悪と読み替えることはたやすい。じつはこの読みは、「導言」筆者のオリジナルではなくて、同時代の満州国特高警察による文芸界の思想調査報告でなされている分析なのである（早大杉野研究室編、一九九四所収）。呉瑛が大東亜文学者大会に出席したことによって漢奸（売国奴）のそしりを受けたとするならば、公開されたのがあまりに遅かったとはいえ、日本側の資料が汚名をそそぐ一助になったのは、いささかの救いといえるかもしれない。

とはいえ『鳴』のテクストの中にも、単純な抗日の暗喩をこえて、民族とジェンダーの抑圧は複雑に絡み合っている。

「そのとき、わたしの心は辛かった、わたしの半生の境遇を辛く思った、わたしは思いをめぐらしはじめ、自分がなぜ女なのかと責めた。女の一生は苦しみばかり、わたしの祖母から母へ、ずっとわたしまで、みな同じような目に遭わなければならなかった。祖母は死に、母もこうして命を終えた、わたしはなぜこのような時代に生を受けなければならなかったのだろう」

祖母から母へ、母から娘へと伝えられてきた女の苦しみは、腹の中の胎児にも投影される。最後の一ページで執拗に語られる流産のいきさつ（彼女はなぜか胎児が女だと確信している）、苦痛と流れる血の描写は、『生死場』における出産の場面と呼応する。ここでのヒロインの意識は、「満州国」の暗喩を超えて、女の歴史につながっている。最初に引用した「淪陥区の人々がみな前途がわからぬという生命の無常観を抱いているとすれば、女性はさらに女性の運命についての無常観を抱いている」という『歴史の地表に浮かび出る』の評語が、ここにはぴったりと当てはまる。

日本帝国の行く末も見えてきたこの時期、呉瑛の作品に反映される心情は暗澹としている。この翌年、一九四四年に書いた「文学の栄凋」にも、「文学に従ふだけの力が無く眼前に文章の凋渇を覚える」と不安な心情が吐露されている。

大東亜文学者大会に出席した女性作家たちは、自分の行為にどういう理由付けをしていたのだろう。余儀なく強制に従ったのか、政治を超えた文学者の国際的連帯を信じたのか……。彼女たちの立場は、侵略戦争という認識を持ちながら戦地慰問に参加した佐多稲子ら日本の左翼作家の裏返しといえるかもしれない。しかしその行為に対して、彼女たちは文学者としての後半生を失うという、あまりに大きい代償を支払わなければならなかった。

呉瑛は「満州国」の崩壊後は筆を絶って南京に移り住み、一九六一年、四七歳の若さで病死したという。この年は、数百万の餓死者を出した三年間の「自然大災害」（実は極左路線の誤りという人災だったのだが）の三年目にあたる。

地下党員であった関露は、漢奸の汚名を受けて通算一一年にわたる獄中生活を送り、精神病を二度わずらった。七九年に一応名誉回復されたが、地下党時代の複雑な事情により、八二年に死亡するまで完全な復権はなされなかったという。

梅娘も夫を失い子供をかかえて、文学とは縁のない肉体労働に長年従事させられたが、幸いに文革の時代を生き延びて、再評価される日を迎えることができた。

——二〇〇〇年

※岸陽子『中国知識人の百年——文学の視座から』（早稲田大学出版部、二〇〇四年）のⅡ部「日本文配下の女性作家たち」に、梅娘、関露、呉瑛についての論考がおさめられている。

八〇年代中国文学にみる性と愛

遇羅錦・張賢亮・王安憶

この論文は、一九八〇年代に書かれた三編の中国の小説をとりあげ、そこで性と愛がいかに描かれているかを分析したものである。その目的は、文学批評というよりは、文学を通じて八〇年代中国社会における男と女の関係、性に対する意識を浮かびあがらせることにある。

周知のように、中華人民共和国成立以来の中国は、文化の面では徹底したピューリタニズムに支配されてきた。性的表現に対するその抑圧の極端さは、同時代のソ連や東欧の映画や文学を中国のそれと比較すればよくわかる。さらに、そんな映画や文学さえも抹殺されつくした文化大革命の十年があった。

一九七〇年代末、中国にやっと文芸復興のきざしがあらわれた時、まず高らかに謳われたテーマが「愛」であり、続いておずおずと登場したのが「性」であった。性を扱った小説はその時々で話題を呼び、議論をまきおこした。

一方、中国の外側の世界でも、戦後四〇余年の間には、芸術における性の扱いには変遷があった。戦争直後から一九六〇年代までは、性をタブー視する体制側に対して、表現の自由を求める側が進歩的だという構図が成り立っていた。その結果、西側社会では、性表現に関するタブーはほとんど取り除かれるに至り、その反面ではポルノ産業が隆盛を誇り、少年少女までがその対象とされるに至っている。

一方、一九七〇年代から盛りあがってきたフェミニズムの中からは、女を性の対象物として扱うポルノグラフィを批判し、男と女の最も個人的な関係である性愛の中に支配＝被支配の構造を読み取ろうという動きが起こっている。（ミレット、一九七〇、ドウォーキン、一九八七）

ここでは、そういうフェミニズム的分析をふまえた上で、できるだけ作品そのものに則して、同時代中国における男と女の関係を解きほぐしてみたいと考えている。

1　被害者としての性体験——遇羅錦『ある冬の童話』

一九八〇年に雑誌『当代』に発表された遇羅錦《ぐうらきん》の自伝的小説『ある冬の童話』は、大きな反響を呼びおこした。この作品が反響を呼んだ第一の理由は、文化大革命の時期におのれの思想をはっきりと表明して国家に対峙し、それゆえに銃殺された青年・遇羅克《ぐうらこく》の生涯を、妹の目から描いたことにある。そして第二の理由は、性と婚外の恋愛を大胆な筆で描写したことにある。

『ある冬の童話』の中で、性を描いて最も衝撃的なのは、主人公の新婚初夜の場面である。主人公は作者と同名、物語は一人称によって語られている。その一部を引用してみよう。

彼の大きな手が大きな掛布団を軽々とめくり、もぐりこんでくるのが感じられた。その氷のように冷たい大足、ごつごつした腰骨がわたしの体にあたって痛い。すばらしい夢は燃えつきた爆竹のように砕けて四散してしまった。わたしはそこに、恐怖にすくんだでく人形、裂かれるのを待つ魚のように横たわっていた。（七　往事〈六〉）

この場面は、日本の小説における性描写のように直接的ではないが、中国文学を読み慣れてきた目には十分にショッキングであり、新婚初夜の体験が主人公にとっていかに苛酷であったかが伝わってくる。また、中国で発表の際に削除された部分を復原している邦訳では、さらに「かれのねばねばした舌が必死になってわたしの口に押しこまれ」「下半身の思いもよらない痛みがわたしに不意の一撃をくらわす」と具体的描写が続く。

遇羅錦はその第一作に、なぜあえてこのような形で性を描こうとしたのだろうか。当時の中国においては、それがセンセーションを引き起こして作品の評判を高めるよりは、発表前の段階でチェックされて発表を困難にする可能性のほうが、はるかに高かったはずである。それでもなお、作者がこの場面を書かずにはいられなかったのは、文化大革命の悪を暴くこの小説に欠くことができない場面だと認識したからにほかならないと私は考える。

結婚初夜に至る主人公の結婚の経緯は、文革という背景ぬきには考えられないものだった。遇の一家は、両親が小さな工場の経営者だったという前歴ゆえに、「資本家」というレッテルを貼られた。成績優秀で思想も品行も非の打ちどころのない兄・羅克は、出身家庭ゆえに上級学校への進学を阻まれた。文革が勃発すると、出身階級を理由とする迫害には拍車がかかる。それに対して羅克は「出身論」という論文を自主発行して敢然と抵抗し、反革命分子として逮捕・銃殺される（加々美、一九八六参照）。妹の羅錦も労働教養所に送られ、三年にわたる「改造」が終って北京に帰っても食べて行く手だてがない。自分が、そして家族みんなが生き伸びるためには、食糧のある農村に住みつくしか道がない。そのために利用できる遇家にとって唯一の「資産」が、ほかでもない未婚の娘、羅錦なのだった。

『結婚』という語が最初に頭上に落ちてきた時、わたしはただ屈辱を感じた。わたしは憂いに沈んだろうか？　悲しんだろうか？　嘆いたろうか？　いや、すべての感覚は麻痺してしまった。ただ、生活のため、こうせざるを得ないと知っていただけだ。われわれの自由婚姻法を思って、心中で苦笑するばかりだ。（七　往事〈五〉）

食べるための結婚、愛情のない強制された結婚は、これまで数千年にわたって、中国の女たちが、そして多くの国の女たちが耐えてきたものである。しかし女主人公は、自由意志による結婚のみを正当とみなす新しい婚姻法のもとで育ち、その理念を疑わなかった世代だ。食べるために身を売るにひとしい結婚をすることは、とりもなおさずその理念を掲げる国家に裏切られたということだ。

わたしにはやっとわかった。旧時代に肉体を売るはめになった女たち、暴力に屈服した女たち、主人から辱しめを受けた女たち、人間扱いされなかった女たちが、どんな苦痛にさいなまれていたかということが。しかし私の苦痛は私が招いたものだ。……でも本当に私自身が招いたものだろうか。（中略）どうして世界は突然こうなってしまったのだろう。わたしにはやっとわかった、兄がなぜ生命を惜しまなかったかが。兄はわたしたちの美しい世界が悪いものに変わるのを阻止しようと思ったのだ。

（七　往事〈六〉）

初夜の場面の直後に出てくるこのモノローグは、主人公が自分のみじめな体験を、けっして個人的な不運と捉えてはいないことを物語っている。彼女を凌辱したものは、数千年にわたって中国の女たちを虐げてきた家父長制構造であり、その復活を許した文化大革命という国家による暴力であると遇羅錦は捉えている。

家父長制による抑圧は、清代の『紅楼夢』から中国近代文学草創期の魯迅や巴金に至るまで、中国文学の主要なテーマの一つとなってきた。しかし、中華人民共和国にその遺産が引き継がれていることを正面から暴いてみせたという点で、『ある冬の童話』はやはり画期的である。文化大革命の中で女性に対する性的な暴力が野放しにされたという報告は、八〇年代になって小説やドキュメンタリーにいろいろな形で登場するようになったが、遇羅錦はその先鞭をつけたのである。

みじめな初夜の体験のあと、主人公は夫にむかって鋏をかまえ、「今後わたしに指一本でも触れたら生かしてはおかないよ」と宣言する。主人公の夫はごく平凡な農村青年であり、彼の倫理規範では当然なふるまいを妻に対してしたにすぎないのだが、主人公にとって彼のふるまいは、数千年来女にかけられてきた性的抑圧を象徴するものとなってしまった。そこで彼女は、夫との性関係を拒否するという一点に、からくも自己の存立をかける。主人公の中には、性関係＝抑圧という図式が抜き難く根を張ってしまうのだ。

その主人公が、他の男性と恋をする。相手はやはり右派のレッテルを貼られた知識青年で、夫とはちがい、詩を語り、死んだ兄の思想を理解してくれる相手である。しかし、彼に夢中になり、甘い接吻に酔いはしても、彼女は性への嫌悪を捨てることができない。

わたしはずっと、抱擁と衛生的な接吻が愛情の最高潮だと考えてきた。でも、維盈は年が若く、結婚したことがない、あのことなしでやっていけるわけがない。（十　選択）

出発点で性につまずいた遇羅錦の主人公は、性と愛の分裂に引き裂かれ続ける。『ある冬の童話』においても、続編の『春の童話』（一九八二）においても、主人公は現実の夫との間の性を嫌悪し、ロマンチックな愛に憧れ続ける。そして彼女はいつも相手の男に裏切られるのだが、それは彼女の愛が具体的な相手の男に向けられたというよりは、自分自身の愛の理想に向けられたものであるからだ。その理想の愛のむこう側には、永遠の恋人である兄がつねに存在しているのである。

男と女の性的関係という最も個人的な問題を、政治的な支配関係の文脈の中に置きなおして検証する作業は、一九七〇年代に始まる第二波フェミニズムに特徴的な課題のひとつだった。八〇年代中国においても、その流れを意識するとしないとにかかわらず、同じく性愛の中に男と女の支配・被支配の構造を読みとろうとした作品が書かれているのは興味深い。遇羅錦をはじめとして、張潔の『方舟』(一九八二)、張辛欣の『同じ地平に立って』(一九八一)などは、それぞれ手法も個性も違うが、同じ流れの中にあるということができる。そしていずれの作品の主人公も、性愛を拒否する方向で、自己のアイデンティティを確立しようとしている点で共通している。その中で遇羅錦の主人公は、自立を求めるという点では弱いが、性的抑圧に対する強烈な憎しみにおいて際立っており、またその抑圧者として男の上に直接国家を見すえているという点で他の者の追随を許さない。

2　性の対象としての女——張賢亮『男の半分は女』

文化大革命という極限状況の中で、最も弱い立場に置かれた女が、性的攻撃の犠牲者となり、生きるためには自らの性を売らねばならなかったとすれば、男の場合はどうだったのだろう。張賢亮《ちょうけんりょう》の『男の半分は女』(一九八五)はまさに、文化大革命下における性の問題を男の側から扱った作品である。この作品の中心テーマは、右派分子や反革命分子が思想改造のため送りこまれた労働改造農場という極限状況における性的飢餓と、それが原因で引きおこされた性的不能である。

一九八五年に発表されたこの小説は、中国では珍しく単行本がすぐに発行され、たいへんな売れゆきとなった。この小説が評判を呼んだなによりの原因は、中国の現代小説として初めて性を正面から扱ったことによる。主人公が女性の水浴姿をのぞき見する場面や、主人公と妻とのベッドシーンなども、現在の日本から見れば象徴的に美しく処理されているのだが、中国の人々にとっては大胆で露骨、人を驚かすに足るものであった。

作品は評判となり、その結果さまざまな論議を呼びおこした。論議のレベルも、青少年に悪影響を及ぼすといった単純素朴なものから、性のタブーに挑戦したことを評価するもの、その点は認めながらも作者の性意識や女性観を批判するものなどさまざまである。ここでは主として、この作品にあらわれた主人公＝作者の女主人公に対する態度に焦点を絞って考察したい。

問題を分析する手がかりとして、一九一七年生まれの女性作家、韋君宜《いくんぎ》によるこの小説の批判の一部を引用しよう。


わたしは一人の女性読者として、書中のあの手の自然主義的描写を耐え難く感じるし、少なからぬ女性読者もそうだろうと思う。それは単に大多数の中国の知識女性が生来潔癖だからというだけでなく、一般に自分の理想、純潔、独立した人格、仕事などを最も尊いものだと考えているからだ。人から単なる『性』の符号として見られることは、単に性別として存在するとされることは耐え難い。それはまったく人に対する侮辱である。（韋、一九八五、傍点は原著者）

韋の批判には、新中国の清教徒的雰囲気の中で培われた性に対する拒否感があらわになっている。しかし、それだけで彼女の批判を片付けてしまうことはできない。彼女がこの小説に対して感じた拒否反応の中には、世代や国を超えて、たとえば日本の私にも共有できる点があるからだ。それは、この物語の中で女主人公が、単なる「性」の符号と見られているという指摘である。この点をもう少し具体的に、作品にそって検討してみよう。

女主人公の黄香久は労働改造農場の女囚である。彼女はまず、全裸の水浴姿を主人公に盗み見されるという形で物語に登場する。裸の女を男がのぞき見するというパターンは、絵画や文学の中で古くからくり返されてきた。その場合、男は常に見る者、女は常に見られるものであった。「ヌードであるということは、他人から裸の状態を見られていながら、本当の自分を認められない状態である。ヌードとなるためには、裸体はひとつの物体《もの》と見なされることが必要である」(バーガー他、一九八五)と、フェミニズムの立場に立つ批評家は言っている。物語の冒頭のこの場面は、物語全体における男と女の関係の構図をみごとに象徴している。

「見られる女」である黄香久は、それと同時に「挑発する女」として設定される。男の視線に気づいた彼女は、逃げようとも隠そうともせず、男にむかって視線を返す。「彼女は目で、かすかに震える身体中の皮膚で、まるで無防備な姿態で私にむかって呼びかけていた」(第一部 第五章)。男はこの女からの「呼びかけ」に応えることができずに逃げ返ってしまうのだが、彼女のイメージは性のシンボルとして男の中に定着し、性的飢餓に悩まされる囚人生活の中で心の中に生き続ける。

男が女と再会するのは、それから八年後、囚人生活からは一応解放されて、農場に定住するのを許されてからだ。その八年間、男は性のシンボルとして女の幻想に悩まされ続け、女は現実に二度結婚し、二度離婚していた。

男と女は、生身の人間として初めて出会い、結婚する。その結婚は、ほかに出口のない状況で、ささやかな生活の安定と性の満足を求める取引であり、男にとっては「どんな女でもよかった」という程度のものでしかない。男は「冷静な買手」の目で女を値踏みする。

わずかに盛り上った乳房とわずかにふくらんだ下腹部は、単に見るだけでも弾力を感じさせる。彼女の体には、あいまいなところがまるでない、性別のわからないところがない、まるで彼女の吐く息までが十分な女らしさを帯びているかのようで、男に対する十分な誘惑力を持っていた。(第二部　第五章)

彼女の顔にはある種の純粋な無邪気さがあった。その無邪気さは彼女の顔に、非現実的で超俗的な輝きをかもしていた。しかし、さらによく見ると、その超俗的な輝きの下には、一日中何も考えない愚かさが隠されているようだった。(第二部　第五章)

男は女の中に、二つのものを見いだしている。性的な魅力と、愚かさと。男は性的魅力ゆえに女に引かれ、そういう自分を肯定している。しかし、相手を自分と対等の、知性を持った存在とは認めようとしない。ほとんど初対面で、女に対して「愚か」だという断定を下してしまう。中国の若い批評者の中には、この点に、性解放をかかげたはずの作者の中にある、伝統的な性への蔑視を見てとる者もいる。

性に対する章のさまざまな感覚のうちに、われわれは霊と肉の統一を見出すような気がするが、彼の性についての理性的思考、なかんずく価値判断の中では、霊と肉とは分裂させられている。心の奥深くでは、彼は情欲に対して終始ある種のさげすみを抱き、霊の肉に対する優越感を抱いている。そのために、彼は黄香久を終始異性とみなすことしかできず、一人の平等な人間と見ることができない。肉に対するさげすみと女性に対する偏見とは、このように緊密に結びつき、中国知識分子における濃厚な封建意識をあらわしている。（楓谷、一九八六）

性のために結婚した男は、手痛いしっぺ返しを受ける。長い囚人生活の中で、性的不能に陥っていたことに気がつくのだ。屈辱感と無力感が男をさいなむ。そして、妻が他の男と浮気をしたと知った時、男は決定的に打ちのめされる。その屈辱感は、女に対してよりはむしろ、妻を奪った男に対するものだ。自分の所有物を自分の無力ゆえに奪われた怒りは内向し、ずっと後になって性的不能から回復した後でさえ、男は「訳のわからぬ焦りと嫉みと悔恨」に責めたてられるのだ。

性的不能からの男の回復も、女との関係の中で達成されるのではない。身を挺して洪水から村を守るという英雄的行為をなしとげることによって、男は「男」を回復するのだ。そこで女が果たす役割は、その回復した男を喜んで受け入れる以上のことではない。

自分が一人前の男になったことを女の体によって確認した男は、その瞬間から、女を捨てて飛び立つことを考え始める。「第一に、彼女をこれ以上巻きぞえにすることはできない、第二に、彼女と暮らしている限り、心の影から逃れることができない」という理屈をつけて。

こう見てくると、黄香久は主人公のエゴの回復を物語るために作り出され、利用され、捨てられる形象にすぎないことがよくわかる。主人公の第一人称で語られるこの物語では、作者の心情は主人公にぴったりと寄り添って、彼を批判する気配を見せない。

ただし、作者のために弁解するならば、この小説に描かれた黄香久の全体像は、必ずしも観念的に作りあげられた性のシンボルとして統一されていない。主人公の頭の中にある「美しく、肉感的で、そして愚かだ」というイメージとは別に、働き者できれい好きで、学問はないが生活の知恵は十分に持っている善良な農民の女の姿が、会話や行動のはしばしから浮かび上がってくる。彼女は性に対して気取りやタブー意識は持っていないが、「ふとんの中のこと」を理由に離婚を申し立てるなど思いも及ばない程度に保守的である。誘惑者で性のシンボルであるというよりは、自分を不当に遇してきた社会にあらがうことをせず、ささやかな家庭を守り男につくすことに幸せを見いだそうという、むしろ古風な女である。

黄香久の形象は、なぜこんなに分裂を起こしたのだろう。それは、主人公の思想遍歴を描くための媒体として作者の観念が作りあげた性のシンボルとしての女性像と、作者が実際の体験の中で出会い、黄香久のモデルになった女（たち）の実像とが、小説の中に二重焼きになってしまったからではないだろうか。そのおかげで、黄香久は矛盾は矛盾なりに、生き生きとした存在感を漂わせる人物になった。それに対して男のほうは、黄香久との関係においては、観念肥大のエゴイズムが、どうしようもなく浮かび上がる結果になってしまった。この男のエゴイズムを、作者がつきはなして捉えなおしたならば、この物語は本当の男と女の物語になった可能性がある。

しかし、あくまで作者は「男」にこだわり、「世界中で最も愛すべきものは女だ！　しかし女よりもっと重要なものがある！　女は自分が創りあげた男を永遠に自分のものにすることができない！」と、いい気なせりふで物語をしめくくっている。そして結局、この物語は、性を扱ったということにおいては新しいが、その描き方においては、男の女に対する旧態依然とした観念を反映したものにとどまった。それはとりもなおさず、一九八〇年代半ばの中国の状況を写し出したものでもあった。

3　強い女と弱い男の愛——王安憶『荒山の恋』

さきだつ二つの章において、女の側から性を描いた『ある冬の童話』が性愛の拒否にたどりつき、男の側から性を描いた『男の半分は女』が相手の女を性的対象としてしか形象しえていないことを考察した。それでは、女の側からより積極的、肯定的に性を捉える作品は、一九八〇年代の中国に成立しているのだろうか。

ここで、現代中国を代表する女性作家の一人である王安憶が、性愛を中心テーマとして取り組んだ「三恋」と総称される三部作——『荒山の恋』、『小城の恋』、『錦繍谷《きんしゅうこく》の恋』——の中から、『荒山の恋』（一九八六a）をとりあげてみよう。この連作は、これまで主として自己の体験にもとづき、自己の分身ともいえるヒロインを登場させてきた王安憶にとっては、テーマにおいても、作品構成においても、新しい挑戦であった。しかし、前に扱った遇羅錦や張賢亮が文革という社会悪を暴くという錦の御旗を掲げることによって性の描写を公認させたともいえるのに対して、性愛をテーマとすることについてのタブー意識からは、彼女はすでに自由であったと思われる。「三恋」の序として書かれた「自分と向きあう」の中で、王はこう語っている。

わたしは自分があらゆる文学潮流から遠く離れた作家だと思っているが、そのくせ実際にはあらゆる文学潮流から恩恵を受けている。毎回、命がけで破れかぶれの「禁区」突破がおこなわれ、わたしに創作の道を開いてくれる。わたしは何の負担もなく、なんの束縛もなしに昔日の戦場の上を自由自在に動きまわる。わたしは幸福な子供だ、前人や同輩の掩護のもとに、じっくりとあせらず自分自身の問題を考えることができる。

では、王安憶はその突破された禁区の中をどのように自由に歩きまわったのだろう。『荒山の恋』の内容を、具体的に見てみよう。

『荒山の恋』は、運命的な恋の物語である。男と女が、それぞれ別々に成長し、結婚し、ごく平凡に暮らしている。その二人が、ある時同じ職場で顔をあわせた時から、二人の間に恋の焔が燃えあがる。物語は前半の三分の二、二人が出会うまでが淡々とした調子で語られ、一転して急激な盛り上がりを見せて、荒山での心中という破局まで一気に突入する。その構成は、あたかも近松による心中物の世界を思わせる。登場人物に名がついておらず、他《かれ》、她《かのじょ》と呼ばれているだけなのも、この恋が運命的なものであることを強調しているかのようだ。

『荒山の恋』は、前にあげた二作とはちがって第三人称が使われており、作者は男女の主人公に対して同じような距離をとり、同じ比重で描いている。しかしこの二人の性格設定には、おもしろい対比がみられる。物語の中では、女が強く、男が弱く性格づけられているのだ。

彼はあまり強くない男だった。小さい時から母親に頼っていた。長兄を愛してはいたけれど、長兄はあまりにも強くあまりにも大きかったので、いつも彼を畏れさせ、近寄り難い存在だった。（中略）小学校から中学、現在に至るまで、心を打ち明けられるような同性の友と交わったことがなかった。しかし、女性に対しては羞恥心を克服することができず、そのためいつも孤独だったが、内心では女性に傾いていた。彼は、彼の羞恥心を克服させ、頼らせてくれるような強い女が必要だった。暖かい胸があるだけでなく、強い腕力があることが必要だったのだ。それこそ彼の安息の地であり、それでこそ安心できるのだった。（第一章）

結婚する時も、恋においても、どちらかというと男は受身である。これに対して、女のほうは早熟で、おしゃれで、勝気である。

だから、彼女はじつに意気さかんだ。人にどんなに後指さされようが、楽しむべきことは楽しむ、遊ぶべきことは遊ぶ、人を憤死させようがお構いなしだ。憤死するのはむこうの勝手、彼女は快活そのものだった。（第二章）

男の性格を弱く、女の性格を強く設定するのは、最近の中国女性作家に共通する特徴だと論じる人もいる。一九八〇年から八四年にかけて発表された男女十人の作家（王安憶は含まないが、遇羅錦・張賢亮を含む）の恋愛をテーマとした作品三〇編を分析したところ、登場人物の性格に著しい対比が見られたという。男性作家の作品に登場する男は才知あふれる男か英雄的人物で、女は貞淑善良な伝統タイプが一般的だが、これに対して女性作家の作品に登場するのは解放を求める現代的な女性が多く、男は一般に消極的だということだ（末永毅、一九八五）。王安憶の描いた二人も、大きく見ればこの潮流の中に位置を占めているといえるだろう。

もちろん、それだけではなく、王安憶には強い女を描く彼女なりの理由がある。もともと彼女は、女は男より強いものであり、少なくとも恋においてはまちがいなくそうだと信じているようだ。

女は実際には男をしのぐ力と知恵を持っている。ただ彼女たちには戦場がないので、自分の愛情によるしか道がないのである。（第二章）

女が男を愛するのは、その男自身の価値によるとは限らない。往々にして自分の愛情の理想を実現するだけのために愛するのだ。その理想のために、彼女たちは身をかえりみず、犠牲を恐れない。（第三章）

これでわかるように、王安憶は他の女性作家が描いた「解放を求める現代的な女性」とはすこし違う強さを描いた。『荒山の恋』の主人公の強さは、閉ざされた社会の中で、恋という一点にむかってほとばしる強さである。

強い女の形象はまた、運命的な恋の物語を構成するには、必要不可欠な要素でもある。男と女の社会における力関係が違い、課せられる社会的規制の強さが違うとしたら、その壁をつき破るために必要なエネルギーは外圧の力に比例する。男と女が同じ力で燃えあがることは、女の側に男に倍する強さがあってこそ可能になるのだ。二人がはじめて結ばれる場面は、象徴的に美しく描かれているが、強さのちがう二つの個性がこの時点では同じ力で燃えあがったことが、よく表現されている。

彼は目まいがし、天と地がぐるぐる回った。彼女が彼の前に立つと、彼は支えきれなくなった。本当に支えきれなくなって、救いを求めるように彼女に手をさしのべると、彼女もちょうど彼にむかって手をさしのべた。かれらは抱きあうしかなかった。抱きあうのでなかったら、完全にくずおれてしまいそうだった。かれらが抱きあった時、心はかえってたちまち楽になった。何かから解脱したかのようだった。彼は彼女の火のようにほてった体を抱き、彼女は彼の氷のように冷たい体を抱き、ひとことも口に出せなかった。窓の外は青い一片の空で、いく筋かのおぼろな雲が、ゆっくりと流れていった。(第三章)

『ある冬の物語』や『男の半分は女』が論議を呼んだように、王安憶の「三恋」も、さまざまな反響を呼んだ。その中で、私が興味を引かれたのは、「三恋」を「女性中心主義」と呼んで批判する、次のような論調である。

明らかに、当事者の行為を系統的に弁護するのがこの三部作の共通した特色であり、その視点は終始女のものであり、その語気は女のものであり、態度や立場は女のものである。したがって、次のような断言が成立する。男は頼りにならぬものであり、女は自分の運命を自分で負担するしかない、と。

（呉亮、一九八七）

どうやらこの論者は、社会や家庭の秩序に対する確固たる信念を持っており、社会の規範にそむくような婚外の恋を当事者の心情に沿って描くこと自体に反感を抱いているようだ。そのような立場からの批判は、現代の中国では当然予期されることであり、べつに驚くことはない。私がいささか驚き、また興味深く思ったのは、ここで「女の視点」「女の語気」「女の立場」という語が、ためらいもなくマイナス価値として使われていることだった。これらの語は、フェミニズムの立場に立つ者が肯定的な価値をもたせて使っているのはもちろんのこと、日本や欧米の一般の論調の中でも、少なくとも「男の視点」等々と等価で対抗するものとして使われるようになってきている。ところが明らかにこの論者にとっては、「女性中心主義」「女の視点」というものは普遍・正統からの逸脱であり、その言葉を投げつけるだけで、相手を批判したことになると信じて疑っていないようである。中国で書かれた文章を読む時、基本的な認識の枠組に大きなズレがあることに途中で気がついてうろたえることがままあるが（ごく単純な例でいえば、左翼＝保守という図式）、女性問題に関してもそのズレが大きいことを認識しておいたほうがよさそうである。

あるいはこの評者は、社会の規範からはずれた恋にむかってつき進む強い女に、男の自我を脅かされて恐慌をきたしたのかもしれない。しかしそれなら、そううろたえることはない。なぜなら、この女主人公の積極性は、一人の男を破滅の淵に引きずりこむことはできても、現在の社会の枠をこわし、男と女の関係をゆるがす起爆力になるとは思えないからだ。彼女の積極性は、社会の枠の中に閉じこめられているエネルギーが性愛という一点にほとばしり出たものであり、自然な衝動につき動かされたものである。彼女は一九二〇年代に丁玲の描いた『ソフィの日記』の主人公のように、性愛を通して自我を確立しようという意識は持っていない。

王安憶は性を表現することに対するタブーからは自由になったが、彼女の描く主人公たちは性愛によって解放されはしなかった。「三恋」の結末は、あるいは死であり、あるいは別れであって、新しい女と男の関係がそこから生まれてくることはない。

これらの恋が暗い結末を迎える原因のひとつには、婚外の性愛（未婚同士の場合すら）に対する社会的タブーの強さや、性的な無知といった、中国社会特有の状況がある。王安憶はそれをはっきり認識し、きちんと描きこんでいる。しかし、そういう社会を批判すること自身がこの小説の目的であったとは考えられない。むしろ王安憶は、性そのもの、人間存在そのものの中に、生命につながる明るさと同時に、死につながる暗さを見いだし、そのことに魅かれているようだ。

ここまで書いてきて、生命とはたいへんな負担になる荷物であり、性別もまた、たいへん負担になる荷物だという感を禁じ得ない。しかし、人はみなそれぞれ生きることをいつくしんでいるし、男も女もそれぞれひそかに自己の性別の所属をいつくしみ、この性別なしにはありえない楽しみを受け入れ、

追い求めているように見える。（王、一九八六b）

そういう彼女の作品に、八〇年代のソフィ女士を読みとろうとするのは、少なくともこの時点では無いものねだりというべきだろう。

では、性愛を通じて自我を確立しようという女、性的に解放された女の姿は、八〇年代の中国文学に登場しているのだろうか。私が目にした範囲では、向娅の『女十人談』（一九八八）、戴晴・洛恪の「性開放の女」（一九八八）といったルポルタージュ文学の中に、性のタブーに積極的に挑戦する女性たちが顔をのぞかせ始めている。しかし、これらの作品も視点を変えると、最初の一歩で社会の認める性規範をふみはずした女たちが、男たちと社会によっていかに迫害され、アウトサイダーの位置に追いやられていったかという物語である。彼女たちの「開放」には追いつめられた獣の居直りにも似て、どこか痛々しさがつきまとっている。

一九八九年の天安門事件以後、中国では大がかりなポルノ追放キャンペーンがおこなわれている。文芸誌の編集部が改組されるなど言論の自由が狭められるなかで、性のタブーへの挑戦も、しばらくは鳴りをひそめることになりそうだ。

——一九九一年

下放青年が描く文革後

朱暁平『縛られた村』と池莉『初恋』

趙樹理《ちょうじゅり》という作家がいた。代表作は『結婚登記』。革命後まもない中国農村で、相思相愛の若い二人が、さまざまな障害をのりこえてめでたく結婚にたどりつくというおはなしだ。古い意識が根強く残っている農村で、二人のよりどころとなったのは、一九五〇年に公布された婚姻法だった。趙樹理の文学は、当人の意思にもとづく結びつきの正当性を認めたこの婚姻法のキャンペーンでもあった。（ところで、私たちは趙樹理などの文学を「人民文学」と呼んでいたが、中国の若い研究者にきいてみたら、彼はこの言葉を雑誌の名前として以外に使ったことはないという。日本では四九年から文革までの文学をこう呼んでいると説明すると、彼は「ああ、毛文体《マオウエンティ》のことか」といった）。

趙樹理などという名を思い出したのは、最近読んだ「新しい中国文学」シリーズの一冊、『縛られた村』の中で、『結婚登記』と同じような許されぬ恋の物語に出会ったからだ。朱暁平《しゅぎょうへい》のこの小説は、文革中に作者が下放した（都市の青年が集団で農村に労働に赴いた）陝西省の農村を舞台にした六篇の短篇連作からなりたっている。その二篇目にあたる「台地に麦実るとき」が若い二人の恋物語だ。

ヒロインの彩芳は一八歳、この若さで寡婦の身だ。彼女は村へ物乞いにやってきた乞食女が連れていた娘で、生産隊長の李金斗が買いとって「養女」にした（著者の注によると、解放後、童養媳《トンヤンシ》が許されなくなったので、農民はこういう都合のいい名前を思いついたという）。一七歳で金斗の長男と結婚するが、夫は一年足らずで事故死してしまい、また養女の身分にもどっている。ヒーローのほうは秋になると出稼ぎにやってくる麦の「刈り屋」で、二〇歳になる若者だ。器量好しで気立てのいい娘と、ハンサムで朗らかな若者の好一対は、義父の意思で引裂かれてしまう。彼は彩芳を、風土病のために障害をもつ次男と再婚させるつもりだからだ。（それにしても、中国の結婚悲劇では、なぜいつも相手の男に障害者を持ってくるのだろう？　結婚の不幸を示すための記号として、あまりにも安易に障害者が使われることに、誰も疑問を持たないのだろうか）。こうして若者はよってたかって殴られたうえ村を追われ、娘は婚礼の晩、井戸に身を投げる。

救いようのないこの物語を読み終えて、私はおもわず「婚姻法はどこに行っちゃったんだ」とつぶやき、趙樹理のことを思い出したというわけだ。

とはいっても、私は現在の中国にこういう悲劇が存在することを、知らなかったわけではない。売買婚、幼年婚、売春、妾……その他もろもろの「封建的」はては「資本主義的」な女性抑圧の実態は、報道やルポルタージュで読んでいるし、私自身がそのいくつかを訳して『中国女性』（一九九一a）という本にして紹介したこともある。それでもなお、この小説にかなりショックを受けたのは、「文学の力」というべきものがあったからにちがいない。

それはまず第一に、村の自然と人間の描写が巧みなこと。とりわけ、主人公の若者が、貧しいこの村よりもっと貧しい村で育ちながら、天性の明るさと好奇心をもち、歌や楽器に巧みで村の人気を集めるさまが、眼にうかぶようにいきいきと描かれている。そのために、その恋が押しつぶされる陰惨さが、きわだって印象づけられるのだ。

さらに見逃せないことは、この恋を押しつぶす敵役の李金斗が、けっして単純な悪者に仕立てられてはいないことだ。生産隊長として村の全権を握るこの男は、村の秩序の保護者であり、そのためその秩序の周辺に位置する者には苛酷な支配者となり、外部の者にはずるがしこい取引相手となる。しかし彼自身、権力者というにはあまりに貧しく、骨身を惜しまぬ働き者だ。いってみればこの男は、経済的に貧しいだけでなく、文化的にも貧しい中国農村の矛盾を一身に体現した存在だ。物語の各篇で主人公となるのは、秩序の周辺にいるはずれ者や女たちだが、李金斗は主人公たちの悲劇的な運命の鍵を握る者として常に背後に存在している。

作者自身もまた李金斗に対して背中合わせの愛憎を抱いていることは、冒頭の「ずるの全能者――李金斗」であますことなく語られている。その愛憎はまた、下放生活を送った農村に対する愛憎である。その村のあまりの貧しさ、惨めさを、作者はあくまで淡々とリアルに描きあげ、凄味さえ感じさせる。これが文学であるならば、趙樹理はやはり革命紙芝居だったのか。(ただし、紙芝居には紙芝居の価値がある。あの素朴さにもまた、捨てがたい味があった)。

それにしても、二千万人といわれる若者が農村へ行き、農民と生活を共にした「下放」とは、いったい何だったのだろう。たしかにそれは、いくつものすぐれた文学や映画を産んだ。彼らが描いた農村は、作家協会の肩書きを背負って「探訪」に訪れた作家たちには絶対に描けなかったものだ。

しかしまさか、そのために、あれだけのエネルギーが費やされたわけではあるまい。彼らが農村から創作の種をもらってきたとしたら、彼らは農村に、何を残していったのだろう。

おなじ下放青年を扱っても、同シリーズの池莉《ちり》『初恋』になると、農村体験はもっと軽い青春のひとこまとして語られる。それは、五二年生まれの朱暁平と五七年生まれの池莉の、年齢の差にもよるのだろうか。池莉の若者たちは、「君らは三月に来たばかり、ここで働き、ケンカし、恋愛した。七月になったらもう行ってしまうのか」という世話役の民兵隊長のつぶやきそのままに、村を後にしてゆく……。

池莉で面白かったのは、むしろ同書に収録されたもうひとつの作品、『太陽誕生』のほうだった。この小説はうってかわって、登場するのは現代の都会の若い夫婦。かれらの結婚式からはじまって、妊娠、出産、育児の日々が微にいり細にわたって描写される。こういうのは何リアリズムというのだろう。なにしろこれまでの中国の小説で、妊娠や出産の描写には、めったにお目にかかったことがない。四九年以降で思いつくのは、茹志鵑《じょしけん》の『静かな産院』くらいなものだ。あれはいかにも「人民文学」らしく、助産婦として社会参加をしようという中年のおばさんが主人公で、出産の場面は緊迫した状況設定のためだった。それでも茹志鵑はあの世代としては珍しく生活感覚のある女性だったからこそ、出産場面を書いたので、そもそも妊娠や出産などという私事、しかも性的なものがからみがちな危ういテーマは、当時の文学状況では正面からとりあげるべきものではなかった。

とにかくそんなわけで、妊娠や出産といった女にとって切実な問題が、現在の中国で具体的にどう処理されているのか、なかなか知るすべがない。だからこの小説に出てくる具体的情報――ピルを飲むと頭痛がし、未婚ではリングをいれてもらえない、とか、婦人科で下ばきを脱ぐのをためらったら「封建的」といわれた、とか、職場から支給される軍手をほどいて赤ん坊の下着を編む——といった生活のディテールは、私にはとても面白かった。そしてそういう些細な日常のできごとの積み重ねを通じて、現代風の調子のいい若者が、親としての責任感に目覚めてゆく様子が（ちょっと美化されすぎたところはあるにせよ）浮かびあがってきて、なかなか楽しい小説になっている。

それにしてもこの現代っ子夫婦と同じ時代を、村に縛られた農民たちもまた、文革中とほとんど変わることなく生きつづけているのだろうか。社会主義が救えなかったあの農村を、はたして資本主義が救うことができるのだろうか。まったく次元の違う二つの小説を読み重ねたことで、中国の地の底の深さをあらためて感じさせられた。

※「新しい中国文学」シリーズは、早稲田大学出版部より刊行。『縛られた村』（杉本達夫訳）は第6巻、『初恋』（田畑佐和子訳）は第5巻。ともに一九九四年刊。

——一九九四年

信子の声はなぜ消されたのか

中島長文「道聴塗説」への疑義

この文章は、中島長文著『ふくろうの声　魯迅の近代』（平凡社、二〇〇一）に収録されたいくつかの論文、とりわけ題にあげた「道聴塗説——周氏兄弟の場合」に対して、わたしの疑問や感想を述べたものである。疑問を提出するにあたっては、特に新しい資料を持ち出したわけではなく、中島氏が提出した資料にもとづいて、その解釈や推論のしかたを検討し、納得できない点を指摘した。

また、わたしはフェミニズムの立場から文学にかかわろうとしているので、わたしがものを書くときには、当然それが基盤になっている。しかし、この文を書くにあたっては、フェミニズムの立場から論争をいどむのではなく、あくまで資料の提示と解釈という実証的なレベルで論じることを心がけたつもりである。

『ふくろうの声　魯迅の近代』をすでに手にした方には蛇足ながら、「信子の声はなぜ消されたのか」という本文のタイトルは、同書の帯に書かれている「魯迅の声はなぜ低くくぐもるのか」に呼応したものである。

I

長年中国文学にかかわってきたが、魯迅には敬して近づかなかった。魯迅そのものの存在の大きさにくわえて、魯迅について語ってきた先達のきら星のごときつらなりを見れば、とてもわたしの出る幕はない。多少なりとも魯迅に触れたのは、魯迅を師とも父とも慕っていた作家・蕭紅について書いたときくらいのものだ。

ただ、こんな一文を書いたことはある。

……氏はこれまでの魯迅研究で、第一夫人朱安の存在が無視されてきたことに批判的な発言をされた。氏の発言では、フェミニストは「新しい女」である許広平の側に立っていると理解されていたようだが、姑と家に仕えることに自己のアイデンティティを見いだそうとした朱安や、魯迅側からの証言で兄弟不和の元凶とされてきた周作人夫人羽太信子などは、フェミニズムの側からも再検討すべき存在である。

これは、「中国の社会・文化とジェンダー」というシンポジウムのまとめとして書いた論文「ジェンダーの視点から読みなおす」（本書所収）の注の一部で、シンポジウムで他の発表者がフェミニストの研究姿勢に疑問を呈したのに対して、誤解を解こうとしたものだ。魯迅との愛をつらぬいた許広平とは対極に位置する、魯迅伝の陰の部分に埋もれた女性たちは、以前からわたしにとって気になる存在だった。

中島長文氏の『ふくろうの声　魯迅の近代』は、わたしが気にしながらも手をつかねていたこれらの女性たちと魯迅とのかかわりについての論考を含んだ論集である。そのなかでも、妻でありながら妻として扱われなかった朱安との関係を考察することから魯迅文学の深淵に迫ろうとする「魯迅とエロス」、「ふくろうの声　朱安と魯迅」は、周到で示唆に富む論考である。

日本に留学していた魯迅は、一九〇六年の夏、母が病気だという電報で呼び戻される。実家では、母の手によって結婚の準備が整えられていた。母親思いの魯迅はそれに逆らうことはせず結婚式にのぞんだ。しかし、形ばかりの結婚はしたものの、自分の妻としての理想にほど遠い旧式な女性であった朱安を、魯迅は妻として扱おうとはしなかった。そのことは、魯迅の実生活において性愛を欠落させたにとどまらず、その文学にもエロスの欠落をまねいた、というのが「魯迅とエロス」の主旨である。魯迅が愛し紹介した外国の詩人たちが、愛と革命を同時にうたったのに対して、魯迅は愛をうたうことがなかった。著者は魯迅のおかれた立場をこう説明する。

家長という家族制の頂点に立たねばならなかった魯迅は、すでに自分の家族に朱氏という爆弾をかかえて西することも東することもならなかった。エロスを問題にすることは同時に己れと朱氏との関係を言うことであった。かくて夫人とかれ自身との関係についての禁忌はエロスについての禁忌と重なる。ことにまだ若かったかれは「エロティシズム」を捨象ないし欠落させることによってその問題を避けたのである。禁忌はかれにとって唯一の逃路であったが、逃路は同時に茫々たる曠野への道、墳墓への道でもあった。（『ふくろうの声　魯迅の近代』、七九頁、以下は書名を省略）

「魯迅とエロス」は魯迅と朱安の生活についての実証的な資料がほとんどなかった一九七四年に書かれたものだが、エロスの欠落という視点から魯迅文学の深淵に迫ろうとした推論は、いまもその鋭さを失っていない。さらに、一九八七年に書かれた「ふくろうの声　魯迅と朱安」では、その後に発表された研究や回想録によって、推論の部分が埋められ、影の人であった朱安の実像がかなり明らかになっている。容姿は人並み以下、纏足で、読み書きができず、魯迅より二歳年長という朱安は、新思想に目覚めた青年が夢に描く理想の妻とはかけはなれていたが、礼儀正しく目上の者に従順で、料理や針仕事の心得もあり、当時の世間が嫁に求める条件は十分に満たしていた。魯迅に対しては敬意をもって接し、妻としてのつとめを誠実に果たしていれば、いつかは心を開いてもらえると期待していたようだ。従順に相手に仕える態度そのものが、ときとして相手のいらだちを誘うなどとは、彼女の想像を超えることだったにちがいない。いつかは夫に心を開いてもらえるという期待は、魯迅が教え子だった若い許広平と結ばれ、上海に居を定めたことで終止符を打たれる。魯迅の母と共に北京にとどまった朱安は、姑を看取り、周家の嫁として生涯を終えた。時代の犠牲といえばそれまでではあるが、あまりにも痛ましい生涯である。それだけに、朱安をかたる著者の筆には、抑制がきいた中に同情の念がこめられており、読んでいて抵抗をおぼえることはない。

朱安の存在が、「魯迅文学の中にいわば空位として、欠落した空間でありながらしかも石のような重さをもって確実な位置を占めているように思われる」（二〇一頁）という著者の論は、「ふくろうの声」の中で論じつくされている。その論については教えられるところが多く、異論をさしはさむほどの準備もわたしにはない。

ただ、これだけ説明をつくされても、本人にはなんの咎もない朱安を、なぜ魯迅があれほどまでに冷たく扱ったかということは、納得できないままに残る。著者自身もこの点に同様の問いを投げかけたあとで、その説明を孝行息子である魯迅と母との関係に求めている。魯迅の母に対する執着が、結婚を受けいれさせたが、その執着ゆえに結婚に対する不満を母に向けることができない。となれば不満は朱安に向かうしかないので、それを防ぐために意識的に彼女との感情の交流を遮断したというのだ。しかし、この説明はあまりにも屈折していて、わたしにはついていくことができない。そのことが頭にひっかかっていたとき、別な本から偶然にこんな引用をみつけた。

わたしの今回の結婚は、すべてわたしの母のためですから、それで一度もけちをつけて困らせたりしませんでした。(もしそうでなかったならば、わたしは絶対にこの結婚はしていません(中略))。いますでに結婚し、わたしはできるだけ妥協して、母の歓心をかうことに努めています。わたしが極力妻に対して愛情を示しているのは、ただ母を喜ばせたいからです。(白水、二〇〇一)

これは、胡適が一九一八年、結婚直後に書いた手紙を、白水が引用したものである。米国留学中に得た恋をあきらめて、寡婦である母の取り決めた結婚に従った胡適は、母を喜ばせたいために、妻に対して愛情を示す努力をしているのだ。孝行息子の態度として、こちらは素直に納得できる。

胡適と対照してみると、魯迅の行動は、母に対する愛情とは逆の方向を指しているようにしかみえない。著者は「先達の推測」を受け継いで、魯迅と朱安との間には肉体関係一つなかったのではないかと考えている（二二五頁）が、そのことは、母に孝であろうとしたために結婚したことと、どう考えても矛盾している。母の望みにしたがって結婚するということは、なにも母の世話をするただ働きの小間使いを手に入れるというだけのことではないだろう。当時の中国の通念からいえば、子供に結婚させようという母の最大の目的は、跡継ぎを産ませ、家を存続させることであるはずだ。息子に相談もなく妻を選んであたえる母であるならば、そのような通念から自由だったとは考えにくい。それなのに、形だけの結婚をして、その妻と性的な関係を持つことを拒否するとしたら、それは母の望みに対する最大級の反逆ではないのか。孝行息子は妻に触れないということで、同居している母に、自分の強いた結婚を日々後悔させることをあえてしたのだろうか。

もしも魯迅が本当に孝子であったのならば、少なくとも最初のうちは、胡適がしたように最低限夫婦らしい関係を持とうするのが自然だとわたしには思われる。それさえも最初から拒否したのだとすれば、魯迅の母に対する感情には「あまりにも大きい、親思いのやさしさと愛着の故に、彼の中には母の占める座はあっても妻の座はなかったのだろう」という著者の説明にとどまらぬ、もうすこし複雑な要素があったとは考えられないだろうか。たとえば拒絶、抵抗、意識せざる憎しみ、というような……。

魯迅と母との複雑な関係については、三宝政美（一九八八）や湯山トミ子（一九九九）など、作品と伝記的事実とを重ねあわせて解こうとする試みも興味深い。わたし自身は、これ以上この問題を深める準備はないので、ここでは疑問の提示にとどめておこう。

II

本書の論考の中で、わたしが問題にしたいのは、もうひとりの女性、羽太《はぶと》信子をめぐる兄弟の確執について語った「道聴塗説——周氏兄弟の場合」のほうである。これは、一九二三年七月に起きた魯迅すなわち周樹人と、すぐ下の弟・周作人との仲違い、魯迅の別居という、ふたりの生涯の分岐点となる大事件の顚末を、できる限りの資料にあたりながら跡づけようとした文章である。周知のように、一九二〇年に故郷の家を引き払って北京に居をさだめ、母を中心に三兄弟が家族共々同居していた周一族は、この事件をきっかけに分裂し、再び共に暮らすことはなかった。生活上でも思想上でも魯迅と周作人に大きな影響を及ぼしたこの事件の真相は、肝心なところが謎に包まれたままである。著者は、手にはいる限りの資料を集め、これを丹念に読み解く作業によって、著者なりの結論に至っている。この結論とそこにいたる推論に、わたしは疑問をもつのだが、新たな反証の資料を提出することはできない。そこで、本文の流れに沿いながら、著者の資料の解釈、提出のしかたへの疑問を、そのつど提示していく形で論をすすめたい。

タイトルが示唆するように、本文は著者が一九八〇年に北京で耳にした周兄弟に関する風説によって導入される。その内容は、〈東京留学時代に魯迅は下宿に手伝いにきていた羽太信子と親しくなったが、すでに妻がいたため弟の周作人に押しつけた。北京で一族同居を始めたとき、焼けぼっ杭に火がついた。そのことが兄弟決裂の原因になった〉というものだ。この風説に対して著者は、最初から「流言」という語を使って紹介するにとどまらず、「それを流したものの心性の下劣さ」

（一六二頁）ときめつけている。この事件に対する著者の姿勢を、導入部からすでに明らかにしているといえるだろう。そのうえで、「流言を発酵させる酵母と温度湿度」（一六三頁）を検証すべく、丹念な資料の分析という本論に入る。

まず、一次資料として、魯迅と周作人の当時の日記が対照される（ただし周作人の一七日の日記には一部削除があることがわかっている）。いずれもごく簡潔で、七月一四日に魯迅がこれまで家族と共にしていた食事を別にする、一九日に周作人が魯迅に手紙を渡す、八月二日に魯迅が妻を伴って別居する、という事実しかわからない。のちに触れる手紙の内容からみると、周作人は一七日まで家内に問題が起きていることを知らなかった。「問題は明らかに魯迅と羽太信子との間に起った」（一六九頁）と著者は断定している。

つぎに、魯迅と信子のあいだの問題について、郁達夫の回想が引用される。郁は「周作人の日本人の夫人は、魯迅がかの女に失敬なことをしたとまで言った」という伝聞と、魯迅から直接に信子の浪費癖についての不満を聞かされたことをあげ、「この反目の原因は一、二割がた推測がつくだろう」と述べている（一七二頁）。著者はこれをひいて、経済問題が背後にあったことは疑いないが、これは「一、二割がたの真因」でしかないと念を押している。なお、郁達夫の文には「でもおよそ魯迅を識り、啓明〔周作人〕とその夫人を識る人はみな、三人ともまったくいい人だということは知っている」というくだりがある。これは本文で引用されている中で、羽太信子の人柄についての、唯一の好意的な言及である。日本語に堪能で日本の事情に詳しい郁達夫が信子を周兄弟と同列におき、人間として評価していることは興味深い。

魯迅自身は作品の中でこの事件についてほとんど触れていない。唯一関連のある文章として、一九二四年に書かれた碑文集の跋文である「残越中専録跋」が引かれている。そこには長年収集した拓本を盗賊に奪われたとする表現があるが、じつは家から持ち出そうとしたのを周作人夫妻に阻まれたことを暗に語っているのだという。「ここに認められるのは、自嘲に似た屈折と被害者意識」であり、「流言が言うがごとき男女の関係から起るであろうような感情のもつれといったものはつゆほども見られない」（一七七頁）と著者はいう。たしかに、この難解な跋文から、男女のもつれた感情を読みとることはできない。しかし、そこに書かれていないということと、魯迅にそのような感情がなかったということとは、必ずしも同じではないだろう。

周作人側の文章としては、人民共和国成立後に書かれた『知堂回想録』（一九六二執筆終了）から「弁解せざるの説」が引用される。引用は長いが、内容は日記の一部を削除したこと、許季市〔許寿裳〕がデマを飛ばしたことへの非難、魯迅が事件について生涯ひとことも言わなかったこと対する皮肉めいた評価、といったところで、事実関係を解明する鍵はない。著者は、「しかしそれにしてもこの文章は何か不純である。弁解せずと言いながらどこか言訳けがましい」（一八〇頁）とコメントしているが、わたしは引用を読んだ限り、特にそういう印象は受けなかった。魯迅も周作人も、それぞれ屈折した癖のある文を書く人だから、そのあたりの判断はつけにくい。

ついでに問題の許寿裳による『亡友魯迅印象記』（一九四七）が引かれる。ここには、羽太信子の人柄について、ほとんど定説化した一節がある。「作人の妻羽太信子はヒステリックな人であった。かの女は魯迅に対して表では猫を被って従順なふりをしていたが、内心では厭っていた。作人はバカだったから、軽々しく婦人のことばを信じ、吟味もしなかった」（一八〇頁）。これに始まる許寿裳の事件に対する説明、とりわけ魯迅が書籍を引き取ろうとしたのを周夫妻が阻んだいきさつについては、周作人が回想録でデマだと憤慨している。著者は「周作人が〔許の使った〕片々たる『外賓』一語にかこつけて、許寿裳をデマゴギストだと言うのは、他人の文章を勝手にひねくりまわして自分の都合のよいように解釈し、それでもって難癖をつける老獪なやり口であって、彼の誠実さに大きな不信を印象づける」（一八三頁）という。しかし、引用された両者の文を読んだ限りでは、周作人がデマだとして怒っているのは、許寿裳の使った単語のあれこれに対してというよりは、周夫婦の人格非難を含めた許の事件解釈／叙述の全体に対してであるようにわたしには感じられる。

III

ここで問題は核心にはいる。周作人が魯迅につきつけた絶縁状。この事件に関する唯一の直接資料というべきものだ。問題の鍵となる文なので、全文を再録しておく。

魯迅先生

去日はじめて知りました。——でも過ぎたことはもう言いますまい。わたしはキリスト教徒ではありません。だが幸いまだなんとか持ちこたえられますし、誰も責めようとは思いません——みんなかわいそうな人間なのです。以前に見たバラ色の夢はもともと幻だったのです。いま見ているのこそあるいはほんとうの人生かもしれません。わたしは自分の考えを訂し、あらためて新しい生活に入りま

す。以後どうか奥にはおいでにならないで下さい。他に言うことはありません。心安らかに自重されますよう。七月十八日　周作人

この手紙についても、著者は「キリストを気取っている」「箱入りの白樺派的人道主義のナルチシズム」(一八六頁)と手厳しい。しかし同時に、この手紙から事件の背後に「周作人の精神と思想を直撃した人間存在にかかわるもっと大きなことがら」が存在することを読みとり、「経済問題の影など微塵もない」と認めている(一八七頁)。つづいて同月に書かれた周の二篇の文章、『自分の畑』の序文と「道を探し求める人」とから、事件が彼の心に投げかけた影を読みとる。「いったいかれの文章はこの事件を境に奥行きが出てくるように思われるが、この経験がそれに与っている可能性は大いに高く、とすれば主観的には知らず、文学的にはかれもこの挫折を無駄にはしなかったことになる」(一八八頁)。

さらに、「周作人の人間的存在を根底から震撼させるような衝撃」(一九一頁)の根幹に迫るべく、一九二五年に発表された「抱犢谷通信《ほうとくこく》」の全文が引用される。ある人が拾った逸文をつなぎ合わせたという手の込んだ道具立てになっているこの文の主題は、性的な過ちを犯したとされる娘に対する父親の思いであり、中にこんな一節がある。「わたしは聖人ぶって一切の罪悪はすべて容認できるなどとは言えないが、ただ性の過失についてだけは許せると思うし、また許さないでよいとする資格もない」(一九五頁)。

この文を、著者は周作人の事件に対する解釈であり、妻と魯迅に対するメッセージであると読み

解く。過失を犯した娘は自分の妻と読みかえるべきであり、「性的過失とは妻と魯迅のあいだにおこったことなのである。周作人の、兄弟不和の真因に対する理解はそのようであった」（一九八頁）。

そう理解したうえで、周作人は妻と魯迅に対して許すというメッセージを送ったとし、そうだとすれば、この文章の歯切れの悪さや、生涯を通しての周作人の不透明な態度も納得できるという。このくだりでは、著者は周作人への偏見を捨ててその内心に深く分け入って分析しており、充分な説得力がある。

Ⅳ

ところが、その直後、わたしにとっては信じがたい短絡がおきる。周作人が事件に対する前記のような了解を死に至るまで変えなかったと述べたあと、著者は「周作人のこのような固定した了解を誘うことになった理由はいくつも考えられる」（二〇〇頁）という。この一文から読みとれるのは、著者が問題にするのは何が起こったかという事実ではなくて、周作人の「了解」であるということだ。それにつけられた「固定した」という形容は、周作人の思いこみないしは誤解を暗示している。

じっさい、著者の問題解明は、その線にそってすすめられる。

まず、周兄弟と母との関係が問題にされる。魯迅は母のお気に入りであり、それに対して周作人には母との関係に欠損があった。そのため、周作人の中では母性の代替物としての信子の比重が重かったと著者はいう。

さきに出てきた魯迅と母との関係について、わたしには著者の説明に納得しきれないところがあると書いた。ここでも、信子が母性の代替物であったというのはあまりに図式的だという気がする。「母性」をいかにして既成の概念から解き放ち、新たな位置づけをしていくかは、フェミニズムにとって複雑で重要な課題のひとつであり、多くの論著がその解明に費やされている。ただ、ここで母性論議をしては横道にそれるので、とりあえず母との異なる関係が周兄弟の人格形成に影響を及ぼしたという大筋は認めよう。ただし、「かれが中国最初のフェミニストになったのも、家庭では唯々諾々と女房の尻に敷かれる亭主になって、「軽々しく婦人の言に聴《したが》った」のも根はたぶんそこにある」(二〇二頁)というのは、表現の品のなさを含めて納得しがたい。

　次に、羽太信子その人が問題にされる。ところが、そこで引用されるのが、許広平の『魯迅回憶録』(一九六二)である。「この文章ははじめて羽太信子の性格にまで踏込んで不和の理由を述べていることで注目すべきもの」(二〇三頁)と著者はいう。しかし、許広平は事件の目撃者でもなければ第三者でもない。そのうえこの回憶録は事件のずっと後の一九六〇年ごろ、周作人が漢奸として断罪された後に書かれたものだ。したがって、信子を「典型的な奴才《たいこもち》から成上った奴隷主」(二〇三頁)ときめつけた許広平の「回憶」は、客観的な証拠能力を備えていないとわたしは考えるが、どうだろう。回憶録の書かれた時期をはさんで、一九五〇年代には胡風、丁玲、六〇年代には周揚と、魯迅とかかわりのあった人々が右派分子・反革命としてつぎつぎと批判を受けたが、そのつど許広平は批判者の側に立ってかれらに仮借ないことばを浴びせかけた。中国文学を学んでいたわたしは、複雑な思いでそれらを読んだ記憶がある。(魯迅の未亡人という難しい立場にあった彼女を責めているわけではない。話がそれるが、許広平という人も、魯迅との恋愛をつらぬいた点では近代の自立した女性のモデルといえるが、結婚後は夫と子供の世話に追われ、魯迅の死後は魯迅未亡人という重い荷を負って、充分に自己を生きることができなかったのではないかとわたしは思っている）。

許広平回憶録の信憑性には著者も結局のところ留保をつけ、「血縁関係者の回想を使うときには（中略）慎重な吟味がいる」（二〇八頁）と脇道から本題に戻ろうとする。しかしその長い脇道のあいだに、「貧乏人のその日暮しの癖が身にしみついて」（二〇五頁）、「知的にはまったくの大衆で、平々凡々たる人間」（同前）、「周作人を尻に敷いてしまうほどの女」（同前）、「疑われてしかるべきことをいけしゃあしゃあと言った」（二〇七頁）といった地の文で、信子のマイナスイメージを読者に浸透させている。

本題に戻ったところで、著者はこう問いなおす。「信子が、周作人に質されてなぜそんな答えをしたのか、ほんとうのところは分らない」（二〇八頁）。この文が受けているのは、信子の人柄についての長い脇道にそれる前の、「周作人がこの話を聞いたのは妻の信子からであったろう」（二〇二頁）という一文である。ここでいう「答」「話」の内容は、むろん魯迅と信子とのあいだに性的過失があったということだろう。「性的過失」というのは著者のことばで、他に「姦淫」という語も使われている。これらはいずれも夫の立場から問題をとらえた表現なので、わたしはより客観的に、性的トラブルという表現を使うことにする。この語には、狭義の性的関係から現在セクシュアル・ハラスメントと呼ばれる性的嫌がらせまでを含むものとする。

さて、信子が「なぜそんな答えをしたのか」と問うならば、その前に確認すべきことがあるはずだ。それは、答に対応する事実があったかどうかということだ。もしなんらかの事実があったのなら、信子が事実どおり答えたのは当然である。あるいは、性的トラブルの場合には、当事者双方の認識に食い違いがあることも少なくない。その場合、一方にその意図がなくても、他方が被害を受けたと感じる状況があるならば、それを訴えるのも自然なことである。事実の有無というその重大な点について、これまでにあげられた証言をたどる限りでは、確定するに足る証拠はない。すくなくとも、わたしが理解した範囲ではそうである。だとすれば、このあとの論の進め方は、事実があったという仮定と、なかったという仮定とを、同等においたうえでなされるべきではないかとわたしは思う。

ところが著者は、「ほんとうのところは分らない」のあとにすぐ、「想像するに……」という書き出しで、ことの経緯を推測する。その推測は、信子が事実無根のうそをつき、周作人がそれを信じたというにつきる。そして魯迅と信子のトラブルの原因を、一度は著者自身も「一、二割方の真因」と退けた経済問題に帰結させる。

「周作人から問われて、自分の浪費癖を義兄からとがめられて喧嘩となり、家を分けるような事態になりました、と言えばまだ亀裂を埋める余地があったのだが、かの女としてはそう言うわけにはいかなかったのだろう。そこでかの女は考えた。迫られて肉体的関係を持たされたのだと。(中略)窮余の一策として口を突いて出たものであったかもしれない。戦い済んで考えてみればバカな女の浅智慧ではあったろう。(中略)それはかの女の捨身の攻撃になった。かくてことは決定的になった。」(二一〇九頁)

「窮余の一策であろうとなんであろうと、一度ついた嘘は、それを嘘であると認めないかぎり、必ず嘘の上塗りをするはめになる。それに信子という人はどうも自分が嘘をついたにもかかわらず、そのことを考えているうちに、いつしか自分のついた嘘が嘘でなく、あたかも既成の事実であるかのように感じてしまう性質の人であったようだ。」（二一〇頁）

信子という人がどのような人であったかわたしは知らない。しかし、信子がうそをついたというのは、あくまで著者の推測である。その推測の上に立って、ここまで口汚く信子の人格を踏みにじっていいものだろうか。わたしは読んでいて平静ではいられなかった。

さらにこの推測からは、周作人がなぜ信子の言を信じたのかという問いに対する、納得のいく答を見いだすことができない。兄の魯迅と、妻の信子の双方を、他の誰よりも深く知っていたのが周作人であったはずだ。その彼が、ためらうことなく妻の側についた。そこにはそれなりの根拠があったと考えるほうが、バカな女の浅知恵に丸め込まれたバカな男だと考えるより、筋が通るのではあるまいか。

著者は最後に、「魯迅の藪は検証不足だ」という反論を予想してこう答えている。

「絶対的な証拠などない以上、これはなおそれを言う君子〔流言の主〕を信ずるか、魯迅のほうを信ずるかという問題になる。わたしは年来魯迅の書いたものを読んできて、中国人にしては珍しく籠統な（境界線がいつもぼやけてあいまいな）ところのない人だと思うので、むろん魯迅を信ずる。」（二一二頁）

ここまで読ませておいてそれはないだろう、というのがわたしの率直な感想だ。当事者の一方を頭から信じている人が、探偵のふりをするのはフェアではない。

それと同時に、わたしがここで連想したのは、最近よく耳にはいる、大学におけるセクシュアル・ハラスメントのケースだった。多くの場合、加害者として訴えられるのは社会的地位も学問業績もある教授であり、訴えるのは助手や学生など、若くて地位も権力もない人である。そういう訴えは、最初は必ず無視される。加害者は信頼できる人格者だと友人や同僚から信じられており、そのため訴えた側は「嘘つき」「トラブルメーカー」「性的にだらしない」といった非難を受けるというのが典型的なパターンである。このようなことがおこる原因の一つは、加害者と被害者の社会的地位の差＝権力関係であり、もう一つは、人には外に見せる顔と内に見せる顔に時として大きな落差があり、とりわけ性の問題にそれがあらわれるということだ。

わたしは魯迅が信子に対して、性的嫌がらせをしたときめつけているわけではない。しかし、その疑いが全くないとも考えない。魯迅の側にその意図がなくても、たとえば言い争いの中で信子が性的嫌がらせを受けたと感じたような場合を含めれば、なんらかの事実があった可能性は、本文で提出された資料を見る限り少なくとも五分五分だと感じている。(蛇足ながら、セクシュアル・ハラスメントへの対応は、被害感情を認めることから出発するのが基本原則になっている)。

また、周作人が信子の言を直ちに信じる根拠となったような性的な緊張感が、当時の周家に存在した可能性も否定できない。著者が「魯迅とエロス」で論じたように、作品の中で性を語らなかった魯迅は、性を自由に描き論じた周作人や郁達夫に比べて、はるかに複雑な「性に関する爆弾」を内部にかかえて生きていたのではなかったか。兄弟不和の原因が、なんらかの形でその爆弾に誘発されたものだとしても、それが魯迅の人格の否定につながるわけではないだろう。

以上が、「道聴途説――周氏兄弟の場合」を読んでわたしが感じた疑問である。結局のところ、疑問を呈する以上のことはできなかった。しかし、少なくとも、著者の提出した資料から、異なる結論を導く可能性を示すことができたのではないかと思っている。

当時の事情を知る人々がほとんど世を去った現在、これ以上事実を解明する手がかりが出てくるとは思えない。今の時点でわからないことは、謎のまま残しておけばいいではないか。推測の上に立って一方の声を抹殺してしまうのは、かえって他方をもおとしめることになるのではないだろうか。

――二〇〇二年

（引用文中の〔 〕は筆者が補ったもので、（ ）は原文のままである。）

第4章

中国女性学をめぐって

中国女性学のパイオニア・李小江

参加した人としなかった人と

一九九五年第四回国連世界女性会議報告

北京で開かれた、国連世界女性会議に行ってきた。政府間会議とＮＧＯフォーラムをあわせると、世界中から集まった参加者は三万人、日本からだけでも五千人。アジアやアフリカの色鮮やかな民族衣装が象徴するように、エネルギーにあふれ、混沌として矛盾に満ちた会議は、野次馬としてはなかなか楽しかった。もちろん、一度や二度の会議で、なにかが変わるわけはない。しかし、お祭りは参加して踊ってみたほうが楽しいし、混沌と矛盾の中から、いろいろなものがみえてくる。

今回北京で開かれた会議の根本的な矛盾は、「強大な国家権力によって支えられたＮＧＯ会議」だったということだ。そもそもＮＧＯ＝非政府組織などというものは、これまで中国の辞書に存在しなかった。「政府」でないものは、すなわち「反政府」というのが、かれらの明快な二分法である。世界女性会議を引き受けたときも、中国政府の頭にあったのは、大規模な国際会議のホストをうまくやって、二〇〇〇年開催を目指していたオリンピックの予行演習にしようという程度のことだったにちがいない。ところが肝心のオリンピックはお流れになり、女性会議には政府間会議のほかにＮＧＯフォーラムというオマケがついてきた。このＮＧＯというやつらときたら、何の権威もないのに、やたらと要求が多くてわがまま勝手な連中だ。なんでこんなのとかかわり合いになっちゃったんだろうというのが、中国政府のホンネだったにちがいない。

とはいうものの、いったん引き受けたからには、国家の面子にかけて会議を成功させなければならない。それにはまず、トラブルを避けることが第一だ。紛争、盗難、事故……トラブルの発生を防ぐには、その原因を絶つことだ。つまり中国人と接触させないにこしたことはない。こうして、NGOフォーラムの会場は、北京から車で一時間もかかる懐柔《ホワイロウ》という街に移された。会議開催を半年後に控えて、突然の変更通告だった。公式の説明は、参加希望者が増えすぎて、予定していた北京市内の首都体育館では収容できないということだったが、NGO側がその説明に納得しなかったのはいうまでもない。すったもんだのあげく、NGO側は、中国政府に参加希望者を選別せずに受入れることを約束させ、それと引換えに懐柔開催を了承した（それまで、中国側は台湾や在外チベット人にビザを出すのを渋っていたという経緯があった）。

さて、いよいよ会議が始まった。現地に行ってみれば、予想したとはいえ、改めて驚くほどの厳戒ぶり。北京と懐柔を結ぶ道路は許可車両以外は通行禁止、フォーラム会場のゲートはビッシリと公安要員で固められ、参加者は出入りのたびにIDカードを確認される。ゲートの外は懐柔の市街で、目抜き通りとおぼしきあたりには商店やレストランが店開きしているが、子供や老人といったごく普通の市民の姿が見られない。上から外出禁止のお達しがあったのか、あるいは厄介ごとには巻き込まれたくないという庶民の本能か。

それというのも、会議の直前に北京市民の間には、「外国から売春婦がやってきて裸でデモをする」「同性愛者がエイズを持ち込む」といった噂が、まことしやかに流れていたというのだ（この話は、タクシーの運転手や、北京在住の日本人など、複数の人から聞いた）。

とはいえ、こういう隔離政策を、NGOに対するいやがらせだとだけ受取るのは一面的だ。中国政府もかれらの流儀で、会議を成功させようと懸命の努力をしていたのだ。その努力のほどは、たとえば警戒心のないことでは世界でも折り紙つきの日本人五千人が、盗難や詐欺などの被害にほとんどあわず無事帰国したことからもうかがえる。しかし、そういうことは目に見えない。見えるのは厳しい官僚的な対応ばかりで、中国がまじめに努力すればするほど、NGOの望む方向とズレて行くという、両者の宿命的な噛み合わせの悪さは救いようのないものだった。

そもそも最初の食い違いは、中国側のNGO受入団体が婦女連＝中華全国婦女連合会だったことである。この団体は、中華人民共和国と同年に成立した、中国唯一の公的全国女性組織であり、会員として登録したり、会費を払ったりしている人はひとりもいない（中国共産党や中国の労働組合も、組織の体質としては同じようなものだが、少なくとも個人加入であり、党費・組合費はとられるという）。婦女連の組織は、全国から村にいたるまでの各行政単位に存在し、そこにはかなりの数の専従職員がいて、経費は公的予算から支出されている。その総元締めである全国婦女連は、最近北京の目抜き通りである長安街に専用のビルを新築した。どうみても、われわれの考えるNGOとは似ても似つかない組織である。ここが中国のNGOとしてフォーラム組織委員会を担ったのだから、食い違いがおこらないほうがおかしい。

会議への参加ルートももちろんちがう。私たちのようにニューヨークの組織本部に参加申込書と五〇ドルを送って参加証を手に入れるなどということは、普通の中国人には不可能だ（日本の私たちでさえ、どこで申込書類を手に入れるのか、外貨送金はどうするのか、てんやわんやだったのだ）。北京の住人がちょっとのぞきに行こうかと思っても、交通規制で懐柔までたどりつくのも大変だし、IDカードなしで会場ゲートの検問を通過するのは、もっと難しかっただろう。

中国国内からの参加者には、二つのルートがあったようだ。ひとつは、ワークショップ（中国語で〈論壇〉とよばれる）の主催者としての参加。この会議で中国は四〇ほどの論壇を主催したが、論壇のテーマは婦女連合会を中心とした組織委員会によって決定され、地域の婦女連や大学の女性研究センター、女性の職業団体などに割り当てられた。たとえば、北京大学の中外婦女問題研究センターは、「中国の伝統文化と女性」というテーマをあたえられ、その準備としてすでに前年秋に同じテーマの国際シンポジウムを開催していた。なかには自分たちからこんなテーマでやりたいと名乗り出て許可されたグループもあったということだが、最終的にはテーマから内容まで細かい調整が行われたことだろう。それだけに、中国主催のワークショップは、立派なパンフレットが用意され、通訳もスムースで、（質問時間もないほどに）とどこおりなく進行するものが多かった。

もう一つのルートは、各地域の婦女連合会からの「代表団」だ。女性会議を紹介するテレビ番組で、中国の参加者が紹介されていたが、そこに登場したのは勤続数十年の教師とか、模範労働者とか、障害者スポーツの選手とかだった。各地域の婦女連合会には、それぞれ人数の枠が与えられ、こういう人たちが推薦されて集まってきたのだろう。女性会議への参加は、日本で例えれば「皇居の春の園遊会」へ招待されたというふうな光栄なのだ。

そして代表団の中で多数を占めるのは、なんといっても地域の婦女連の専従職員である。いかにも実直で、精力的で、善意にあふれている反面、官僚的で「お上」を疑うことがないといったタイプの人たちだ。そんなひとりに、「あなたたちはどうやって選ばれてきたんですか」とたずねたら、「わたしもあなたたちと同じように自主的に参加したのです」と胸を張った。そのあまりの模範回答には、フードチェーンの接客マニュアルを連想してしまった。

もうひとつ目立ったのは、少数民族出身の女性たち。一目でわかる鮮やかな民族衣装は、中国の少数民族の地位の高さを積極的に宣伝する看板の役割を果たしていた。争点のひとつとなったチベット問題でも、こういう少数民族女性幹部が先兵として活用されていたようだ。

こういう背景を頭において、会議に参加した中国の女性たちを見ると、彼女たちの態度もだいたい納得できる。中国の参加者たちはたいていグループで行動し、中国側が主催するワークショップに大勢つめかけていた。これはひとつには語学の問題があり、また、中国人自身が国内の情報に飢えているということもある。しかしやはり、ひとりで自由に行動することに慣れていない人が大部分だったのだろう（日本人も、その点大きな顔はできないが）。

例えば、私が運営を手伝った移民労働者問題ワークショップに、江西省からきた二人の女性が参加してきた。そのうち大学のフランス語教師だという人は、中国国内での農村から都市への労働者流入の問題や、女子学生の就職問題などを熱っぽく語った。しかし、もうひとりの婦女連専従らしい女性は、「その問題はもう解決されている」「国家はこういう方針をだしている」と問題の存在を極力認めようとはしなかった。ふたことめには「国家」「国家」という彼女に、おもわず「これは、い、非政府論壇なんだけど……」といいたくなったが、そういわれても相手はキョトンとするばかりだったろう。ただ、すこし前の中国は、全員一致でこのパターンだったのが、そうではない人もでてきたのは、やはり大きな変化だといえる。地方でそれなりに女たちのために働いてきた婦女連の専従職員や、若い通訳ボランティアの中には、エネルギッシュで自由気ままなNGOの女たちから、いい意味でショックを受けた人たちも決して少なくないだろう。また、会議の中で使われたNGOとか、ジェンダー（中国では〈社会性別〉と訳される）、性と生殖の権利、などという言葉は、中国の参加者たちには初耳だったかもしれないが、それだけにインパクトはあっただろう。会議で採択された共同綱領（行動目標）や北京宣言にもこれらの言葉は繰り返されているから、さらに多くの人の目に触れることになる。こうしてまかれた種は、いずれ芽を出すときが来るだろう。

とにかく会議は無事に終わった。中国政府も、まあ良くやったのではないの、と私もけっこう満足して帰ってきた。なんといっても三万というのはすごい数だ。泊まる場所、食べるもの、交通の足を確保し、ゴミや汚物を処理するだけでも、気の遠くなるような人手と金がかかる。これだけふくらんでしまったNGO会議を、たとえば日本で本当の民間団体だけの力で運営することなど、逆立ちしてもできはしない。結局のところ、強力な国家の支援のもとのNGOという矛盾を解決する方法は、そう簡単には思いつけないのだ。

そう割り切って帰ってきたところに、中国から一通の手紙が来た。差出人は河南省鄭州大学の李小江、中国女性学の開拓者である。彼女は個人として女性問題にめざめ、一九八五年に女性学会を、八七年には鄭州大学女性研究センターを設立し、女性研究叢書の編集や女性博物館設立のための資料収集など、婦女連の組織からは独立した女性学のネットワークづくりをしてきた人である。今年のはじめ、彼女は中国女性学十年の歩みを自分史に重ね合わせた「公共空間の創造——中国の女性研究運動にかかわる自己分析」（一九九五a）という文を書いて、自分たちのやってきたことは、強大な集権国家のなかに自由な公共空間を作ることだったと語っていた。国家と正面対決するのではなく、そのすきまを縫って自由な空間を広げてゆく彼女たちの活動の息吹きが伝わってくる、読みごたえのある論文だった。

こんど受取った手紙の内容は、論文の楽観とはうってかわって暗澹たるものだった。同封されていた文章は、「わたしはなぜ九五世界女性大会NGOフォーラムへの参加を拒絶したか」（一九九五b）という題で、一年間客員研究員をしていたハーバード大学で一一月に開かれる予定のシンポジウムでの書面発言用に書かれたものだ。そこで彼女は、北京会議が中国の国家事業となってゆくにつれて、民間の自由な活動がいかにチェックされ、規制されていったかを、なまなましく語っている。北京から鄭州に、彼女の思想調査のために国家教育委員会（文部省に当たる）から役人が派遣され、国内の雑誌には彼女の論文や写真を掲載しないようにと通達がゆき、彼女が大学内に設立した女性教育のための国際女子連誼学院は、新任の学長にとりつぶされてしまったという。

それでも北京で会議を開くことは、中国と外国との女性の相互理解に役立ち、こういう会議が存在することを中国女性に知らせることは意味がある、と李小江は会議の意義を認めている。けれども、私は国家の代弁者にはなりたくない、だから、人としての尊厳を守るために、北京会議には参加しなかった、と彼女はいう。会議に欠席をすることが私の参加の方法だった、つまり、会場以外にも中国の女性が存在することを、こういう形で示したのだ、と。

それを紹介することで、私もまた、北京会議の報告のしめくくりとしたい。

——一九九五年

※北京会議については、詳しく分析した論文「第四回国連世界女性会議をめぐって—中国における国家と女性」（秋山、一九九九）もあるので、関心のある方は参照していただきたい。

〈婦女〉、〈女人〉、〈女性〉

タニ・バーロウの論考をめぐって

一九九三年、ハーバード大学で「中国をジェンダー化する」と題したシンポジウムが開かれた。このシンポジウムには、李小江、杜芳琴など代表的な中国女性学研究者が招待され、初めて中米女性学の交流がおこなわれた。その報告として編集されたのが、英語の *Engendering China: Women Culture and the State*（Gilmartin ed, 1994）と、中国語の《性別与中国》（李小江他編、一九九四）である。両者は米中両国でそれぞれ独自に編集出版され、内容も一部が異なっている。ここで紹介するタニ・バーロウの論文は、英語版のみに掲載されたものである。

タニ・バーロウはワシントン大学教授、丁玲の研究から出発して、現在はポスト構造主義の立場から中国のジェンダー分析を試みている研究者である。彼女の論文はこれまでの実証的な歴史研究とは少し違った視角から中国女性史研究に切り込んだという意味で、九〇年代を代表する研究のひとつといえる。ここでは、バーロウの論文二編と、その後の反響などを加えて紹介しよう。

Engendering China 所載のバーロウ論文 "Politics and Protocols of *Funii:*（Un）Making National Women" は、女性をあらわす単語を分析するという方法で中華人民共和国における国家と女性の関

係を扱っているが、この論文を理解するには、同じ問題を時代をさかのぼって論じている先行論文から読み始めたほうがいい。それが"Theorizing Woman: *Funü, Guojia, Jiating* (Chinese Woman, Chinese State, Chinese Family)"(Zito, Barlow ed, 1994) 邦訳すれば「女性を理論化する――〈婦女〉、〈国家〉、〈家庭〉」という論文である(以下、英語のwoman, womenは原則として女性と訳し、原文で*funü*のようにピンイン表記による中国語を使っている場合は、漢字になおして〈 〉で囲む。中国語の論文で使われている単語をそのまま引用するときも同じく〈 〉を用いる)。

先行論文は、中国の歴史を前近代、近代(清末から一九三〇年代まで)、中華人民共和国＝毛沢東の時代、の三期にわけて、それぞれの時代に女性を表現していた単語を考察する。バーロウが言葉にこだわるのは、言語学的な関心からではなく、ポスト構造主義の立場から、言語という分析手段を通してそれぞれの時代に女に期待された役割、女が担わされた政治的意味合いを読み解くためである。

以下、この論文を節ごとに要約して紹介しよう。

第一節 賢母良妻の創出 前近代の女性について、清代の学者陳弘謀の「家女遺規」から「婦は、家にいるとき女《むすめ》、結婚すると婦《つま》、子を産むと母」という一節を引用し、前近代中国では、女は家の枠の中でのみ存在し、血縁関係によってそれぞれ娘、妻、母と規定されていたので、womanにあたる総称としての女という概念は存在しなかったと結論する。

また、陰陽の観念は一見中国におけるジェンダーのようにみえるが、性差の実体を構成するものではなく、妻と夫、母と父といった位置関係を生じるものだとする。そして、家族の中で規定された自分の位置にふさわしい道徳観から立居振舞いにいたる詳細な規範を protocol と呼ぶ。本来は外交儀礼・外交協約などを意味するこの単語を、バーロウは文化によって規定されたジェンダーの規範／約束事という意味で使っている（王政はこの語を中国語で〈文化協議〉と訳しているが、日本語の「協議」は論議のニュアンスが強いので、仮に「文化協約」と訳す）。バーロウの論によれば、主体は叙述によって構成されるものであり、女性観の変化は、文化協約の変化として捉えられる。この観点から、清末以降の変遷がたどられる。

第二節　〈女性〉の創出　一九世紀末から二〇世紀にかけて、中国には西欧の影響を受けた新しい知識階級が誕生した。彼らは中国の女性は「奴隷の奴隷」であるとして、女性擁護の論陣を張り、女性たちを啓蒙しようとした。そこに、血縁によって定義されていた〈婦女〉から、女の人間＝〈女人〉への転換が起こった。女性向きに書かれた啓蒙読物は、内外の愛国的女性を紹介し、女性の忠誠心の対象を父や夫から国に向けかえさせようとした。また、国内外の模範的女性を並列することで、普遍的女性という概念を導入した。[1]

一九二〇年代の五四文化運動の時期になると、〈女性〉という語が広く使われるようになった。〈女性〉は五四新文学における重要な形象となったが、それは女性の自己定義ではなく、男性による反儒教言説という大枠の中の主体位置にあるものだった。中国の知識人は、性を基盤とした本質的な二項対立として〈女性〉／〈男性〉をとらえる同時代の西方の観念を輸入して、女性を家の範疇からセクソロジーの範疇にうつした。同時に、〈女性〉を劣った弱い性だとする同時代の西方の社会理論も受け入れた。知識階層によって輸入された〈女性〉イメージは、映画や雑誌から街頭にまで進出し、半植民地的背景の中で西欧化を象徴するものとして商業化され流布されていった。

第三節 〈婦女〉の創出 一方、共産主義者は、〈女性〉の持つ性的・ブルジョア的な意味あいをきらって、マルクス主義女性理論の翻訳には〈婦女〉を用いた。三〇年代に共産党が農村に根拠地を建設すると、翻訳されたイメージにかわって、中国独自の〈婦女〉が語られるようになる。〈婦女〉の理想モデルとされたのは、家庭の絆を断ちきって、国のための活動に身を捧げる女性だった。四〇年代になると、共産党は方針を転換して、家庭の破壊でなく家庭の改革を唱えるようになり、この方針は女性たちに歓迎された。近代的社会主義的〈家庭〉と、毛沢東の〈国家〉とは、相似の概念として共存することになる。

第四節 婦女連合会と国家的範疇としての〈婦女〉 中華人民共和国の成立と同時期に、中華全国婦女連合会〈婦連〉が成立する。長期にわたって、〈婦連〉は女性の利益を代表した、というよりは、〈婦連〉以外の何者も女性の利益を代表することができなかった。〈婦連〉＝政府は、〈婦女〉の意味する内容を定義する権利を持っていた。科学的社会主義の理論においては、男女は生殖能力の差にもとづいて区別されたが、女性特有の感情や人格の存在は認められなかった。

先行論文の最後では、毛沢東後の八〇年代にセクシュアリティや、ロマンティック・ラブ、フェミニズムなどが復活したことを興味深い現象としてあげている。そこに焦点を絞って論じたのが、*Engendering China* に掲載された第二論文 "Politics and Protocols of *Funü*: (Un) Making National Woman" である。これも訳しにくい題だが、「〈婦女〉の政略と文化協約――国家的女性の形成（解体）」としておこう。

この論文ではバーロウは、八〇年代の中国女性研究者の間でジェンダーをめぐってかわされた論議を資料として、〈婦女〉、〈女人〉、〈女性〉といった用語の変遷とそれが意味する文化的背景を読み解こうとする。まず、議論の前提として、次の三点を提示する。①この論文は言説《ディスコース》における女性の主体的位置の歴史を述べるもので、個々の「具体的」な女性を研究するものではない、②言説という単語を使うのは、権力は言語という手段を通じて産出されることを意味する、③単語は文脈から切り離せないものであるから、ここでは鍵となる用語がその時代背景の中でいかに機能しているかを考察し、言語と政治の特殊性に焦点を絞る。

以上を理論的前提として、具体的な論議が展開される。以下、やはり各節ごとに要約する。

第一節　再編成――〈婦女〉の文化協約

文革が収束した一九七〇年代末から八〇年代にかけて、文革以前の管理機構が再建された。婦女連合会もそのひとつで、一九七八年、二〇年ぶりに第四回婦女代表大会が開催された。しかし、経済改革が開始されると逆風が女にあたるようになり、女性たちは経済問題に直面しただけでなく、自信の喪失もおこってきた。婦女連は、工作方法の改善、女性と子供の法的権利擁護キャンペーンなどで対抗しようとしたが、これらの戦略にはかなり時代錯誤のものがあり、女性の唯一の代表という婦女連の権威はゆらぎだした。一九八〇年、婦女連は女性史研究と資料収集を呼びかけたが、これは研究者の自主的で批判的な意識を目覚めさせ、過去の女性運動がすべて共産党の指導下にあったという公的史観の再検証を促すことになる。

婦女連は指導幹部である鄧穎超《とうえいちょう》、康克清、蔡暢《さいちょう》の選集を出版し、キャンペーンを試みた。これらの著作から浮かび上がってくる〈婦女〉のあるべき姿＝文化協約は、封建主義・帝国主義・個人主義・官僚主義に反対し、毛沢東思想を支持し、労働者と利害を共にし、ブルジョア・フェミニズムとも極左とも無縁な女性である。しかし、八〇年代の女性は、もはやこのような〈婦女〉と自己を同一化しなくなった。

第二節 〈婦女〉論争――毛沢東と女性解放の分離

婦女連は改革による新しい問題に対応できず、女性を代表する機能を失った。潘綏銘は、婦女連は社会管理機関ではなく女性の代表だということを自覚し、独自の意思を持つべきだと厳しい批判をした。婦女連が中国女性を代表することに疑問が投げかけられ、〈婦女〉にかわるべき真の女性のありかたを求めて、いくつかの立場から論議が展開された。

最初に出てきたのは、文革中の極左路線による女性の男性化を批判し、自然な〈性別〉の存在を肯定する立場から、〈女性〉の復権を望むものだった。この論者たちが使った〈性別〉という語は、生物学的性差をあらわすものだが、この時期に導入された社会的性差を意味するジェンダーという概念も、同じく〈性別〉と訳された。そのため、概念の混乱がおこり、生物学的本質論を克服するためにジェンダーという語を使いはじめた欧米とは、逆方向の主張が同じ言葉で語られることになった。また、本質的な性差を認めることと人間として平等を主張することとは、論理矛盾を生じがちだった。

第二の立場は、〈新女性文化〉の提唱である。黄紅雲は、男女は別だが同価値であり、中国の伝統文化は〈女性〉を欠いていたと主張した。彼女はその論を、〈婦女〉のかわりに〈女性〉という語を使って主張した。李小江は『女に向かって』の中で、自分を〈女性主体〉として確立する困難な過程をものがたった。李の著作はまた、〈婦女〉が国家と結びつくのに対して〈女性〉は「家庭役割」と結びつくこと、〈婦女〉が国家主体であるのに対し、〈女性〉は個として真に女を代表する主体であるべきことを示唆している。

第三の立場は、〈人格〉、〈角色（役割）〉、〈女性〉の三つを関連させて論じるもので、五四時期の理論の継承ともいうことができる。この論者たちは、伝統的な良妻賢母役割が中国女性の人格を抑圧してきたとして、女性たちに自己の人格を認識し、本質的な自己意識に目覚めるよう呼びかけている。

第三節 〈女人〉と女性学のエコノミー

八〇年代末になると、〈婦女学〉と〈婦女理論〉が脚光を浴び、従来のマルクス主義女性論を補完する新しい女性理論が提唱された。その代表者である李小江は、①中国の女性解放は女性の社会的解放を出発点として、人間解放へ向かうところに特徴がある、②〈女性〉を抽象化することが必要だ、と主張した。中国女性学は、中国女性があたらしい独自の主体を形成すべきだと主張し、国からは独立したネットワークを形成するとともに、外国思想の輸入ではない中国に根ざした理論形成をめざした。女性学関連の文献では、〈婦女〉にかわって〈女人〉が登場した。前者がイデオロギーに対応するとすれば、後者は歴史に対応して使われるともいえる。

以上のように、バーロウの二論文は女性をあらわす単語をキイワードとして、それが使われた言説を読み解くことで、中国における国家と女性との関係・その変遷を分析している。ポスト構造主義にたつバーロウの文章は難解で、どこまで理解できたかこころもとないが、従来の女性史研究とは異なる切り口のユニークさを伝えることくらいはできたのではないだろうか。

八〇年代に米国に留学してバーロウに教えを受けた王政は、ここ二〇年の米国における中国女性史研究を紹介する論文「米国フェミニズムの中国女性史研究に対する新しい視角」（一九九五）の最後にバーロウをとりあげ、その特徴をつぎの四点にまとめている。①西方のフェミニズム理論を中国に押しつけるのでなく、中国独自の文化歴史背景とそこから生まれたジェンダー観念・ジェンダー関係を理解しようとしている、②社会的政治的言語表現に新しい方法と新しい研究領域を開拓した、③中国と西方のジェンダー観の差異を明らかにしようとすると同時に、西方からの衝撃によって起こった中国におけるジェンダー意識の変化に注目しているが、これは女性史以外の中国近代史にも示唆を与える、④中国における女性学理論を鋭く観察し、その偏りや矛盾を分析して、中国における女性理論の発展を促す意味を持っている。

王政のまとめは明快で説明の必要はなさそうだが、④についてだけ補足しておく。ここでいう中国女性理論の矛盾と偏りとは、主として第二論文第二節でとりあげている本質主義的な男女の性差論と、それにかかわるジェンダー概念導入における混乱をいっている。王政はこの問題を一歩進めて、九七年に「〝女性意識〟と〝ジェンダー意識〟の区別」（一九九七）を書き、中国におけるジェンダー概念の整理をおこなった。

バーロウと同じように言葉を通して女性史を再構築しようと試みた論文として、もうひとつ牟正《むせい》蘊《うん》の「〈婦女〉を脱構築する——旧詞新論」（一九九八）を紹介しよう。この論文はバーロウと違って

〈婦女〉というひとつの単語に焦点を絞り、先秦から民国に到る文献を博捜した労作だが、ここではバーロウに関係する部分に絞る。[2]

牟は、バーロウが〈婦女〉という単語に深い政治的意味を見いだしたことを評価するが、〈婦女〉という単語が「「中国女性」を代表したことは近代史上先例がない」というバーロウの断定に異議を唱え、『明史』『清史稿』には〈婦女〉が頻繁に用いられているとして次のように述べる。

「したがって、〈婦女〉の語は西欧思潮の衝撃に対抗するため官側によって使われたというよりは、〈婦女〉そのものの歴史的意義が豊富で、儒家思想中の〈修斉治平〉という政治理念に合致するので、利用価値がとても高かったといったほうがいい。一言でいえば、儒家の伝統では、国家は家の概念の上に建てられる。家の前提条件は夫婦の存在、すなわち男女の婚姻結合により〈家庭〉を組織することである。〈婦女〉という二字の定義は、まさに女と婚姻および家庭との関係なのである」と。

さらに牟は、〈婦女〉と女性の地位との関係は、水が船を浮かばせることも覆すこともあるように、女性の地位向上を助けることもあれば女性を束縛することもあるとして、五四の作家が〈婦女〉を用いたのは、伝統の矛を借りて伝統の楯を攻撃したようなものだとしている。いずれにせよ、牟は、〈婦女〉は家庭と女性を結びつける単語であって、家から出て多方面で活躍する現在の女性にはふさわしくないと結論する。

こうしてみると、牟とバーロウの〈婦女〉という語に対する定義は、基本的に矛盾するとは思えない。牟が引用したバーロウの一節は、文脈から見て、〈婦女〉という単語が使われた先例がないという意味ではなくて、〈家〉の枠を超えた女性一般を指す概念が近代以前の中国には存在しなかったという意味ではないだろうか。バーロウの論に問題があるとすれば、大胆な仮説が先行して、各時代にそれぞれの語が具体的にどう使われていたかについての検証がまだ十分とはいえないことだ。牟論文にしても、前近代は詳しいが、近代以降の具体的用例分析は雑誌のタイトル程度にとどまっている。この空白を埋める研究が、今後あらわれることを期待したい。

最後に、女性をあらわすさまざまな単語を、現在の中国女性がどのように受け止めているかを、李小江の「わたしたちは自分をどう呼ぶか」（李小江、一九九七b所収）という文章から紹介しておこう。まず李は、フェミニズム文学研究の先駆者である屈雅君《くつがくん》が政治的意味あいの強い〈婦女〉をきらって講義題目を〈女性文学批評〉としたこと、女子学生たちが〈婦女〉と呼ばれるのを屈辱的に感じていることなど、〈婦女〉に違和感を持つ女性たちの例をあげる。また、李小江自身は〈女人〉を好んで使うが、それは〈人〉という語が sex（性）でも gender（性別）でもない主体意義をそなえており、また、〈女〉は female（雌）とちがって人間にだけしか使わない漢字だからだという。

「〈女〉も〈男〉も〈人〉にくっついているので、woman が man にくっついているのとは違う。女性解放がどこまで進んだかにかかわらず、〈女人〉という観念を使うかぎり再革命の必要はなさそうだ」

李小江はさらに、バーロウと同じように歴史をさかのぼって〈新女性〉〈婦女〉などの語が負わされた意味を検証する。これはエッセイ風の文章なので、先行論文への言及はないが、バーロウの方法に触発されてのことだろう。▼3 李小江の分析には、中国語を母語とし現体制下で生きるものならではの微妙なニュアンスがあり、バーロウとはまた違う独自の目を感じさせる。たとえば、毛沢東は観察者として農村女性の生活状況を描写したときは〈女子〉を使ったが、党の指導者になると自分の隊伍の女性を〈婦女〉と呼んだという指摘などはおもしろい。

職業を持ち、解放された現代女性が〈婦女〉を嫌うのは、歴史的な女役割と、現在の社会で規定された女という一段低い身分の双方から、自己を切り離したいからだと李小江は分析する。それにもかかわらず、李は、「あまりに鮮明な時代の烙印を押された」〈婦女〉という語を、追放しようとは主張しない。

「いくらか耐え難いところはあるがそれほど屈辱的ではない我々の歴史を、この語によって永遠に記録させ、その政治的意味とグループとしての特性を携えて我々の今日あるいは未来の生活に入ってゆけばよい――もはや生活の中に〈婦女〉という呼称しか存在しないわけではなく、それはもはや我々の生活を独占しているのではないのだから、いまさら排斥する理由もない」

このいかにも李小江らしい表現は、かつて日本のリブ運動が、蔑称として使われがちだった「女」をあえて使って自己の主体をうち立てようとしたことと、どこかで通じるように思われる。[4] いずれにせよ、同じ文字、同じ単語を使う日本と中国でも、その文字や言葉に込められたニュアンスにはしばしば大きなズレがある。〈婦女〉〈女性〉〈女人〉をめぐる一連の論考は、中国女性史研究や中国文学の翻訳に携わる日本の私たちにも、さまざまな示唆を与えてくれる。

註

(1) この時期の女性啓蒙の言説については、夏暁虹著『纏足を解いた女性たち』朝日新聞社、一九九九八に詳しい。
(2)バーロウ論文と牟論文の関連については、前山加奈子さんから示唆を受けた。
(3)李小江とバーロウとは、*Engendering China* を誕生させたハーバードにおける国際会議ではじめて同席している。李小江はこの会議を「おもしろいことに、わたしたちの対話は、やはり〝対抗〟から始まったようだ。ケンカしなければ知り合えない。とことんケンカして、どちらも相手を食い尽くせなければ、そこで腰を下ろして〝対話〟しはじめる」と回想しているが、「腰を下ろして対話しよう」といったのが白露(バーロウ)教授だったという。
(4)日本のリブについては、秋山『リブ私史ノート』一八三ページ参照。女性の呼称とその変遷については、日本にも独自の歴史があり、その研究もされているが、ここでは触れる余裕がない。呼称と女性史との関係の重要性を象徴的に示すものとして、鹿野政直『婦人・女性・おんな——女性史の問い』(岩波新書、一九八九)という書名をあげておく。

——一九九九年

中国女性学における思想形成

〈女性意識〉と〈本土化〉を鍵として

一　はじめに

中国の女性学は、一九八〇年代の半ば、従来のマルクス主義女性解放論とは一線を画すものとして誕生した。それから一五年、さまざまな曲折を経て、女性学は中国の思想・学問領域において一定の位置を占めるにいたった（秋山、一九九六、一九九九a）。

私はこれまで、中国における女性学創設の過程とその後の歩みを追ってきたが、本稿ではすこし視点を変えて、女性学の創設を担った研究者の自己形成の過程と、そのアイデンティティの内容、思想の方向性を分析したい。いわば外から見てきた中国女性学に内から光をあてなおすことによって、中国女性学の独自性、中国社会における存在意義を明らかにし、さらに女性学という窓を通して、現代中国社会の一面に光を当てるのが本論の目的である。

分析のための資料としては、中国女性学を開拓した世代の研究者たちが自らを語った文章を用いる。主なものは、中国女性学創設を主導した李小江[1]の自伝的エッセイ『女に向かって』《走向女人》

（一九九五c＝二〇〇〇）および自身を分析対象としたケース・スタディ「公共空間の創造」（一九九五a）、フェミニズム批評の先駆者である戴錦華《たいきんか》が[2]インタビューの形で自己を語る『なお鏡の中に』《猶在鏡中》（一九九九）、そして男性を含めた七人の女性学研究者が自分と女性学との関わりを述べる李小江編『女性研究運動――中国のケース』《婦女研究運動――中国個案》（一九九七a）などである。

また、分析のためのキイワードとして、女性学創設の過程でさかんに論じられた〈女性意識〉と〈本土化〉（引用記号〈　〉は、中国語をそのまま引用する場合に使用する）という語を用いる。このキイワードは、中国女性学研究者がフェミニスト[3]として自己を確立する上で、前者はジェンダー・アイデンティティ、後者は民族アイデンティティの形成に深くかかわるものである。[4]

二　出発点――「平等」な社会とジェンダー規範

一九四九年の中華人民共和国誕生以来、政治権力は中国共産党に独裁的に掌握され、マルクス・レーニン主義が唯一の公認された思想となった。中国共産党は、一九二〇年代の結成当時から、女性解放を重要政策の一つとして掲げてきた。一九五〇年には新婚姻法、五四年には憲法によって男女平等を法的に確認し、女性の社会進出を奨励した。四九年の建国より半年早く、中国の全女性を代表する公的組織として中華全国婦女連合会が結成された。[5]

「わたしたちはかつて、女性が家庭を出て、社会的労働に参加し、法律上男性と同権利になれば、女性問題はおのずと解決すると思っていた。多くの女性にとって必要なのは男性と同様な生活と仕事のみであり、女性の解放は時間の問題だと思っていた」（李小江、一九八八、一五頁）。

本論でとりあげる女性学研究者たちは、一九四〇年代後半から五〇年代の生まれである。彼女たちは中華人民共和国の新しい教育を受けた最初の世代であり、マルクス主義の男女平等論を素直に受け入れて成長した。当時の社会全体、とりわけ農村には伝統的な男尊女卑の観念が残っていたが、のちに研究者の道を歩むことになる少女たちの多くは、都市に住む知識層の家庭に育っていたから、家庭の中で兄弟と差別される体験もほとんどしていない（李小江、梁軍、林春など）。のびのびと育った彼女たちにとって、最初の衝撃的な体験は一九六六年に勃発した文化大革命だった。当時まだ中学生だった李小江は、その体験をこう語っている。

わたしに初潮が訪れたのは、異常な日々のさなかだった。文化大革命が始まっていた。その日、父が紅衛兵に街を引き回された。胸に札をかけられ、高い帽子をかぶせられていた。わたしはいつもと同じように、道の両側をゆく群衆の中にこっそり混じって、遠くから父を見ていた。なぜか父は足を止めた。たちまち人々は父に向かって怒鳴り、押し、だれかが頭の上から大瓶の墨汁をそそぎかけた……。わたしの心に緊張が走り、駆け寄ろうとした。そのとき、下腹部に激痛が走り、熱いものがふともをつたって流れ落ちた……。わたしはそれが何を意味するか突然気づき、涙がしぜんに両頬をつたって流れた。ひととき、黒い墨汁と赤い血と無色の涙は混じりあって、わたしを娘としての屈辱と女としての屈辱の中にどっぷりと浸したかのようだった。そのときわたしは、自分が女に生まれたことを恨んだ。（李小江、一九九五c、三頁）

李小江の父母は教育関係の幹部職員で、古参の共産党員、いわば人民共和国におけるエリートだった。文革が勃発すると、そのような人たちはブルジョア実権派として紅衛兵の攻撃の的になる。オテンバで恐いものなしの少女にとって、これは初めての屈辱的な体験だった。娘としての屈辱と女としての屈辱を、李小江は重ね合わせて記憶の奥にしまいこんだ。実権派として批判された親を持つ李小江のような青年たちは、我が身の恥をすすごうと、いっそう革命的となり、肉親と絶縁を宣言することも珍しくなかった。

文化大革命はさまざまな面で極端なこころみであったが、社会的な性差を抹殺しようとしたのもその一つである。パーマや化粧、スカートやアクセサリー、ひいては「やさしさ」「かよわさ」といった女のジェンダーを示唆するすべてが排斥され、批判の道具として利用された。[6]「男の同志にできることは女の同志にもできる」という毛沢東の言葉に励まされて、女性たちは「鉄の娘」「三八隊」（三八は国際婦人デーの日付）といった作業班を作り、これまで女性が担ったことのない危険な作業や重労働に進出した。

青春時代の李小江は、「鉄の娘」の典型であった。屈辱の体験は、逆に女であることを否定するバネになった。農村での肉体労働にも、工場での労働や余暇のスポーツにも全力でいどみ、残る時間のすべてを独学にあてた。その勉学ぶりがいかに猛烈なものだったかは、のちに大学が再開されたとき、中卒の学歴で大学院入学を許されたことが物語っている。

李小江だけではない。李小江と息のあったコンビをくんで女性学教育を全国に広めた梁軍《りょうぐん》は、名にそぐわぬ優雅な雰囲気をもつ人だが、それもそのはず、軍という名は文革中に革命的決意表明として改名したものだ。彼女もまた、農村に下放されていた時期には、男にひけをとらないように、月経中にすすんで河や水田での作業をしたという（李小江編、一九九七a、六頁）。

のちに李小江は、こう反問する。

——大革命の時代においても十年の動乱〔文革〕の中でも、「四旧」打破の嵐は、なぜまっさきに女の髪型、女の服装、女の風情、女の体験、ひいては女の生理的特性までを掃討したのだろう。なぜわたしたちは唯々諾々と先を争って男の名前、男の服装、男の髪型に変えたのだろう——もしもすでに男女が平等で、「男も女も同じ」だったのなら、なぜそんなふうにしなければならなかったのだろう。（李小江、一九九七b、一一頁）

じつは、男女平等とみえる社会は、内部に厳しいジェンダー規範を温存していた。たとえば李小江は、子供の頃たいへんなオテンバだったと回想している。オテンバにあたる〈仮小子《ジアシャオズ》〉という語は、偽の男の子という意味だ。本人はのびのびと暴れていたにしても、そこにはすでにジェンダーの逸脱というレッテルが貼られていたわけだ。

幼い頃のジェンダー規範逸脱について、戴錦華はさらに自覚的である。戴は自分がフェミニストになったそもそものきっかけは「背が高くなりすぎた」ことだとユーモラスに語っている。最初のつまずきは、男の子より背が高いために学校の舞踊隊（毛沢東思想宣伝隊！）から追放されたこと。

さらに長じるにつれて、背が高すぎることは「相手が見つからない」「醜い」といった女性としてのマイナス評価に結びつけられた。そんな周囲の視線に傷ついた少女は、逆にすべての面で男に負けまいとがんばった。研究者としての社会的地位を確保してからは、あからさまな女性差別にあうことはなくなった。しかしそれでもなお、「わたし自身はずっと既定のジェンダー秩序の中に「ふさわしい」安住の場を見いだすことができなかった」(戴、一九九九、一八三―四頁)。

このように、平等の社会に育ち、それを信じながらも、どこかに違和感を抱いたまま彼女たちは成長し、文革の終わりを迎えた。

三　キイワード1〈女性意識〉

一九八三年、李小江は女性問題を扱った最初の論文「人類の進歩と女性解放」を発表した。それから八〇年代後半にかけて、民間の組織である女性学会の創設、大学の女性学センター設立、〈婦女研究叢書〉の編集と、李小江のいる河南省鄭州大学を中心として、中国の女性学は急速な発展をとげた。李小江はこの動きを「女性研究運動」と称するが、それはまさに、官製の組織である婦女連合会に対する民間の運動であった。

(1)〈女性意識〉の確立

中国に新しく生まれた女性研究運動は、その出発点で西側の女性解放運動とも正統マルクス主義の女性解放論とも際立った対比をなしていた。それは、男女の性差を再提起するところから出発したことである。李小江は新しい女性学がうち破るべき三つのタブーを指摘したが（李、一九八八、三一頁）、その第一は〈女性〉のタブーであった。戴もまた、同じことをこう説明している。

八〇年代の中国女性学の興隆は、まさに人々が突然自分の性別を発見し、「男女平等」の社会においてすらわれわれは依然として文化上・生存状況上で男とはきわめて異なる現実に直面していることを発見したことによるものだった。わたしの理解する限りでは、ソ連・東欧でも同じ状況が起こっていた。あるいは、これは歴史の遺産と債務とが、別なレベルであらわれたものかもしれない。わたしたちは「平等」の時代を通りすぎたが、その時代の経験が、次のような認識に至らせたのかもしれない。「平等」の名の下にさまざまな不平等があり、単純な法律上の平等は、女性の命題を解決する万能薬ではないと。（戴、一九九九、一四五頁）

李小江は、女性たちに自分が女性だというアイデンティティ＝〈女性意識〉を持つことを呼びかけた。〈女性〉という中国語そのものが、これまでの公的な呼称であった〈婦女〉とちがって、女という性を強調する単語だった。▼7 男と同じであることを誇り、男と競った自分たちの世代の女性知識層にとって、自分が女であると認めるのはけっしてたやすいことではなかったと李は述べる。

それまでの長い歳月、考えることはなんでも好きだったが、「女性」のことだけは考えたくなかった。

「徹底した唯物論者はなにものをも恐れない」が、女の身であるわたしたちは、「女」をこそ恐れたのだ。「女」は歴史の落し穴であり、旧時代の記号だった。「男も女もすべて同じ」である社会の中で、だれが「女」をさがしに後戻りしようと思うだろう。みずから「低い身分」を求めるようなものだ。

（李、一九九五a、一五二頁）

現実の中国女性たちは、教育を受け社会的地位を持っていても、恋愛・結婚・出産・家事・育児という「歴史的な女の陥穽」、そして家庭と職業の二重負担という「現代の女の陥穽」を逃れてはいなかった。さらに、文革が収束し、経済改革に伴って自由競争や経済効率といった新しい価値観が導入されると、これまで当然とされていた平等の基盤がゆるぎはじめた。女性としての〈主体意識〉を確立しようという李小江による呼びかけは、混乱の中で自己を再確認しようとしている女性たちの心に響くものだった。

女としてのアイデンティティの確認は、個々の女性学研究者にとって避けて通れぬ課題であり、その過程には葛藤と新たな自己との出会いがあった。中国女性史研究の草分けである杜芳琴《とほうきん》▼8は、十年の歩みをこうふりかえる。

女性研究が研究主体に与える最大の報いは自分自身が変わって強くなり、はっきりした意義のある生活をすることが可能になることだ。私の十年の研究の歩みは絶えず自分に「力を与える」過程であった。私はそこから女の自信をとりもどし、学者の自尊をうちたて、新しい人としての自律を学んだ。

（李編、一九九七a、五一頁）

杜芳琴は李小江と大学院時代の同級生だが、自由奔放な李とは対照的に、農民出身の地味な性格であり、研究者を志したものの、なかなか自信が持てなかった。家庭でも学校でも女の子は従順に分を守るよう教えられてきたし、学問上の偉大な先達はみな男性だったのだから……。しかし、女性史という分野に足を踏み入れると、そこは未開拓の原野で、頼るものは自分しかいない。まさに水に落とされて泳ぎを覚えるようなものだ。その中で「創造の辛さを味わい、また必要とされ肯定される満足を覚えた。私の能力と自信とは、創造の辛さと必要とされる満足によって徐々に培われたものだ」（同前、五三頁）。

杜芳琴の例は、暗黙のうちに一段低いと位置づけられていた女というアイデンティティを引き受けることによって、既成の学問体系を問いなおす視点を獲得し、そのことが研究者としての自信につながったものである。李小江は〈女性意識〉を個人としての〈主体意識〉と女性としての連帯感をもつ〈群体意識《グループ》〉に分けているが、杜にとって女性学創設の仲間に加わることは、この双方を同時に確立する過程だったといえる。

（2）〈女性意識〉との距離

〈女性意識〉への距離は、人により、経歴によりさまざまである。「平等」の社会に身を置いてその規範に適応してきた期間が長い人ほど、自分を女と認めることに抵抗が強かった。李小江を批判した婦女連の幹部など、革命を闘った世代の女性はその典型である。
文学研究者として長い経歴を持つ一九三四年生まれの劉思謙《りゅうしけん》は、教材用の女性文学資料集に序文を頼まれたのがきっかけで、女性文学に足を踏み入れた。ためらいながら資料集を手にした劉は、女性文学に魅惑され、三年かけて女性文学史論『ノラ言説』《〝娜拉〟言説》を書きあげた。後記のなかで彼女はこう述懐する。

これはわたし自身と息の通いあう世界だ。すべてみなかくも身近でかくもたやすく理解できる、とても素早く感覚をつかむことができる。これは同性にしゃべっているからだろうか。女と女の心は通じ合うのだ。暗闇の中でわたしは彼女たちがずっと前から静かにわたしを待っていたことに気がついた。残念なのは来るのがすこし遅かったことだ。おかしなことに、わたしは人生の大半を女として過ごしてきたのに、女についてはボンヤリでなにひとつ知らなかった。おかしなことに、十年以上も文学評論を書いて人間の発見だの目覚めだのとしばしば口にしてきたのに、女性の発見・女性の目覚めはわたしの視野の一大盲点だった。ある女性評論家の文中の概念を借りるなら、わたしが過去に使ったのは「無性の眼差し」「無性の姿態」だった。（劉、一九九三、二二八頁）

劉の例でわかるように、〈女性意識〉の目覚めには個人差があり、時差があるが、女性学にかかわるようになった時点での心情には、共通するものがある。言葉にしてみるとありふれてしまうが、自信、解放感、女同士の共感……。これはまさに、第二波フェミニズム運動の初期、国境を越えて女たちが共有した感情と同じである。

これと対比するために、女性学にたずさわっている中国の男性研究者をながめてみよう。李小江が編集した『女性研究運動——中国のケース』では、三人の男性研究者が女性学への関わりを語っている。

中国の男性知識人は、近代以来一貫して女性解放の共鳴者であり、理論的指導者であった。一九二〇年代以降マルクス主義が革命運動の主導権を握ると、女性解放は共産党の重要な政策となった。そのため、八〇年代の思想自由化のなかで共産党への反発が起きると、男性知識人は女性解放を「官側の意識形態の一部とみなし」、近代以来の歴史上初めてフェミニズムに拒否反応を示すという、ある種のねじれ現象があらわれた（戴、一九九九、一四一頁）。このような状況の中で女性学にかかわろうという男性には、それなりの動機と覚悟があるが、女性研究者の場合とはやはり違う。

歴史家の鄭永福《ていえいふく》は、[9] 女性史という研究分野の価値を高く評価するが、「あなたは女性史を研究するのに、女性の立場に立つのか、男性の立場に立つのか?」と尋ねられて、「人の立場に立って研究する、少なくとも主観の上では」と答えている（李編、一九九七a、二一四頁）。鄭の答は揚げ足とりの質問に対する模範解答の域を出ないかもしれない。しかし、李小江らの「女であれ、全面的に発達した人であれ」（〈知識婦女輯叢〉題辞）という呼びかけと対比してみれば、立場の差はおのずから明らかである。

法学者である李楯《りじゅん》は、人権という視点から女性問題にかかわった。その立場が鮮明にあらわれている例が、性をめぐる女性の人権という角度から婚内強姦をとりあげた論考である。[10] 女性問題の研究にたずさわって以来、いつも頭に去来するのは、「中国において、女性が当然持つべき権利を、男性は持ったことがあるのだろうか」という問だという（同前、九二頁）。

古典文学研究者である康正果《こうせいか》[11]の場合は、研究者として不遇であったことからポストモダンの思想に関心を持ち、周縁にあって中心文化に疑義を申し立てるという点で、李小江らに共鳴した。「非中心化という大方向の上にこそ、私のような学術上の浪人遊兵と女性研究に力を尽くしている女性たちとが親しく交わる点と面があった」（同前、一三二頁）。

以上のように、男性研究者の場合には、女性たちのように内部から突き動かされたというよりは、より冷静な同伴者ともいうべき立場で女性学に向かっている。女性学に「引きずり込まれた」過程で、この研究分野への偏見を改めていった経緯は語っても、自己の〈男性意識〉が揺るがされるような体験は語っていない。

（3）〈女性意識〉への疑義

第一節で見たように、八〇年代に提起された〈女性意識〉は、個々の女性に自信を与え、女性同士の連帯感を育むことで女性学発展の原動力となった。しかし、九〇年代にはいって女性学研究者の層も厚みを増し、欧米のフェミニズム理論の紹介や人的交流がさかんになってくると、〈女性意識〉という概念のあいまいさへの疑義が提出されるようになる。

そもそも、李小江が〈女性意識〉を提起したとき、生物学的性別と社会的性別を区別するジェンダー概念は、まだ中国に導入されていなかった。李小江は『イヴの探索』《夏娃的探索》（一九八八）

の中で女性が「人」から疎外されてゆく過程を歴史の中に跡づけるが、男女の差異の出発点を「人類の意識にない自然分業」（六八頁）においている。また、母性についても、「女性と子供の密接な関係は、生理機構に起源し、後にまた社会倫理関係の中で確立してゆく」（七二頁）と両義的な説明をしている。以後の著作では中国女性の現状や女性学創設にかかわる問題が中心テーマとなり、性差についての理論的整理は残されたままになった。

そのうえ、一九八〇年代の中国では、無性の文革時代への反動として、ファッション、文学芸術から性的サービス業にいたるまで、通俗的な「女性性」が商業主義の波にのって氾濫した。そのような風潮の中での〈女性意識〉確立の呼びかけは、伝統的なジェンダー観に足をすくわれる危険をもはらんでいた。

八〇年代中国の矛盾した状況を象徴する一例として、タニ・バーロウは、ジェンダー・コンシャスネスの訳語として導入された〈性別意識〉という語が、〈女性意識〉と同義語として、原語の意味とは逆に本質的性差を肯定する文脈で使われがちだったことを指摘している（Barlow, 1994, p.348）。「自然な〈女性意識〉」に対する理論的な分析批判が国内であらわれるのは、九五年の世界女性会議の後になる。その代表的なものは王政による「女性意識とジェンダー意識の区別」（一九九七）である。この論文はジェンダーという概念の中国への正確な導入を目的として書かれたものだが、その前半で、名指しはしないが李小江の女性論を本質主義だとして三点において批判している。第一に、男女の自然な本質論は、すでに克服された一九世紀末の心理学に由来する、第二に、ジェンダー階層文化の中では、「女性の自然な本質」は「人（男性）の自然な本質」の劣位に置かれるので、批判の力になり得ない、第三に、女性の特徴を非歴史的に描き出すことは、女性間の差異を無視した統一的な規準を構築し、女性に対する圧力となる、というものだ。

さらに王政は、女性の文化価値観の構築をめざす西方の文化フェミニズムは、西方文化における男性文化価値の批判を前提にしているが、中国における〈女性意識〉の構築過程は女性の自律と自我の発見としてあらわれ、男性文化批判に至っていないとする。

今日、女性の境界を定める国家の権力はほとんど商業文化に取って代わられ、マスメディアと広告が「現代」の女性イメージをたゆまず製造している。その基本要素は、消費主義＋伝統女性の美徳＋セクシュアリティでしかない。女はおしゃれの自由と自己表現の自由を獲得した。それと同時に共和国の歴史上のどの時期よりも、男の付属品あるいは玩具になる可能性をも手にいれた。たとえ自然な「女性意識」が八〇年代の女性たちにある種の解脱と自由感を与えたとしても、政治・経済・社会条件が変化した九〇年代には、それは明らかにもはや女性に力を与え、批判力をそなえたイデオロギーではなくなった。

米国でフェミニズム理論を学んだ王政の批判は、〈女性意識〉という概念の弱点を的確についている。二一世紀に向けての中国フェミニズムが、単純な本質主義にとどまるべきではないという指摘も正しい。[12] しかし、八〇年代の女性が〈女性意識〉の確立を通して手にした「ある種の解脱と自由感」が、彼女たちの自己解放に果たした役割は、高く評価すべきだと私は考えている。

四　キイワード2〈本土化〉

八〇年代における中国女性学成立過程で、〈女性意識〉とならんで強調された言葉に〈本土化〉があった。〈本土化〉とは、日本語に訳せば土着化であろうか。外国からの輸入ではなく、中国に根ざした思想・学問をうち立てようというのが、この語に託された女性学研究者たちの思いである。

女性学の実践面での〈本土化〉は、農村女性や出稼ぎ女性に対する社会学調査、聞き書きによる女性史構築のプロジェクトなど、多方面にわたって進められている。本論では、それらの活動の背後にある理論の問題を考察したい。

〈本土〉に対するものは外国、とりわけ近代のあらゆる思想を生みだした欧米である。李小江は、中国の女性学が打破すべきタブーの第一として〈階級〉のタブー（女性解放＝被抑圧階級の解放とするマルクス主義女性解放論）、第二として〈女権主義《フェミニズム》〉のタブー（欧米のフェミニズム思想をブルジョア的として批判・無視してきたこと）をあげたが、マルクス主義およびフェミニズムという、いずれも近代の欧米に起源する思想潮流への対しかたには、単純な否定肯定ではすまない複雑なものがある。

（1）東と西の間

八〇年代の中国には、これまで閉ざされていた半世紀分の思想潮流がいちどきに押し寄せた。しかし、他の人文・社会科学の領域で欧米の思想が熱狂的に受け入れられたのに比べると、フェミニズム理論に対する熱意は低かった（戴、一九九九、一四四頁）。

戴錦華はその理由を、中国の女性と西側のフェミニストが接触した二つのエピソードを用いて説明する。第一は、八〇年代半ば、西側のフェミニストが意識変革《コンシャスネス・レイジング》の手法で女としての体験を物語り、中国側の共感を期待したところ、返ってきた答は「本当にお気の毒に！　わたしたちにはそんな問題は全然ありません」だった。これは当時の中国の女性たちが中国における女性解放の成果に強固な優越感を抱いていたこと、それと同時に、平等の奥にひそむ問題をまだ意識していなかったことを物語っている。

第二のエピソードは、八〇年代末の会議で、外国の女性研究者たちが無知な中国を啓蒙しようという傲慢な態度に出て反発をかったというものだ。このような状況は九〇年代まで再三繰り返されたと戴はいう。李小江も、類似した体験を次のように語っている。

ある国際シンポジウムで、中国少数民族地区での売春問題について質問したドイツ人研究者に、中国の研究者が強い反発を示した。過敏な反応にとまどう相手に、李小江はこう説明する。

「二つの文化、二つの民族がいる。一方は自分が高いところ、つまり天国、文明、進歩の側にいるという。もう一方は、どん底、地獄にいて、愚かで落ちこぼれだといわれている。もしあなたがどん底にいて、それでも自分がまったくダメだとは認めないとしましょう。そのとき人に欠点を指摘されたら、たとえそれが事実でも、どう反応しますか」（李、一九九五c、三二頁）。

李小江にしても、外国の影響をすべて拒否するわけではない。八〇年代から欧米のフェミニズム文献に目を通し、ボーヴォワールの『第二の性』などの翻訳出版にも手を貸している。ただ、相手の態度に押しつけや恩着せがましさを感じると、外国帝国主義に翻弄された中国近代一五〇年の歴史の記憶が本能的によみがえる。

「帝国主義と文化帝国主義の圧力がなければ、わたしはべつに民族主義者ではない。わたしが中国のために発言するのは、女性のために発言するのと同じで、いかなるかたちでも強権によって『弱者』の声を消したり歪めたりするのは許せないからだ」（李、一九九五a、一七四頁）。

李小江は、九九年秋、「中国の女性学はいまやポスト・コロニアル状況にある」と筆者に語った。国連世界女性会議をめぐる「女性学ブーム」が去った後、公的資金援助は乏しくなり、女性関係のプロジェクトの大部分が、米国のフォード財団など外国の資金でまかなわれているという。政治色のない無償の援助といっても、金を出す側ともらう側にはおのずと権力関係が生じる。その危うさを知りながら、援助を拒否できない現実を前に、彼女は複雑な思いをかみしめているようだった。

（2）フェミニズムは西側のものか

李小江と外国のフェミニズムとの関係を考察するとき、フェミニズムという概念のとらえかたがひとつの問題点となる。李小江は『イヴの探索』の中で打破すべきタブーの一つとして「フェミニズム」をあげた。マルクス主義女性解放論が欧米のフェミニズム思想を敵視してきたことを批判し、その成果から学ぶべきだと主張したのだ。そのため、女性解放論の正統をもって任じる婦女連から「ブルジョア・フェミニズムの鼓吹者」とレッテルを貼られたほどだ。

他方では李小江は、フェミニズムという概念は欧米起源のもので、中国の女性運動には適応しないと考える。李はフェミニズムの訳語として〈女権主義〉[13]を用い、「①男性がモデル、②平等を目標にする、③権利の視角」と定義する。そして、このようなフェミニズムは、欧米とは異なる歴史と国家体制を持つ中国にはふさわしくないとする。

わたしたちがあえて〔フェミニズムと〕一体化しないのは、すでに違う道を歩いてきたし、自分たちの道を歩むことで成長してきたからだ——足はすでに十分発育している、わざわざ「足を削って靴に合わせる」必要があるだろうか。

さらにいえば、哲学のうえでも方法のうえでも、女性解放はただひとつの旗のもとに集合し、ただひとつの基準しかもちえないものだろうか。一元化の主導勢力はこれまで禍をもたらすものだった。もちろん過去の「男性中心社会」も極権政治であった。女性についても例外ではない。Feminismは女性解放運動において重要な働きをした。それは疑いなくひとつの旗であり、とても重要な基準である——それは主として西方の女性が世界に対してなした貢献である。しかしフェミニズム以外に、さらに広い天地、さらに多くの選択肢がないとだれに断言できるだろう。わたしたちが違った道を選んだのは、世界女性解放運動への中国女性によるひとつの貢献とみなすことができないだろうか。（李、一九九五c、九八頁）

李小江によるこのようなフェミニズムの定義は、国外の研究者から質問や反論にあった。[14]しかし、李はその後も、基本的な姿勢は変えていない。彼女にとって、言葉の定義は象徴にすぎず、問題の本質は女性運動の多様性を認めるかどうかにあるからだろう。一方、早い時期に欧米のフェミニズムになじんだ戴錦華には、李小江のようなフェミニズムへの違和感はない。九〇年代初めの国際会議で「中国で唯一の公称フェミニスト」と冗談まじりの紹介を受けたこともある。そんな彼女も八〇年代にはまだ「フェミニズムのタブー」から自由ではなかった。八〇年代後半にある会議で「あなたはフェミニストですか」と聞かれた戴は「私はフェミニストではないけれど、女であるからには、フェミニズムは私の内なる一部とならざるをえないのです」(戴、一九九九、一八二頁)と、苦しい答え方をしている。

戴は理論的立場としてフェミニズムを選択しているが、その最初の契機は、女としての個人的な体験と思考だという。「今になっても、わたしの体験と選択は特殊な個人的経歴なのか、あるいは共同の性別による遭遇だったのかわからない」(同前)と自問しながら、さきに紹介した「背が高くなりすぎた」体験を語っているが、これこそまさに、フェミニズムのいう「個人的なことは政治的だ」の好例ではないだろうか。

フェミニストとしての戴は、国境を越えて共有されるジェンダーの体験を認めている。しかし彼女もまた、他方では自分が中国に属していることを強く意識している。香港出身で米国に在住するレイ・チョウ[15]の著書 *Writing Diaspora* が中国語では《写在家国之外》(母国の外で書く)と訳されていることをひきながら、彼女はこういう。

この〔ディアスポラという〕呼称は、異国に定住している移民の知識人を指すにはふさわしいかもしれないが、わたしたち、少なくともわたしには、明らかにふさわしくない。いくらわたしが多重の意味で「周縁」の身分と立場をもっているにせよ、事実上、わたしはずっと母国の内にいる。ひとりのフェミニストとして、わたしはやはり中国の、第三世界の知識人の現実と運命に直面し、それを担わないわけにはいかない。（戴、一九九九、一五九頁）

対外開放が進んだ現在、中国の問題を特殊なものとして囲い込んでしまうことも、外国からの輸入理論によって解決することも許されなくなった。フェミニストとして国際的な女性の連帯を信じるからといって、女性同士の差異や、フェミニズムの中にひそむ欧米白人中心の覇権主義に目をつぶることはできない。これからの自分たちに必要なのは、問題の複雑性に対応できるような思考方法だと戴は考えている。「ひとりのこの土地の知識人として、自分が直面する現実問題を研究するときには、立場の多元性と開放性とを保ちつづけると同時に、警戒心も保ちつづけなければならない」（同前）。

（3）中国の内なるマルクス主義

マルクス・レーニン主義と毛沢東思想を絶対の理念として育った世代にとって、その極限である文化大革命は、魂を揺さぶる偉大な思想闘争として始まり、その理想が粉々に砕けるまでに十年の青春が費やされた。かれらの八〇年代は、ゼロからの出発だった。李小江はいう。

「文化大革命」はあまりにも多くのものの本質を見せてくれた。あれ以来わたしは、「人民」とか「人民の代表」とかのスローガンでひとつの政党の旗の下に動員しようとする人をけっして信じない。人の魂（肉体だけでなく）が本当に「文化大革命」というあの煉獄をくぐりぬけてきたのならば、生活の中で真に「恐いものなし」になることができるし、「党」と「大衆」の神話から人生の位置を切りはなすことができるようになると思う。（一九九五a、一六五―六頁）

文革開始時にはわずか七歳だった戴錦華さえも、「七歳から一七歳は、ひとつの深刻な『プロット』であり、いまでも完治していない疾患だ」（戴、一九九九、代序二頁）という。

ある歴史の陳述を、深く信じた。それを疑い、それを引き裂くことに手を貸した。そのたびに、自分では「真理は胸に、旗は手にあり」と思っていた。知らなかったのは、偉大な進軍がうち破ったのは一枚の鏡にすぎず、成果と思ったのも、新しい一枚の鏡に映ったこのうえなく醜くあいまいな自分だったということだ。（同前、四頁）

中国における八〇年代の思想的営みがすべてそうであったように、中国の女性学・フェミニズムも伝統的マルクス主義の一元的思想支配をうち破るところから出発した。李小江の第一論文「人類の進歩と女性解放」（一九八三）は、マルクス主義女性学理論の発展をめざす意図で書かれていたが、社会主義革命＝女性解放とするマルクス主義女性解放論の基本命題を批判するものだった。そのため女性解放論の正統をもって任じる婦女連合会からは異端のレッテルを貼られ、黙殺や批判にあった。

それにもかかわらず、思想の自由化が進んだ八〇年代後半になっても、李は「マルクス主義女性学」という看板を捨てなかった。一部の友人からは流行遅れの旗を掲げるなと忠告されたほどだ（李、一九九五c、第四章）。なぜそれほどにマルクス主義に固執したのか。それは、「中国の女性にとって避けることのできない理論現実」だったからだと彼女はいう。

現実を直視し、史実を直視するならば、マルクス主義は中国において単なる一つの主義ではなく、単なる一種のイデオロギーでもないことを認めないわけにはいかない。それは近代中国における社会変革の精神的支柱であったし、現代中国における女性解放の魂でもある。（中略）現代の中国は、政治体制、経済的基盤、イデオロギー（もちろん女性解放を含む）のどれをとっても、儒・道・仏のいずれとも無縁だ。その新しい根は、新しい世界の土壌、すなわちマルクス主義とそれがもたらした社会主義革命から生まれ育ったものだ。（同前）

革命後の中国に生まれ育った李小江らの世代の女性たちは、成熟し、思考を始めたときには、中国化されたマルクス主義に向き合っていた。「現代中国女性の心中の言葉にできないとまどい、よりどころのない矛盾した気持、人であることと女であることの間の隔絶と耐え難さ」など、ありとあらゆるものがそこに由来すると李小江はいう。李小江の世代にとって、マルクス主義はもはや外来の理論ではなく、自分たちを育んだ思想風土なのである。そう考えてはじめて、マルクス主義に対する彼女のこだわりを理解することができる。

「女性研究は女性研究だ。世界に向かい、全人類に向かう。さまざまな学説と主義をあわせ容れるべきで、もはや誰の帽子をかぶることもない」（李、一九九五c、一八頁）という言葉が李の口から出るのは、九〇年代になってからである。

ところが、まるで李と交代するかのように、戴錦華は九〇年代になってマルクス主義を再認識した。「それはわたしにとって、困難と苦痛にみちみちた過程だった」（戴、一九九九、八六頁）。

八〇年代以来、戴錦華は脱構築理論、記号学といった最先端の理論を駆使して中国の文学や映画を鋭く論じてきた。彼女と孟悦の共著『歴史の地表に浮かび出る』（孟・戴、一九八九）は刺激的なフェミニズム文学史であるが、英仏語から直訳されたポストモダン批評の専門用語が頻出して、読むほうはずいぶん悩まされたものだ。

ところが戴は、八〇年代末から九〇年代にかけて、「商業化が突然全面的に中国に降臨したことが受けいれられず、ある種の絶望とある程度の精神崩壊に陥った」（一九九九、二一五頁）。戴は自分を絶望に追いやったものを「商業化の降臨」としか述べていないが、当時の歴史をふりかえれば、当然それだけではないと推察できる。八〇年代から九〇年代の境といえば、八九年六月四日、民主化運動に対する血の弾圧である「天安門事件」が勃発し、その後に世界的な社会主義の崩壊が続くのだから。戴を絶望と精神崩壊に追いやったのは、民主化の挫折と、その代償として与えられた商業化であることを理解して、はじめてこの文の真意を読みとることができる。

思想の自由化や社会の民主化が進んでゆくという希望がうち砕かれ、商業主義が社会を覆いつくす状況を目のあたりにしたとき、戴はそれに対抗しうる思想を求めて、ルカーチなどのフランクフルト学派、アルチュセールによるマルクス主義の脱構築、グラムシらの文化研究など、毛沢東化されたマルクス主義とは異なる系譜のマルクス主義に関心を持つようになった。その関心は、科学的な研究対象というにとどまらず、むしろ中国の現実に対する体験と感情とが、古典を含めたマルクス主義の必要を再認識させたのだという（同前、八六頁）。

そして彼女は、一九四九年に中国が社会主義を選んだのは、資本主義では解決できない問題をこの国が抱えていたからだとすれば、中国が再び全地球の動きに参加しようとしている現在、その問題は解決されたのではなくて、再提出されているのであり、その世界参加の過程を正視し批判するには、マルクス主義を手放してはいけないと考える。

こうして、一周先を走っていた走者が後から追いついてバトンを受け取るような形で、戴錦華はマルクス主義への関心を李小江から引き継いでいる。二人に共通しているのは、マルクス主義を抽象的な理論としてではなく、あくまで中国の現実と取り組むための方法とみていることだ。

中国国内だけではなく、資本主義国に身を置いて、その矛盾の中から母国に思いを寄せる研究者の中にも、共通の問題意識を見ることができる。英国ニューレフトの研究者で、李小江の女性学創設を「女性研究運動」と名付けた林春[16]もその一人だ。

以前の両性平等という社会主義観念と政策法律がいくら穴だらけだったにしても、それを追求した個々人――男女をとわぬ――の尊厳と社会正義は懐憶の念を抱かせるものだ。(中略)私個人の経歴は、フェミニズムに対する私の理解と、社会主義と解放のあいだの接点を求める私の探求とをしっかり結びつける。私にいわせれば、中国のフェミニズムは不可避的に政治の民主化を、社会的達成と個人の自我実現の統一を導く。なぜなら女性の権利と公民権、女性意識と公民意識、女性の解放と社会の解放は不可分のものだから。(李編、一九九七a、七四―七五頁)

体制としての社会主義が崩壊した現在、その功罪の検証、むき出しの資本の論理に対抗できる理論の模索は、資本主義国の中でも続いている。いまや中国のフェミニストも同じレベルでその模索に加わっているのだ。

五 おわりに

中国における女性学・フェミニズムをめぐる状況は、一九九五年の第四回国連世界女性会議を契機に大きく変化した。「中国最大のNGO」としてNGOフォーラムを主催した婦女連合会は、準備の過程で外国の「ブルジョア・フェミニスト」と接触せざるをえなくなった。そこではさまざまな衝突やすれ違いもおこったが、もはやフェミニズムを全面的に否定する立場はとれなくなった。また、この会議をきっかけに、ジェンダー概念が中国に導入され、婦女連自身が政策決定過程へジエンダーの視点を入れることを要求するようになった（秋山、一九九九a）。

九一年に発足した全国婦女連婦女研究所も、李小江らと同世代の研究者が主導的な立場につき、異なる意見を異端視しない柔軟性を持ちはじめている。理論面では依然としてマルクス主義女性解放論の原則に立ち、その土台の上に欧米フェミニズム・女性学の理論的成果を受け入れるとするものの、その許容範囲が格段に広くなったことは、婦女研究所の編集による《婦女研究論叢》の誌面から見てとれる。婦女連傘下にない女性組織との関係も、指導→服従にかわる多様な協力の形が模索されだした（儀纓、一九九九）。

このようにフェミニズムが公認された反面、官許の女性解放論への抵抗として生まれた「女性研究運動」が持っていたエネルギー、独創性、個々の女性に働きかけるインパクトが、薄められていく危惧もある。それは日本でも、リブから女性学・フェミニズムへという過程の中で起こったことと共通するかもしれない。

これからの中国における女性学・フェミニズムは、官と民、正統と異端という二分法からより自由で多元的なものに変わっていくだろうし、そうなることを期待したい。それを築いた土台として、八〇年代から九〇年代にかけての思想的な模索は欠くことのできない貴重な経験であった。

註

（1）李小江と彼女が主導した中国における女性学創設については、本人の著作のほか、秋山、一九九九六を参照。

（2）戴錦華は、北京大学教授。孟悦との共著『歴史の地表に浮かび出る』（一九八九）は、中国で最初のフェミニズム視点に立った近代文学史として評価が高い。序文の一部は、秋山他編、一九九八に「言葉を取り戻す女のたたかい」（田畑佐和子訳）として収録。

（3）後述するように、中国の女性学研究者は必ずしも自己をフェミニストと定義していない。しかし、本論でとりあげる女性学研究者たちは、単に女性の問題を研究するのでなく、女性学の研究を通して従来のジェンダー構造・学問枠組を変革しようという意図を持っている。そのため、日本で一般に使われる意味で彼女たちをフェミニストと呼んだ。

（4）ジェンダー・アイデンティティと民族アイデンティティ形成についての論考として、『女性学』第四号（一九九六）に堀田碧「多様なフェミニズムとアイデンティティの自己決定」がある。

（5）中華全国婦女連合会は、中国の全女性が「中国共産党の指導のもとに」連合した団体と規定され、各行政レベルに組織を持ち、専従職員の給与は公費でまかなわれている。中央組織である全国婦女連は、「中国最大の女性NGO」として、第四回国連世界女性会議のNGOフォーラムを主催した。

（6）よく知られている例として、劉少奇の妻・王光美に対する批判がある。江青が指示したという批判大会では、国家主席夫人としてインドネシアを訪問した際に華美な装いをしたことが罪状とされ、ピンポン玉で作ったネックレスがみせしめにかけられた。

（7）中国語の女性呼称については、本書所収「〈婦女〉、〈女人〉、〈女性〉——タニ・バーロウの論考をめぐって」参照。

また、〈女性意識〉に対応する英語を考察するには、女性の意識を 1 feminine consciousness, 2

female consciousness, 3 feminist consciousness の三レベルに分ける分析が参考になる。この分類では、伝統的な受身の女らしさに呼応する1に対して、2は生命を育んできた役割から生じた意識で、伝統的であると同時にラディカルに転化しうるとしている（N. O. Keohane ed. 1982, ppix-x）。李小江の〈女性意識〉は2に近いとおもわれる。

（8）杜芳琴は、天津師範大学教授・同大学女性研究センター主任。邦訳された論文として「中国における女性史研究――その七〇年の歩み」（秦玲子訳、『中国女性史研究』第三号、一九九一）、「元代における理学の女性に対する影響」（欧孝明訳、『アジア女性史』明石書店、一九九七）、「産育文化の歴史的考察」（田畑佐和子訳、秋山他編、一九九八）がある。

（9）鄭永福は、鄭州大学教授。李小江と同僚だったことから、李小江が編集した〈婦女研究叢書〉に妻の呂美頤と共著で《中国婦女運動　1840―1921》（河南人民出版社、一九九〇）、《近代中国婦女生活》（同社、一九九三）を執筆。

（10）李楯は、中国社会科学院マルクス・レーニン研究所研究員。〈婦女研究叢書〉に《性与法》を執筆。邦訳された論文に、「「婚姻内強姦」についての私の意見――女性の人権としての性」（田畑佐和子訳、秋山他編、一九九八）、「私と女性学」（江上ゼミ訳『中国女性史研究』第九号、一九九九）がある。

（11）康正果は、現在イエール大学講師。〈婦女研究叢書〉に《風騒与艶情――中国古典詩詞的女性研究》を執筆。

（12）中国フェミニズムにおける本質主義の批判者としては、中国ではタブーであった性の問題を率先してとりあげた社会学者李銀河もあげられる。（李銀河、一九九八）

（13）フェミニズムの中国語訳には〈女権主義〉と〈女性主義〉の二種類がある。訳語として古く語感の強い〈女権主義〉のほうが、読む側には抵抗感があるようだ。どちらの訳語を使うかにはそれぞれの主張があり、決着はついていない。たとえば、九八年に出版された《社会性別研究選訳》（三聯書店）では、王政による序文の中で、ほぼ四ページにわたってその議論を紹介している。本論に引用した著作では、李小江は〈女権主義〉、戴錦華は〈女性主義〉を使っている。李小江が編集した《婦女研究運動》は筆者によってそれぞれで、細部にこだわらない李の性格を反映してもいる。

（14）「東と西の間」（『女に向かって』第一八章）は、一九九二年に米国で開かれたシンポジウムでの論争にもとづいて書かれたものである。また、九三年に来日した折の記録である「日本の『中国女性史研究会』との交流会」でもこの問題にふれている（邦訳『女に向かって』に収録）。

（15）周蕾。カルチュラル・スタディーズの旗手として、日本でも紹介されている。Writing Diaspora（Indiana Univ. Press, 1993）邦訳『ディアスポラの知識人』（本橋哲也訳、青土社、一九九八）、Primitive Passions（Columbia Univ. Press, 1995）邦訳『プリミティヴへの情熱——中国・女性・映画』（本橋哲也・吉原ゆかり訳、青土社、一九九九）。

（16）林春は、ケンブリッジ大学留学後、現在はボストン大学研究員。著書に The British New Left（Edinburgh Univ. Press, 1993）邦訳『イギリスのニューレフト』（渡辺雅雄訳、彩流社、一九九九）がある。

——二〇〇〇年

中国女性が語る戦争

二〇世紀女性口述史プロジェクト

1　はじめに

二〇世紀も最後の十年に足を踏み入れた一九九二年から二一世紀初めにかけての十年間、中国で「二〇世紀（中国）女性口述史」というプロジェクトが展開された。中国女性学の開拓者である李小江を中心にしたこのプロジェクトは、中国全国からさまざまな分野にわたって女性たちの口述史＝オーラル・ヒストリーを収集するというもので、整理保存された口述資料は、現在のところ六百件あまりになっている。二〇〇三年一月には、これらの資料をもとに、「戦争体験」「文化探索」「民族叙事」「独立の道」という四つのテーマにわけて編集された『二〇世紀（中国）女性口述史叢書』四巻が出版された。

「戦争体験」巻の編集責任者である李小江によれば、女性と戦争というテーマは、シリーズのなかでも最初にきまったものだったという。その背後には、二〇世紀中国における女性と戦争との、とりわけ深い関わりがあると、李小江は序文の中で述べている。

二〇世紀だけをとってみても、中国本土では形式や性質の異なる多くの戦争があった。辛亥革命、北伐戦争、軍閥混戦、農民革命戦争、抗日戦争、国内革命戦争。五〇年代以降も、「抗米援朝」（朝鮮戦争）、中印・中ソ国境紛争、「対ベトナム反撃戦」……これらすべての戦争、紛争、戦乱で、女性の生活に影響を及ぼさないものはなかった。わたしたちがいま手にしている口述資料を見ると、六〇歳以上の人生の物語は多かれ少なかれ戦争とかかわっているし、大多数（普通の農村女性を含む）の人々の語りには戦争が言及されている。「戦争」は二〇世紀中国女性にとって、ひとつの「事件」ではなく、ひとつの時代であり、彼女たちのかつての生活の内容ないしは生活環境なのである。（二頁）

『二〇世紀（中国）女性口述史』「戦争体験」巻（以下『口述史』と略記する）には、中国の女性たちが二〇世紀の戦争をいかに戦い、それに対してどう考えているかが、素朴な言葉で語られている。本稿ではそこに出てきた女性たちの言葉を紹介しながら、中国女性と戦争とのかかわりを考察してみたい。

2　被害者としての女

女性と戦争について語られるとき、多くの場合まず被害者としてとらえられる。国内いたるところが戦場であった中国の場合も、女子供はもちろん最大の被害者だった。日本軍であれ、国民党や軍閥であれ、軍隊が侵攻し、戦闘のあった村や街ではどこでも、家を焼かれ、食糧を奪われ、強姦され、殺されるという被害が発生した。ただ、本書の中では、日本軍の三光作戦――焼きつくす、奪いつくす、殺しつくす——といった形で言及されるが、被害のひとつひとつを掘りおこすという方法はとっていない。それらはあまりに多く、あまりに「ありふれた」被害であったからだろうか。被害体験として章立てされているのは、「南京大虐殺」と「従軍慰安婦」の二件だけである。

「慰安婦」については後で触れるとして、「ありふれた」戦争被害の例として、空襲を取りあげておきたい。なぜかというと、日本本土における最大の戦争被害として記憶されているのが原爆を含む空襲であるからだ。それに対して、B29が日本を襲う何年も前から、日本軍により中国各地の爆撃が行われていたことは、日本ではあまり認識されていない。ここでは河南と延安の空襲について、ごく短い引用をしておこう。

姉さんは日本の飛行機の爆撃で死んだ、河南で（涙）、まだ二〇歳前後だった。そのときそばにはいなかった（声が低まる）、それに四番目の妹が餓死した。そのとき河南は取り返せなくて、餓死した。父さんも餓死した、そのときわたしは西安に来た。（二〇三頁）

一九三九年秋、呼び戻されて延安県から延安の町のほうに向かっているとき、四〇数機が延安を爆撃した。（中略）その女の子は飛行機を見たとたん、手を爆撃されて、痛さに飛び上がった。爆弾で指がなくなってしまった。延安では爆死した者、障害者になった者がとても多かった。赤ん坊をおぶったおばあさんが、赤ん坊は死んだのに、おぶったまま走っていたそうだ。ほんとうに可哀想に。（二〇四頁）

「慰安婦」(この語については、『口述史』の中でも背景・論議を紹介した上で、カッコ付きで使用している)に対する聞き書きは、海南島、雲南、武漢などで行われている。じつはこの聞き書きは、上海の「慰安婦」問題研究グループである陳麗菲・蘇智良氏らによるもので、二〇〇一年に東京で開かれた「女性戦犯国際法廷」に資料として提出され、主な内容は日本にも紹介されているのでここで詳述はしない。登場する女性は、日本軍の占領によって強姦され、軍営地に集められて、昼は洗濯や炊事などの雑用に使われ、夜は性の相手を強制されたケースと、朝鮮半島から連れてこられて軍専用の慰安所に売られたケースで、いずれも暴力と強制による性的被害の状況がなまなましく語られている。

日本軍性奴隷としての彼女たちの苦難はいうまでもないが、苦難はそこに留まらない。儒教的貞操観念が強く残っている地域では、性的被害を受けた女性は被害者として同情を受けるのではなく、逆に「貞操を失った」という偏見や差別にさらされる場合が少なくないからだ。それを日中戦争のさなか、一九四一年という早い時期に指摘したのは、女性作家丁玲の短編『霞村にいた時』だった。この小説の主人公貞貞《チェンチェン》は、村を占領した日本軍に拉致強姦されたうえ、将校の専属慰安婦とされる。彼女はその立場を利用して八路軍のためにスパイ活動をし、作戦を勝利に導く。しかし、性病をうつされて村へ帰ってきた彼女に対して、村人たちは冷たい視線を投げつける。物語は、貞貞は村を離れて独りで生きていこうと決心するところで終わっている。

女性の貞操に関するこのような意識は戦後も続いていたことが、『口述史』の記述からもうかがえる。これは海南島で一九四二年から二年間慰安婦をさせられた黄有良の語りである。

「村の人はみんなわたしが（日本兵に）踏みにじられたことを知ってるから、まともな人がもらってくれるわけがない。やっとハンセン病を患ったことのある男を夫にできた。夫も私の昔を知っているから、殴るやら罵るやらだった」

（文革のとき攻撃されたかという問いに）「わたしはまだいいとして、わたしの経歴のために、村のひとたち、とりわけ若い連中が、わけも知らずに、陰でいろいろ言って、わたしが日本人と寝たと罵った……夫が幹部になることも、子供が青年団や共産党に入ることも、みんなだめだった」（四〇三頁）

この場合には、伝統的な観念からくる「貞操を失った女」というレッテルに、日本人と寝た女＝政治的裏切り者（漢奸）という政治的レッテルがつけ加えられる。一九五〇年代の反右派闘争に始まって、一九六六年から十年にわたった文化大革命にいたるまで、漢奸というレッテルを貼られた者は、社会的身分の最下層におかれ、繰り返し批判や暴力の標的となった。戦争によって受けた被害は、戦後も引き継がれ、拡大されていたのである。

3　銃後の女

若桑みどりは『戦争がつくる女性像』（一九九五）のなかで、戦争における女性の役割を「チアリーダー」と名づけている。自分は直接戦争に参加するのではないが、男たちを戦場に送りだし、支える役割。「戦う男たちを観客席で見守り、囃し立て、応援し、歓呼し、涙を流す女たち。これこそ、歴史に残るかぎりの遠い昔から、戦争において女たちが果たしてきたもっとも普遍的な任務ではなかったか」（若桑、一〇二頁）

若桑の著書は、侵略戦争としての日本の戦争を支えた銃後の女性たちの役割を批判的に分析したものである。しかし、表面上の形を見れば、民族解放戦争として戦われた中国の戦争にも、「チアリーダー」は存在している。

たとえば、丁玲が『霞村にいた時』の二年前に書いた『新しい信念』に登場する老婆は、その典型といえるだろう。貞貞と同じように日本軍に拉致された彼女は、孫娘が強姦され、孫息子が抵抗して殺されるのを目にした。半死半生で家にたどり着いた彼女は、自分の体験を家族に、そして近所の人に語りはじめる。口にするのをはばかるような話を人前でする老婆を、家族は最初もてあましていたが、彼女の語りは人々に抗日の意志を固めさせ、軍への参加を促した。やがて彼女は婦人会に迎えられ、公式の語り部として新しい信念をもって人々に呼びかけるようになる。

人間の頭の海は、声の波につれて揺れ、まるで大海原の大浪のようだった。最後にばあさんは力をふりしぼって叫んだ。

「おらたちは最後までやりぬこうでねえか！」

すると、今までにもない大きな声が、暴風雨の中の潮が岸にうちよせるように、彼女に答えた。（中略）彼女は崩潰を見た。光明を見た。涙が視線をぼかしていたにもかかわらず、この光明は、彼女の信念のなかで、堅く強く、立ちのぼった。（岡崎俊夫訳、『霞村にいた時』岩波文庫）

平凡な老婆が、自己の苦難を語ることばが、しだいに民族としての語りになってゆき、人々を扇動する力をもってゆく。その中で、語る本人もまた変わってゆく。家のそとへも出したくなかった息子について、「みんなが仕合わせになるんなら、おらの子は死んでもええと、おら思ってるだ」と口にするまでになる。ここでは戦争の応援者としての母が、その戦いを肯定する立場から、感動的に描き出されている。

『口述史』の中にも、銃後の働きをした女性たちの物語はたくさんある。登場する女性たちの多くは、扇動者というよりはむしろ、前線のすぐうしろに控えている後衛部隊、あるいは兵站基地とでもいうべき役割を担っている。女たちの任務は、傷病兵の看護、宿泊や食事の世話、連絡、軍服や布靴の製作などである。それらの仕事は、家事や育児、介護などの機能を家族のそとに広げたもの、いわば女性役割の延長であった。

銃後のなかでも重要な役割を果たしたのは、敵味方の軍隊が一進一退の戦いを繰り広げる地域で、「保塁」と呼ばれる拠点をあずかる女性たちだった。「保塁」は一見普通の農家だが、家の下に地下室を掘り、さらに複数の地下室を通路でつないで、隠れ家、倉庫、連絡通路などの機能を果たせるようになっていた。たとえば、河北省の孫大娥の家では、夜中にこっそり地面を掘りすすめ、三〇人が収容できる地下室三室と、それを結ぶ地下道を完成させた。そこは八路軍の休憩所・作戦基地となり、ついには第八分区の司令部となった。

うちに司令部がおかれてから、飯を食う人や訪ねてくる人はもっとふえて、出入りする人や食べたり寝たりする人は数十人、多いときは四、五十人にもなった。家の者はますます忙しくなり、飯炊き、洗濯、見張り、見回り、通信、傷病兵の世話など、手の空く者などひとりもおらず、夜も昼も暇なしだった。（二七五頁）

嫁である孫大娥を中心に、同居している姑や小姑も心をひとつにして働いた。傷病兵を何カ月にもわたって匿い看護したこと、姑が門前で紡ぎ車を回しながら見張りをつとめていたこと、偽軍（日本によって組織された中国兵）に引き立てられて尋問され殴られたことなどを、八三歳になった彼女は淡々と回想している。

女性たちを銃後の支援に動員するために、共産党は彼女たちのあいだに婦女救国会を組織した。救国会は、娘たちに纏足をほどくよう呼びかけ、旧社会の女性抑圧を撤廃し、男女の平等を実現すると約束した。一八歳の若い嫁だった張景芝はそのときの気持をこう語る。

「抑圧や搾取を望む人がいるだろうか。話がわかると、みんな抗日のため心を合わせ、軍民が団結して日本と戦った」（二九七頁）

4　兵士となった女

第二次世界大戦において、女性の戦争参加に積極的だったのは米英などの連合国であり、女性の伝統的役割に固執したのは日独伊の枢軸国だったといわれている。連合国の側にあった中国も、米英以上といえるほどに女性の戦争参加に積極的だった。第二次世界大戦だけでなく、二〇世紀初頭に清朝に対する武装蜂起を試みて処刑された秋瑾を皮切りとして、二〇年代には北伐戦争期に国民党が女性兵士を訓練したし、国共分裂後の二〇年代から三〇年代にかけては共産党が各地に根拠地を築き武装闘争を展開する中で、女性も兵士として戦闘に加わった（本書所収「女性兵士の描かれかた」参照）。この時期に組織された共産党の軍隊＝紅軍は、抗日戦争期には八路軍として日本軍の前に立ちはだかるが、女性兵士の伝統はその時代まで絶えることなく引き継がれた。

『口述史』の中には兵士として戦争に参加した女性の記録が、全編にちりばめられている。その中でも、「女性先鋒団の足跡」で語られる西路軍女性先鋒団兵士の物語は、女性の戦争参加の極限を示しているといえるだろう。

西路軍は一九三六年に紅軍第四方面軍を中心に組織された部隊である。それに先立つ一九三四年、中国各地に根拠地をもち国民党や軍閥の軍と対峙していた紅軍は、西北地区を目指して大移動を開始した。紅軍の主力部隊は二万五千里（一万二千キロ）の大長征をなしとげて陝西省の延安にたどりつき、抗日戦争の主力・八路軍として再編される。しかし、長征を終えた紅軍の一部は、延安に向かわずソ連に通じる河西根拠地を建設するという目的で、西路軍として再編された。全軍二万人、そのうち千三百人の女性が、女性先鋒団として組織された。「われわれは正式編成で、全員武装、みな銃と弾薬をもっていた。生活は男の同志とおなじで、男の戦闘部隊がすることは、同じようにした」と、団長だった王泉媛は語っている。

西路軍は甘粛省の軍閥との戦闘で多くの犠牲を出し、分散して主力部隊のみが西進することを決定する（この作戦の失敗は、当時の党内ソ連派の責任とされている）。そのとき、女性先鋒団は自らを犠牲にして主力の移動を援護する役割を引きうけた。結局、ひとり五発の銃弾を与えられた千人あまりの女性部隊は、敵を五百メートルまで引きつけて発砲し、弾を撃ちつくすと二、三〇メートルまで引きつけて手榴弾を投げるという接近戦を戦い、六百人あまりの死者を出して援護の目的を達成した。王泉媛は戦闘の模様をこう語る。

後の指揮官はわたしたちが女兵だと見抜いて、兵隊たちに言った。「きょうだい、戦うことはない、みんな女の兵隊だ。銃を背負って捕まえろ、捕まえて女房にしろ」。あいつらはわたしたち女がこんなに強く、こんなに頑健で、やつらと戦えるとは知らなかった。わたしは素手で戦って二人やっつけたけど、後からまた四、五人来たので逃げた。（一〇三頁）

中国においても世界的に見ても、女性だけの部隊が過半数の犠牲者を出すような肉弾戦を戦ったのは希有なことだろう。王泉媛はこの任務を引きうけた理由をこう述べる。

そのとき思ったのは、わたしたち女は万一捕まっても、姿を変えて逃げることができるけど、男の同志は化けようがない、というのがひとつの条件。そのほか、わたしたち女の同志の犠牲はたいしたことはない、男の同志を保護することで、さらに勇敢に敵と戦えるということ。自分を犠牲にしても、彼らのほうが戦闘力が強いから、彼らを守らなければならない。わたしたちの思想・目的は、自分を

犠牲にする覚悟を決めて、主力が西進するのを必ず援護しなければいけないということだった。（一〇三頁）

女性兵士が男性兵士を援護するというジェンダー役割の転覆がおこった第一の理由は、男性兵士のほうが戦闘力が強く、最終目的である抗日戦に役立つということであり、それに加えて敗れて逃走する場合に女は兵士という「男装」を脱ぎ捨てて女の姿に戻ることができるということだった。だとすれば、ジェンダー役割の逆転のようにみえるこの一幕も、内実はそうではなかったことがみてとれる。

女性先鋒団の半数は戦闘で命を失い、残りの大部分はその場で捕虜になるか、逃げ落ちた先で捕えられた。捕虜になった女性たちは、強制的に敵兵の妻や妾にされ、さらにひどい場合は獄中で強姦されたあげく大量虐殺の犠牲になった。そんな境遇から脱出して逃げ戻った者も、もとの組織に戻れるのは脱落して一年以内、二年目になると審査が必要、三年目になると受入れないという規則にはばまれた。団長であった王泉媛でさえ、紅軍に戻ることを拒絶されて物乞いをしながら故郷へたどりついた。

さらに、中華人民共和国成立後も、定期的に吹き荒れる政治運動の嵐の中で、紅軍の残留兵士たちは「逃亡兵」「裏切り者」の嫌疑をかけられ批判の標的にされた。西路軍の女性兵士たちも例外ではなく、そのうえに敵の男に身を売ったという「慰安婦」に向けられたのと同じ非難が重ねられた。西路軍残留兵士についての調査が行われ、名誉が回復されて年金や医療の保証が約束されたのは、一九八三年のことだった。

5　女であるゆえの苦難

西路軍の悲劇は極端だとしても、普通の兵士としての日常も、女性にとって苛酷なものだ。これは東北地方で抗日ゲリラ戦を展開していた「抗連女兵」の口述である。

女はもともときれいにするのが好きで、自分の長いきれいな髪をもったいないと思うけれど、戦争のためには切らざるをえない。（中略）行軍では、女性兵士には特別な困難がある。月経になってもボロ布を当てるだけなので、不衛生なばかりでなく、股ずれしてしまう。どんなに水が冷たくても河を渡らないわけにはいかないから、月経時の冷えは病気のもとだとみんなが知っていても、どうしようもない。大小便をするのも困る、草丈は低く林もないので、女同士でぐるっと囲んで幕がわりになった。参戦したわたしたちは、かなり頭が古くて、男の兵士に素足を見せたくなかったので、足を乾かしたりまめをつぶしたりするにも男の兵士の目を避けた。妊娠している同志も、初期はもちろん中期になってさえ、気づかれまいとして、戦士たちと一緒に行軍し、配慮を受けたがらなかった。わたしたち女性戦士は、強くありたいと願い、外部の環境と自分自身の困難を克服しようと努めるだけでなく、機会をみつけては兵士たちのために食事を作ったり、洗濯したり、繕いをしたりしてあげた。（三二四頁）

女性ジェンダーの象徴である髪を切るという行為によって、女性兵士たちは男なみの戦士になるという決意を形で示す。それでもなお、中国の伝統文化では性的な意味合いを強くもたされた足を、男性の目にさらしてはいけないという内的な規範が女を縛る。

男なみに身をやつしても、月経・妊娠・出産という身体的な重荷は避けようがない。負傷兵用の綿花も洗って再利用するという物資不足のなかで、月経の手当にはボロ布を洗っては使うしかない。それさえもなくて服を汚したとか、河を渡るとき水が紅く染まったとかいう記述もある。長い行軍の途上では「幸い」月経が停止した者も多かった。戦場とはいえぬ解放区の延安でさえ、物資不足で生理用品のかわりに故紙を使ったという。

軍隊の中での妊娠・出産も珍しいことではなかった。李小江は、「戦争の年代や戦闘の中でさえ、女はやはり生み育てていたが、出産育児（自然――生理的要素）によって運命が変わったり仕事に影響が出たりした女性はいくらもいない」（八頁）として、女性の運命を決定したのは、基本的には結婚（男――社会的要素）だと断言している。しかし、出産育児が女性兵士たちの選んだ道を変えることは少なかったとしても、そのために彼女たち、そして生まれた子供たちが払った犠牲は、なみたいていのものではない。妊娠中に夜間の任務で転び、早産で生まれた子は翌日死んだ（一四七頁）、生んだ子を生後一八日で軍が運営する「保育院」に託したが、日本軍の掃討作戦に巻き込まれて再会しないままに死んでしまった（三一四頁）など、子供の命が犠牲になったり、母子が生き別れになったりというケースがしばしば登場する。乳児を連れて行軍する場合も、多くの困難が発生する。たとえば、敵の追跡を受け隠れているときに赤ん坊が泣き出し、全員の安全を守るためにはと子供の口をおさえて窒息させかけたエピソードが語られる。この時は幸い年輩の女性兵士が乳を含ませるよう忠告したので赤ん坊は命拾いしたが（三一六頁）、実際に赤ん坊を犠牲にした女性兵士のエピソードも、第三者の口述の中に登場する。

不衛生や栄養不足、肉体の酷使は、当時の女性兵士を苦しめたばかりでなく、多くの女性兵士の身体に後遺症をのこしている。婦人科系だけでなく、排尿を我慢しなければならなかったための泌尿器系の後遺症もある。多くのもと女性兵士が、自己の経歴を誇るのと同時に、老いた身にかかえる後遺症の苦痛を訴えている。たとえば、生きのびた西路軍兵士のひとりである鐘大姐は、自分の生涯をこう総括している。

わたしはもともと童養媳《トンヤンシ》で、革命戦争で鍛えられ、革命軍人になった。それなりの地位と待遇も得た。わが国の革命戦争は、すべての女性に機会を与え、女性の地位を高めた。男女平等になり、経済的にも平等になった。（戦争は）わたしの身体をこわしてしまった。私の身体具合はほんとうに悪くて弱い。以前はおりものが止まらず、ちょっとでも冷えるといけない。冬に雪を見ると条件反射のように、下から水が流れだし、眠ることができなかった。今ではよく眠れず、食もすすまず、神経を病んでいて、全身が震え、歩くのが困難だ。ああ、わたしの一生は、一日だっていい日はなかった。不運、運の悪い人間なんだ。小さいときは貧乏で、革命に参加してだんだん良くなったけど、身体がだめになってしまった。（一二八頁）

ここには、ふたつの矛盾したメッセージがある。大局的に見たとき、革命戦争とそれへの参加は、女性の地位を高め、男女平等を実現させる原動力になった。それは、公的に認められた、たてまえの言葉かもしれないが、彼女はそれによって自分の戦争参加を意味づけている。けれども、より切実に語られるのは、苛酷な体験によって体をこわしてしまったという訴えだ。その苛酷さの中には、肉体的なものだけでなく、精神的なものも含まれている。よく眠れず、神経を病んでいるという訴えは、トラウマ体験の後遺症を思わせる。

6 おわりに

最後に、『二〇世紀（中国）女性口述史』の特徴をまとめてみよう。この口述史プロジェクトの出発点は、中国現代史をジェンダーの視点から読みなおそうということであった。「戦争体験」の巻についても、当然そのことは前提にされている。しかし、『口述史』における中国現代史の枠組は、基本的には現在の中国政府の見解と異なるものではない。すなわち、二〇世紀に中国大陸で起こった戦争を、農民–労働者という被抑圧階級の解放戦争と、侵略に対する民族的な抵抗戦争としてとらえ、その戦争を主導した中国共産党による一九四九年の中華人民共和国樹立を勝利の果実とみなすものだ。この枠組に依拠するかぎり、これらの戦争はあくまで正義の戦争であるから、戦争や軍隊を悪として批判し、それへの参加を反省的に考察するような立場は始めから除外されている。

主編である李小江は、一九八〇–九〇年代に欧米で出された女性と戦争についての研究書を読み、それらの本における戦争（「正義」の戦争をふくめて）に対する反省的な考察に深い感銘を受けた。

したがって、口述記録を集め、口述史を編集する過程でも、戦争は残酷なものであり、女性はその主たる被害者だという視点を忘れないようにと強調したという。しかし、集まった口述記録から読みとれる中国女性の戦争に対する意識は、李の予想をくつがえすほどに肯定的だった。それはなぜなのか、と李小江は自問自答する。その答えは、多くの中国女性にとって、戦争に参加することと、封建的な家の束縛から脱出して自立することとが、ひとつながりのことだったからだと李小江は結論する。

底辺であろうと中・上層であろうと、無学であろうとインテリであろうと、女性たちはみな「戦争参加」を通して家から出て社会に向かい、「解放」に向かうことができるという、世界のなかでも女性の社会参加の独特な風景を実現することになった。それゆえ、他国の女性たちの戦争に対する態度に比べて、多くの中国女性が「戦争」に対して多くの「甘美な」記憶を持っており、戦争への非難がすくないことを理解するのは難しくない。（二頁）

纏足をされ、童養媳としてこき使われていた女性たちが家を出て社会に参加した。そこで初めて女性たちは民族の一員という自覚を持ち、侵略者を国から追い出すために戦った。抗日戦争はその過程そのものが中国という民族主体形成の過程であり、中国女性の戦争参加は、民族共同体への女性の統合＝女性の国民化の過程であった。それがその時点で、彼女たちにとって「解放」であったことにまちがいない。しかし、戦争に勝利した後に成立した社会主義政権が、女性を国民として統合しおえたとき、彼女たちは公民としての権利と同時に、政治闘争の標的にされる資格をも得た。そのことは「従軍慰安婦」や西路軍女性兵士の戦後の境遇が物語っている。『口述史』は、女性の国民化を肯定的にとらえながらも、細部にこだわることで、そこから出てくる問題も拾い出している。

さらに、この『口述史』が従来の中国現代史を書き換えないまでも、それにつけ加えるものがあるとしたら、女性の国民化の極限としての女性の兵士化がどのように行われ、どのような問題を残したかを、個々の具体的体験の集積として記録に残した点にあるだろう。上野千鶴子は女性の国民化における「参加型」と「分離型」を比較して、分離型は女性を女性領域に閉じこめるが、参加型は女性にみずからの女性性を自己否定させる、しかも参加型に徹してさえ、女性は「二流の戦闘力」とされる、と述べている（上野、一九九八）が、『口述史』に語られている実例は、まさにそれを裏付けている。

『口述史』に登場する女性兵士の一部は、人民共和国建国後も軍隊に留まったが、一九五〇年代中期に階級制度のなかった人民解放軍に階級制度が導入され、それに伴う人員整理が行われると、多くは離隊を余儀なくされた。これに対して李小江は、「どうやら戦争の体制も社会の管理体制と同じく、規範的になればなるほど男性中心になるようだ」と皮肉なコメントをしている。

最後に、この本を読みながら、わたしのなかにわだかまっていた疑問にふれることで結びとしよう。それは、日本における女性の戦争体験と、中国における女性の戦争体験とを、どうつないだらいいのかということだ。日本においてアジア太平洋戦争をふりかえるとき、あの戦争は侵略戦争であり、日本の女性たちは銃後とはいえ戦争の遂行に積極的に加担したと認めるのが、フェミニズムの立場に立つ女性史研究の基本的な立場だろう。わたしもその点に異論はない。そして中国の側では、おなじ戦争が侵略に抗して民族の自立を勝ちとるために戦われ、女性たちは日本の場合よりさらに積極的に戦いに加わった。

この中国と日本の女性の戦争参加＝国民としての統合は、形の上からはよく似ている。「銃後の女」の章で若桑みどりの「チアリーダー」という定義を紹介したが、もうひとつ、戦時中の日本女性についての加納実紀代の言葉を引用しよう。「しかし、〈銃後の女〉のけなげな働きについて、一つだけ言えることがある。当時の女たちにとって、〈銃後の女〉は、一つの〈女性解放〉であったということ、これである」（加納、一九九五）。これは、家に閉じこめられていた日本の女性たちが、国防婦人会という大義名分によって家からひととき解放され、いきいきと活動している様子を評したものである。

このように、表面的には相似形である女性の戦争参加は、その戦争が「正義の戦争」であったか、「不正義の戦争」であったかという一点の差によって、プラスとマイナス逆方向の評価を受けることになるのだろうか。上野千鶴子は先にふれた「国民国家とジェンダー」の中で同じような疑問を提示して、戦勝国である英米の女性リーダーに向かって、「自由と民主主義」を守る闘いなら「正しい目的」のために「女性の国民化」は免罪されるのか、と問いかけている。しかし、侵略国である日本から、中国の女性に対して同じように問いかけることは難しい。『口述史』の編者である李小江は、現代中国における女性と国家の関係については十分に敏感な人なのだが、中国（人）の自立を侵そうとする者に対しては無意識にナショナリストとして対してしまうと語っている。

結局今のわたしたちには、自分たちの戦争体験にきちんと向き合って掘り下げていくことしかできないのかもしれない。他方、中国女性の側は、現在の自分たちと国家の関係をみつめなおし、自分たちを国や民族から相対化していくようになれば、戦争体験について別な角度からの掘り下げが可能になるかもしれない。その先に、日本と中国との女性の戦争体験を、もう一度すりあわせて考える機会がもてるかもしれない。

——二〇〇三年

追記

李小江は二〇〇三年一二月から二〇〇四年三月にかけて、お茶の水女子大ジェンダー研究所客員教授として来日し、連続セミナー「グローバル化における通文化的ジェンダー研究の意義と方法」および講演「戦争体験とジェンダー」をおこなった。同時に、上野千鶴子、加納実紀代をはじめ多くの女性学・歴史学研究者と交流した。李の日本滞在は戦争や植民地の問題をめぐる東アジア地域での研究交流の第一歩として有意義なものだった。（上野＋李対談、李小江インタビュー、秋山論文、いずれも二〇〇四参照）

あとがき

ぼつぼつと書きためてきた中国と女性にかかわる文章を、一冊にまとめることになった。収録した文章中でいちばん古いのは一九八一年に書いた「遠い遠い隣国で」だ。存在しなくなったソ連から、当時犬猿の仲だった中国を見た記録には、ひとつの時代の刻印がくっきりと押されている。そこを出発点に、一九八〇年代から九〇年代、そして二一世紀へと、その折々に本を読み、映画を見、ときには土地や人々と直接に出会いながら書いてきた。最新のものは二〇〇四年に書いた「変動しつつある都会の中で」、市場経済化の波にもまれる女性たちを描いた中国映画の紹介である。

全体はテーマによって四章に分け、年代にこだわらずに並べてみた。第一章は社会主義（国）の体験的考察、第二章は映画や小説における女性の表象、第三章はジェンダー視点で読む中国文学、第四章は中国の女性学としたが、それぞれのテーマが呼応しあっているので、厳密な分類というわけではない。執筆年はそれぞれ原稿の末尾に入れ、初出については巻末にまとめてある。論文や研究ノートもあれば、エッセイや書評もあり、長短や文体に不ぞろいなところはあるが、底を流れるものは共通しているので、それほど抵抗なく読んでいただけると思う。

原稿によっては、紙数の制限で舌足らずだったものを書き足したり、他の原稿と重複する部分を削ったりした。全体としては、執筆した時期や状況について最小限の補足をし、初出時になかった資料などを註や参考文献で補った。ただ、あくまで補足にとどめ、書いた当時に考えが及ばなかったことをつけ加えるような変更はしていない。そのため、九〇年代後半以降のフェミニズム理論の展開からみると、女としての共通性を求めて差異への目配りが足りないとか、日本と中国という国家/民族の二項対立の枠を超えられていないといった問題点もみえてくる。それらは今後の自分自身の課題であるが、とりあえず、ここまで歩いてきた道はそれなりの形でとどめておきたい。

これらの文章を書き始めたのは、七年におよぶソ連生活を切り上げて、日本に帰ってきた時だった。ソ連育ちの子供たちをかかえて、東京での再出発が始まった。四〇代にはいった私には定職につくすべもなく、とりあえずマンモス団地のタウン紙の記者になった。地域の情報を集めて書く仕事はそれなりに楽しかったが、待遇は主婦パートなみである。さいわい拘束時間が少ないので、古巣の大学院の授業を聴講したり、リブ時代の仲間をたどってフェミニズム関連の研究会に顔を出したり、日本語教師養成講座に通ったりと、ぼつぼつ社会復帰をはたしていった。

一九八〇年代は、中国でも大きな変化が起こっていた。文化大革命という抑圧の時代が終わったときに、最初に声をあげたのは女性作家たちだった。文革によって受けた傷をさらけだし、愛する権利を求め、自立に向かって手探りする彼女たちの声は、これまでの中国文学には表現されなかったものだった。ここではじめて、私は中国の女性に向き合うことができたと感じ、もういちど中国文学とつきあっていけるかもしれないと思った。

八〇年代後半には、中国独自の女性学創設の動きが伝わってきた。李小江を中心とした「女性研究運動」の熱気には、七〇年代のリブ運動を思いださせるものがあった。それにひかれて伴走してきたのが、私の九〇年代の仕事といえるかもしれない。その反面、八〇年代から九〇年代にかけての社会主義体制の崩壊、中国における民主運動弾圧と急激な市場経済化に衝撃を受け、自分のたどってきた道を振り返らずにはいられなかった。そんな思いも、これらの文中に反映されている。

日本女性学会や、中国女性史研究会に参加し、研究について語りあえる仲間ができたのは、八〇年代も後半になってからだ。それはちょうど、日本のフェミニストの中に、欧米だけでなくより多様な世界に関心を寄せる人たちがふえ、中国文学や中国史にたずさわる女性たちも、女性学やフェミニズムにひかれはじめるというふうに、個々の動きがひとつの流れになる時期だった。そんな流れの中で知りあった人たちとの、研究を通じて、あるいはもっと個人的なことを含めての交流は、それ以後の私にとって、研究を続ける上でのなによりの財産になっている。

一九八〇年代の後半、中国からの留学生が急増した勢いにのって、日本語学校の講師になった。当時の日本語学校は日本社会の矛盾の吹きだまりだったが、学生たちは「私の青春時代は農村で過ぎました、いまやっと勉強できるようになったのです」と目を輝かせていた。教え始めた翌年に天安門事件が起こり、中国の状況を伝える新聞を、学生たちと一喜一憂しながら読んだ。

非常勤講師をかけもちする何年かを経て、やっと定職にありついたのは、一九九五年、五〇歳を過ぎていた。日本語担当教員として採用されたので、中国を中心に、さまざまな国から来た留学生の相手をしながら、十年近い歳月がたってしまった。大学の教員になったとはいえ、自分の専門を教えるという条件ではないので、研究者としては相変わらずアマチュアで、空いた時間に好きなことをさせてもらっているという気がつねにある。でも、女性学という分野そのものが、もともと道のないところに踏みあとをつけてきたものなので、狭い領域に固まるよりは、ある意味での素人っぽさや境界のあいまいさを持ちつづけているのも悪くないと思っている。

そんなわけで、原稿の初出誌も学術専門誌にかぎらない。八〇年代に誕生した『誌上同窓会』とその後継誌である『花筐《はながたみ》』は、お茶の水女子大学中国文学科卒の山本まりさんが個人で創刊され、その後グループ編集になったものだ。「女性からの発言」と「中国に関すること」を軸にしたこの雑誌に、書きたいことを自由に書かせていただいたものが、貴重な記録として残っている。

そのほかにも、NGO組織や民間の研究所、小出版社などの刊行物に、いいタイミングで書かせていただき、胸にたまったことを整理する機会をあたえられた。『女性学年報』、『女性学』、『中国女性史研究』などは、名前こそ学会誌らしくりっぱだが、じつは女同士の共同作業による手作りの雑誌で、私自身も書く側にも作る側にもまわってきた。いまもそのひとつの編集作業と、このあとがきを書く作業とを、同じパソコンで交互にやっている。

本書の出版を引き受けていただいたインパクト出版会とも、『リブ私史ノート』

以来、いつのまにか十年のつきあいになる。この出版会に足場を置く「文学史を読みかえる」研究会に巻き込まれたおかげで、別な方面に世界が広がり、自分でも予想していなかった分野の仕事ができたことを（本書の枠には入らなかったけれど）、編集長の深田卓さんに感謝している。そして、この本を担当してくださった須藤久美子さん、ありがとうございました。構成や写真などを考える共同作業は、とても楽しかったです。

秋山　洋子

二〇〇四年一〇月末

初出一覧

はじめに

私と中国とフェミニズム　◎　『花筐』(同人誌)一号　一九九八年

第1章　社会主義国があったころ

遠い遠い隣国で　◎　『誌上同窓会』(同人誌)一号　一九八一年
二大国の狭間で　◎　『第三回東アジア女性フォーラムモンゴル会議報告書』アジア女性資料センター、一九九八年
社会主義から何を受け継ぐか　◎　『女子教育もんだい』五一号　労働教育センター、一九九二年春
監督と作品のあいだ　◎　『女子教育もんだい』六一号　一九九四年秋

第2章　等身大の女たち　中国女性の表象

『中国婦女』ひろい読み　◎　『誌上同窓会』六号　一九八六年
ふたつの映画から　等身大の女たち　◎　『誌上同窓会』四号　一九八四年
『人、老年に到る』によせて　◎　『花筐』二号　一九九九年
新世代の中国映画　◎　『誌上同窓会』七号　一九八七年
フェミニズム映画の中の差別　◎　『ふぇみん』婦人民主クラブ、一九九二年一月三一日号
変動しつつある都会の中で　◎　『インパクション』一四〇号　インパクト出版会、二〇〇四年三月
女性兵士の描かれかた　◎　『女性学年報』二二号　日本女性学研究会(松香堂発売)、二〇〇一年

第3章　ジェンダーの視点で読む中国文学

ジェンダーの視点から読みなおす　◎　『中国―社会と文化』一三号　中国社会文化学会、一九九八年
蕭紅再読　◎　『世界文学』八四号　世界文学会、一九九六年一二月
丁玲の「風雨の中で蕭紅を偲ぶ」をめぐって　◎　『駿河台大学論叢』一八号　駿河台大学、一九九九年
丁玲の告発が意味するもの　◎　『中国研究月報』六二四号　社団法人中国研究所、二〇〇〇年二月
錯綜する民族とジェンダー　◎　木村一信編『文学史を読みかえる4　戦時下の文学』インパクト出版会、二〇〇〇年
八〇年代中国文学にみる性と愛　◎　『季刊中国研究』一九号　社団法人中国研究所、一九九一年
下放青年が描く文革後　◎　『中国研究月報』五六一号　一九九四年一一月
信子の声はなぜ消されたのか　◎　『駿河台大学論叢』二四号　二〇〇二年

第4章　中国女性学をめぐって

参加した人としなかった人と　◎　『インパクション』九四号　一九九五年一一月
〈婦女〉、〈女人〉、〈女性〉　◎　『中国女性史研究』九号　中国女性史研究会、一九九九年
中国女性学における思想形成　◎　『女性学』八号　日本女性学会（新水社発売）、二〇〇〇年
中国女性が語る戦争　◎　『世界文学』九八号　二〇〇三年一二月

あとがき　書き下ろし

引用・参考文献

※日本語・中国語文献（日本語論文「　」、単行本『　』、中国語論文〈　〉、単行本《　》で区別してある。配列は漢字日本語読み五十音順、漢字は便宜上日本の常用漢字を用いている）

亜蘇［1939］〈再論破鞋問題〉《中国婦女》第1巻5・6合期

秋山洋子［1973］「丁玲について」（付・〈三八節有感〉翻訳）、ウルフの会『女から女たちへ』第3号（のち秋山『リブ私史ノート』1993ａ所収）

秋山洋子［1976］「ふたりの女流作家——丁玲と蕭紅」『世界の女性史17　革命の中の女たち』評論社

秋山洋子［1983］『女たちのモスクワ』勁草書房

秋山洋子［1988］「三つの視点——中国現代の女性作家たち」『女性学年報』第9号、日本女性学研究会

秋山洋子編訳［1991］『中国女性——家・仕事・性』東方書店

秋山洋子［1992］「孟悦・戴錦華著《浮出歴史地表》——フェミニズムの視点に立った近代文学史」（書評）『中国女性史研究』第4号、中国女性史研究会

秋山洋子［1993ａ］『リブ私史ノート』インパクト出版会

秋山洋子［1993ｂ］「１９７０年代日米女性運動と丁玲」『中国研究月報』11月号、中国研究所

秋山洋子［1996］「中国の女性学——李小江の『女性研究運動』を中心に」『女性学』第4号、日本女性学会

秋山洋子・江上幸子・田畑佐和子・前山加奈子編訳［1998］『中国の女性学——平等幻想に挑む』勁草書房

秋山洋子［1999］「第四回国連世界女性会議をめぐって——中国における国家と女性」『論集　中国女性史』吉川弘文館

秋山洋子［2004］「中国女性学の創出——李小江はどこへ向かうのか」

『現代思想』６月号
韋君宜［1985］〈一本暢銷書引起的思考〉《文芸報》12月28日
伊藤雅子［1975］『子どもからの自立――おとなの女が学ぶということ』未来社（新版・岩波現代文庫、2001）
上野千鶴子・田中美由紀・前みち子［1993］『ドイツの見えない壁』岩波書店（新書）
上野千鶴子［1998］「国民国家とジェンダー」『ナショナリズムとジェンダー』青土社
上野千鶴子＋李小江［2004］「対談　国家の中から、国家を越えて」『現代思想』６月号
ウォーターズ，エリザベス［1994］秋山洋子訳『美女／悪女／聖母――２０世紀ロシアの社会史』群像社
江上幸子［1988］「落伍の烙印から再生を求めて――『涙眼模糊中的信念』と『我在霞村的時候』をめぐって」『お茶の水女子大学中国文学会報』７号
江上幸子［1992］「二〇世紀初期の中国人誕生の苦痛―― 一九三〇年代の楊剛の夢と苦悩」『魯迅と同時代人』汲古書院
江上幸子［1993ａ］「抗戦期の辺区における中国共産党の女性運動とその方針転換」『中国の伝統社会と女性』汲古書院
江上幸子［1993ｂ］「『第二高潮』期の女性文学と勃興するフェミニズム批評」『世界文学』第77号
江上幸子［1996］「中国フェミニズム文学批評の一〇年」『野草』第57号
閻純徳（主編）白舒栄・孫瑞珍・李楊［1983］《中国現代女作家》黒竜江人民出版社
袁良駿編［1982］《丁玲研究資料》天津人民出版社
袁良駿［1988］〈論丁玲晩年的文芸思想〉《丁玲与中国新文学》廈門大学出版社
王安憶［1986ａ］〈荒山之恋〉《十月》第４期（《荒山之恋》香港・南粤出版社、1988所収）
王安憶［1986ｂ］〈男人和女人、女人和城市〉（《荒山之恋》1988所収）
王周生［1997］《丁玲年譜》上海社会科学出版社

王政［1995］〈美国女性主義対中国婦女史研究的新角度〉鮑暁蘭主編《西方女性主義研究評介》北京三聯書店
王政［1997］〈“女性意識”“社会性別意識”弁異〉《婦女研究論叢》第1期
王培元［1989］〈《生死場》的歴史感和悲劇意識〉《中国現代文学叢刊》第2期
織田元子［1988］『フェミニズム批評——理論化をめざして』勁草書房
加々美光行［1986］『逆説としての中国革命』田畑書店
葛浩文（Goldblatt, Howard）［1980＝1989 a］〈《生死場》与《呼蘭河伝》英訳版序〉《漫談中国新文学》香港文学研究社
葛浩文（Goldblatt, Howard）［1989 b］《蕭紅新伝》香港三聯書店
加納実紀代［1995］「〈銃後〉の女への総動員」『女たちの〈銃後〉 増補新版』インパクト出版会
川俣優［1984］「蕭紅の初期文学活動をめぐって——満州国の下での出発」『中国文学論叢』第9号、桜美林大学
儀纓［1997］〈不同的声音—— 一次別開生面的“中国婦女組織研討会”〉《婦女研究論叢》3期
岸陽子［2004］『中国知識人の百年——文学の視座から』早稲田大学出版部
遇羅錦［1980＝1986］〈一個冬天的童話〉《当代》第3期（［日］安本実訳『ある冬の童話』田畑書店）
遇羅錦［1982＝1987］〈春天的童話〉《花城》第1期（［日］押川雄孝・宮田和子訳『春の童話』田畑書店）
邢富君・陸文采［1982］〈農民対命運掙扎的郷土文学——《生死場》再評価〉《北方論叢》第1期
向婭［1998］〈女十人談——流動於当代女性世界的性愛観念〉、文勃編《女十人談——性愛問題紀実文学集》中国社会科学出版社（［日］林郁訳『「性」を語り始めた中国の女たち』徳間書店、1989に抄訳）
江浩［1998］《昭示：中国慰安婦》青海人民出版社
康正果［1988］《風騒与艶情——中国古典詩詞的女性研究》河南人民出版社

呉瑛［1944ａ］〈滿洲女性文学的人与作品〉《青年文化》５月号（《東北現代文学体系・評論巻》遼寧人民出版社、1996所収）
呉瑛［1944ｂ］大内隆雄訳「文学の栄涸　序にかへて」『満洲現代女流作家短編選集』女性満洲社（大連）（『朱夏』２号、せらび書房、1991）
小林富久子［1997］「フェミニズム文学批評」江原由美子・金井淑子編『ワードマップ　フェミニズム』新曜社
呉亮［1987］〈愛的結局与出路――《荒山之恋》、《小城之恋》、《錦繍谷之恋》的基本線索〉《上海文学》第４期（張散選編、1988所収）
櫻庭ゆみ子［1996］「蘇青論序説――『結婚十年』が書かれるまで」『東洋文化研究所紀要』第129冊
佐藤文香［2000］「アメリカの女性兵士をめぐる言説の分析――『ＧＩジェーン』から見えてくるもの」『女性学年報』第19号
三宝政美［1988］『悩める家長　魯迅』日中出版
周揚［1958］〈文芸戦線上的一場大弁論〉《人民日報》３月２日（袁良駿編《丁玲研究資料》所収）
ショーウォーター, Ｅ編［1985＝1990］青山誠子訳『新フェミニズム批評――女性・文学・理論』岩波書店（［原著］Showalter, *The New Feminist Critisism*, Random House,1985. ）
白水紀子［1998］「『蝕』三部作の女性像」『転形期の知識人』汲古書院
白水紀子［2001］『中国女性の２０世紀――近現代家父長制研究』明石書店
蕭軍［1941］《側面》香港海燕書店
聶紺弩［1946］〈在西安〉、重慶《新華日報》１月22日（《懐念蕭紅》黒龍江人民出版社、1984所収）
聶紺弩［1981］〈《蕭紅選集》序〉《蕭紅選集》人民文学出版社
諶容［1980＝1984］〈人到中年〉《収穫》第１期（［日］林芳訳『人、中年に到るや』中公文庫）
鄒午蓉［1994］〈新時期蕭紅研究述評〉《現代作家作品論評》江蘇教育出版社
スコット, Ｗ・ジョーン［1988＝1992］荻野美穂訳『ジェンダーと歴史

学』平凡社（[原著] Scott,W.J. *Gender and the Politics of History*, Colombia Univ.Press, 1988.）
ステイシー, ジュディス［1983＝1990］ 秋山洋子訳『フェミニズムは中国をどう見るか』勁草書房（[原著] Stacey,J. *Patriarchy and Socialist Revolution in China*,Univ. of Carifolnia Press,1983.）
盛英［1992］《中国新時期女作家論》百花文芸出版社
盛英主編 ［1995］《二十世紀中国女性文学史》天津人民出版社
銭虹［1989］〈関於中国現代女性文学的考察〉《上海文論》第２期
銭理群［1982］〈“改造民族霊魂” 的文学——紀念魯迅誕辰一百周年与蕭紅誕辰七十周年〉《十月》第１期
早大杉野研究室編［1994］『「昭和」文学史における「満洲」の問題　集二』
孫紹先［1987］《女性主義文学》遼寧大学出版社
戴錦華［1999］《猶在鏡中——戴綿華訪談録》知識出版社
戴錦華［2000］〈性別与叙事：当代中国電影中的女性〉《霧中風景：中国電影文化　1978—1998》北京大学出版社
戴晴・洛恪［1988＝1991］〈性“開放” 女子〉《収穫》第２期（[日] 田畑佐和子訳「性“開放”の女」『季刊中国研究』19号）
田畑佐和子［1993］「女性文学と丁玲」『中国女性史研究』第５号
陳順馨［1995］《中国当代文学叙事与性別》北京大学出版社
張京媛編［1992］《当代女性主義文学批評》北京大学出版社
張散・馬明仁選編［1988］《有爭議的性愛描写》延辺大学出版社
張辛欣［1981＝1987］〈在同一地平線上〉《収穫》第６期（[日] 飯塚容訳『張辛欣・現代中国文学選集五』徳間書店）
張潔［1982］〈方舟〉《収穫》第２期
張賢亮［1985＝1986］〈男人的一半是女人〉《収穫》第５期（[日] 北霖太郎訳『男の半分は女』二見書房）
丁玲［1980］〈回答三個問題〉《丁玲近作》四川人民出版社
丁玲［1986＝2004］《風雪人間》、《魍魎世界》（[日] 田畑佐和子訳『丁玲自伝——ある女性作家の回想』東方書店）
ドウォーキン, アンドレア［1987＝1989］寺沢みづほ訳『インターコー

ス――性的行為の政治学』青土社（[原著] Dworkin,Andrea, *Intercourse*,1987）
鉄峰［1991ａ］《蕭紅文学之道》哈尔浜出版社
鉄峰［1991ｂ］〈蕭紅年譜〉《蕭紅全集》下、哈尔浜出版社
董炳月［1993］〈男権与丁玲早期小説創作〉《中国現代文学叢刊》第４期（[日] 田畑佐和子訳「男権と丁玲の初期小説創作」『中国研究月報』1993年11月号）
中島長文［2001］『ふくろうの声　魯迅の近代』平凡社
中島みどり［1981］「丁玲論」『飇風』13号
南雲智［1996］『「魯迅日記」の謎』ＴＢＳブリタニカ
バーガー, ジョン他［1985］「文学と女性」共同研究グループ訳「ものの見方――西欧ヌード絵画と女性」『木野評論』16号、京都精華大学
任一鳴［1995］《女性文学与美学》新疆人民出版社
任一鳴［1997］《中国女性文学的現代衍進》香港・青文書屋
梅林［1942］〈憶蕭紅〉（《懐念蕭紅》黒龍江人民出版社、1981所収）
ハッブス, ジョアンナ［2000］坂内徳明訳『マザー・ロシア』青土社
姫岡とし子［1991］「旧東ドイツの女たちは今――失業と社会福祉削減に直面して」『女性学年報』12号
姫岡とし子［1992］『統一ドイツの女たち』時事通信社
平石淑子［1981］「蕭紅『生死場』論」『人間文化研究年報』第４号、お茶の水女子大学
平石淑子［1992］「蕭紅『呼蘭河伝』論」『魯迅と同時代人』汲古書院
楓谷［1986］〈我們看《男人的一半是女人》 武漢大学部分研究生討論総述〉《当代作家評論》第４期（張散選編、1988所収）
鮑暁蘭主編［1995］《西方女性主義研究評介》北京三聯書店
堀江新二［1999］「タガンカ劇場物語」『したたかなロシア演劇――タガンカ劇場と現代ロシア演劇』世界思想社
マモーノヴァ, Ｔ＋ヴォズネセンスカヤ,Ｙ［1982］片岡みい子訳『女性とロシア』亜紀書房
前山加奈子［1991］「雑誌『女声』と関露――フェミニズム的見地からの再検討」『中国女性史研究』第３号

前山加奈子［1993］「『婦女園地』とその「園丁」たち——１９３０年代中国のフェミニズム論」『駿河台大学論叢』第７号
末永毅［1985］〈当代小説中的性心理学〉《文学評論》第５期
水田宗子編［1991］『女と表現——フェミニズム批評の現在（ニュー・フェミニズム・レビュー２）』学陽書房
水田宗子［1993］「女性の自己表現と文化——序にかえて」『女性の自己表現と文化』田畑書店
ミレット, ケイト［1970＝1985］藤枝澪子他訳『性の政治学』ドメス出版（［原著］Millet,Kate, *Sexual Politics,* 1970.）
牟正蘊［1998］〈解構「婦女」：旧詞新論〉《近代中国婦女史研究》第６期　中央研究院近代史研究所（台北）
孟悦・戴錦華［1989］《浮出歴史地表——現代婦女文学研究》河南人民出版社
姚文元［1958］〈莎菲女士們的自由王国〉《収穫》第２期
湯山トミ子［1999］「聖なる「母」とその呪縛——魯迅における「母」をめぐって」『論集 中国女性史』吉川弘文館
楽鑠［1988］《遅到的潮流——新時期婦女創作研究》河南人民出版社
駱賓基［1946＝1971］《蕭紅小伝》、原載《文萃》1946年11月14日号～47年１月１日号、（［日］市川宏訳『蕭紅小伝』、『現代中国文学12』河出書房新社）
駱賓基［1980］〈《蕭紅小伝》修訂版序〉（《蕭紅小伝 増訂本》天地図書（香港）、1991所収）
李銀河［1998］〈我不賛同本質主義的性別観念〉《中国婦女》第７期
李之璉［1993］〈我参与丁、陳“反党小集団”案処理経過〉《炎黄春秋》第５期（［日］江上幸子訳、『中国研究月報』1993年11月号）
李子雲［1984］《浄化人的心霊——当代女作家論》北京三聯書店
李子雲［1994］〈従女性作家作品看中国婦女意識的覚醒〉《性別与中国》北京三聯書店
李春燕［1996］〈導言〉《東北現代文学大系・散文巻》遼寧人民出版社
李小江［1983］〈人類進歩与婦女解放〉《馬克思主義研究》２期
李小江［1988］《夏娃的探索——婦女研究論稿》河南人民出版社

李小江・朱虹・董秀玉主編［1994］《性別与中国》北京三聯書店
李小江［1995 a］〈公共空間的創造：中国婦女研究運動―― 一例個案的自我分析〉（［日］秋山洋子訳「公共空間の創造――中国の女性研究運動にかかわる自己分析」『中国研究月報』7月号、秋山他編『中国の女性学』、1996 a）（《婦女研究運動――中国個案》1997所収）
李小江［1995 b］秋山洋子訳「わたしはなぜ九五年世界女性大会ＮＧＯフォーラムへの参加を拒絶したか」『中国研究月報』10月号（『女に向かって』、2000所収）
李小江［1995 c ＝2000］《走向女人――新時期婦女研究紀実》河南人民出版社（［日］秋山洋子訳『女に向かって――中国女性学をひらく』インパクト出版会）
李小江［1995 d］《告別昨天――新時期婦女運動回顧》河南人民出版社
李小江編［1997 a］《婦女研究運動――中国個案》香港・牛津大学出版社
［所収論文］梁軍〈女性教育十年回顧――自我的成長：従小家走向大家〉、杜芳琴〈我的婦女研究歴程――関於婦女研究主体的一例個案分析〉、林春〈走向中国的女性主義――従個人経歴談起〉、李楯〈我是誰／我与婦女研究〉（［日］江上ゼミ訳「私と女性学」『中国女性史研究』第９号、1999）、鄭永福〈八年回顧与反思――我与中国近代婦女史研究〉、康正果〈交織的辺縁：学術、性別和自我〉
李小江［1997 b］《関於女人的答問》江蘇人民出版社
李小江主編［2003］《２０世紀［中国］婦女口述史叢書　譲女人自己説話：親歴戦争》北京三聯書店
李小江［2004］「平和に向けた通文化的ジェンダー研究（インタビュー：加納実紀代・秋山洋子）」『インパクション』141号
劉英［1939］〈関於「破鞋」問題〉《中国婦女》第１巻第１期
劉禾［1994］〈重返《生死場》：婦女与民族国家〉《性別与中国》北京三聯書店
劉慧英［1995］《走出男権伝統的樊籬――文学中男権意識的批判》北京三聯書店

劉思謙［1993］《“娜拉”言説——中国現代女性作家心路紀程》上海文芸出版社
若桑みどり［1995］『戦争がつくる女性像』筑摩書房

※英語文献

Barlow,Tani E ed. ［1993］ *Gender Politics in Modern China* .Durham & London : Duke University Press.
Feuerwerker,Y. ［1983］ *Ding Ling's Fiction : Ideology and Narrative in Modern Chinese Literature*, Harvard University Press.
Gilmartin,Hershatter, Rofel,White,ed. ［1994］ *Engendering China : Women Culture and the State*, Harvard University Press.
Keohane, N. L, Rosaldo, M. Z, Gelpi, B. C. ed. ［1982］ *Feminist Theory : A Critique of Ideology*, The University of Chicago Press.
Thakur,Ravini ［1997］ *Rewriting Gender : Reading contemporary Chinese women*, London : Zed Books.
Zito, Angela ; Barlow, Tani ed. ［1994］ *Body Subject & Power in China,* The University. of Chicago Press.

秋山 洋子（あきやま ようこ）

1942年生。中国文学・女性学専攻。駿河台大学で留学生の日本語教育にたずさわる。日本ウーマンリブ運動の先駆的グループ「ウルフの会」メンバー。日本女性学会・中国女性史研究会会員。

著　書：『女たちのモスクワ』（勁草書房、1983）
　　　　『リブ私史ノート』（インパクト出版会、1993）
共　著：『概説フェミニズム思想史』（ミネルヴァ書房、2003）
　　　　『中国女性の一〇〇年　史料にみる歩み』（青木書店、2004）
訳　書：『女のからだ　性と愛の真実』
　　　　　（ボストン女の健康の本集団著、合同出版、1974）
　　　　『フェミニズムは中国をどう見るか』（勁草書房、1990）
　　　　『美女／悪女／聖母　20世紀ロシアの社会史』
　　　　　（エリザベス・ウォーターズ著、群像社、1994）
　　　　『女に向かって　中国女性学をひらく』
　　　　　（李小江著、インパクト出版会、2000）
編訳書：『中国女性　家・仕事・性』（東方書店、1991）
　　　　『中国の女性学　平等幻想に挑む』（勁草書房、1998）
論　文：「『赤い恋』の衝撃　コロンタイの受容と誤解」
　　　　　（文学史を読みかえる２『大衆の登場』インパクト出版会、1998）
　　　　「対幻想のかげで　高橋たか子・矢川澄子・冥王まさ子の六〇年代」
　　　　　（文学史を読みかえる６『大転換期』2003）
　　　　「『暮しの手帖』を読みなおす　花森安治と松田道雄の女性解放」
　　　　　（文学史を読みかえる７『リブという〈革命〉』2003）

私と中国とフェミニズム

2004年11月30日　第1刷発行

著　者　秋山洋子
発行人　深田 卓
装　幀　田邉恵里香
タイトル文字・使用フォント「しねふぉんと」
発　行　（株）インパクト出版会
　　　　113-0033 東京都文京区本郷2-5-11 服部ビル
　　　　Tel 03-3818-7576　Fax 03-3818-8676
　　　　impact@jca.apc.org　http://www.jca.apc.org/~impact/
　　　　郵便振替　00110-9-83148

シナノ印刷

リブ私史ノート　女たちの時代から

秋山洋子著　四六判並製310頁　1942円+税　93年1月発行
ISBN 4-7554-0030-9　装幀・ローテ・リニエ

「肉声のウーマンリブ史が遂に出た、ってかんじです」── 田中美津。かつてあれほど中傷、偏見、嘲笑を受け、しかも痛快で、生き生きとした女の運動があっただろうか。あの時代、ことばはいのちを持っていた！ウルフの会の一員としてリブの時代を駆け抜けた一女性の同時代史。リブ資料多数収載。

女に向かって　中国女性学をひらく

李小江著　秋山洋子訳　四六判上製268頁　2000円+税　00年5月発行
ISBN 4-7554-0099-6　装幀・田邊恵理香

国家に与せず自らの生活実感を基盤に「女に向かう」ことを提唱し続ける現代中国女性学の開拓者・李小江の同時代史。「まだ自前のフェミニズムを十全に展開させ得ていないうえに、そこそこに体制化し弱体化が危惧される日本のフェミニズムにとって本書から学ぶべき点は多い」（『Fifty : Fifty』中島美幸）

リブという〈革命〉

加納実紀代責任編集　A5判並製320頁　2800円+税　03年12月発行
ISBN 4-7554-0133-x　装幀・貝原浩

文学史を読みかえる・第7巻

上野千鶴子・加納実紀代／フェミニズムと暴力─〈田中美津〉と〈永田洋子〉のあいだ、水田宗子／フェミニズム文学の前衛、江刺昭子、阿木津英、河野信子、川田文子、川村湊、長谷川啓、種田和加子、秋山洋子、羽矢みずき、浜野佐知、千田有紀、他

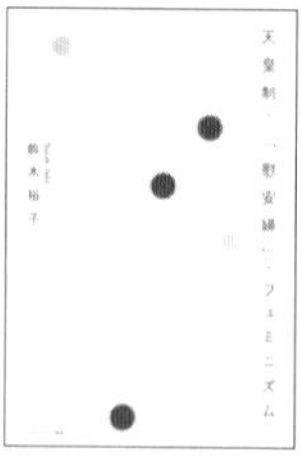

天皇制・「慰安婦」・フェミニズム

鈴木裕子著　四六判上製286頁　2000円+税　02年9月発行
ISBN 4-7554-0124-0　装幀・田邊恵里香

女性天皇で男女平等ってホント!?　隠されていた天皇・天皇制の罪を「慰安婦」問題を問う視点からいまここに炙り出す。第1章　女帝論とフェミニズム／第2章「慰安婦」問題と天皇制／第3章　「慰安婦」問題の十年／第4章　女性国際戦犯法廷／終章　「女性」の視点からいまを問う

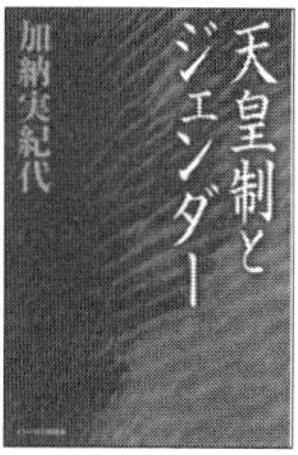

天皇制とジェンダー

加納実紀代著 四六判上製315頁 2000円+税 02年4月発行
ISBN 4-7554-0119-4 装幀・藤原邦久

母性天皇制から女帝問題まで、フェミニズムからの天皇制論。第１章　民衆意識の中の天皇制
第２章　母性と天皇制　第３章　女帝論争・今昔
第４章　「平成」への発言

まだ「フェミニズム」がなかったころ

加納実紀代著 四六判上製324頁 2330円+税 94年8月発行
ISBN 4-7554-0038-4 装幀・貝原浩

リブで幕を開けた70年代は、女たちにとってどんな時代だったのか。働くこと、子育て、母性、男社会を問うなかから、90年代の女の生き方を探る。銃後史研究の第一人者が、みずみずしい文体で若者たちに贈る1970年代論。

女たちの〈銃後〉 増補新版

加納実紀代著 四六判上製382頁 2500円+税 95年8月発行
ISBN 4-7554-0050-3 装幀・貝原浩

女たちは戦争の主体だった！　三原山の自殺ブームで幕を開けた1930年代からエロ・グロ・ナンセンス、阿部定、そして国防婦人会・大日本婦人会へ。一五年戦争下の女性を描く女性史の決定版。長らく絶版だった筑摩書房版に全面的に増補し、ついに待望の復刊。跋文・森崎和江。

「男女共同参画」が問いかけるもの

伊藤公雄著 四六判上製288頁 2200円+税　03年08月発行
ISBN 4-7554-0130-5 装幀・田中実

副題；「現代日本社会とジェンダー・ポリティクス」。この男性中心社会の枠組みを「男女共同参画」はどう変えうるのか。「男性学」の第一人者が、グローバル化する現代社会に根づくジェンダー構造をていねいに解説。ジェンダー・フリー教育や「男女共同参画」をめぐって、誤解や偏見にもとづくバックラッシュの構造を読み解く。

台湾／日本 連鎖するコロニアリズム

森宣雄著 四六判上製268頁 2200円＋税 01年9月発行
ISBN 4-7554-0111-9 装幀・藤原邦久

甦る「大日本帝国」の記憶をめぐる闘い――歴史をパロディ化＝戯画化する小林よしのり『台湾論』、それを支える金美齢・李登輝らの「日本精神（リップンチェンシン）」論、そして台湾を黙殺する戦後左翼と〈進歩的左翼人〉……日本／台湾100年の悲劇の折り重なりに奥深く分け入り、植民地主義を解体に導く現代史叙述の解放の実践。

戦時下花嫁の見た「外地」 旅順からの手紙

深田妙著 四六判上製355頁 2000円＋税 94年2月
ISBN 4-7554-0037-6 装幀・貝原浩

敗色濃厚の「外地」で日本人女性は何を見たのか。五〇年の時を越え発掘された家族への一五〇通の手紙は衣食住など女の視点から植民地旅順を鮮やかに描く。旧植民地での女性の生活が描かれた第一級資料であるとともに、戦時体制の中に翻弄される新婚家庭のドキュメント。

李朝残影 梶山季之朝鮮小説集

梶山季之 著 川村湊 編・解説 A5判上製363頁 4000円＋税
02年11月発行 ISBN 4-7554-0126-7 装幀・藤原邦久

梶山季之が育った朝鮮を舞台とした小説とエッセイ集。**収録作品**＝族譜／李朝残影／性欲のある風景／霓のなか／米軍進駐／闇船／京城・昭和十一年／さらば京城／木槿の花咲く頃、ほか。参考作品として族譜（初稿）を掲載。好評第2刷。

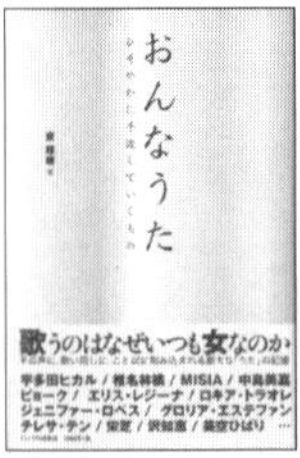

おんなうた ひそやかに手渡していくもの

東琢磨著 四六判上製224頁 1900円＋税 04年04月発行
ISBN 4-7554-0138-0 装幀・阿部岳

歌うのはなぜいつも女なのか。その声に、歌い回しに、ことばに刻みこまれる膨大な「うた」の記憶。その伝え手としての女性歌手に着目。美空ひばり、宇多田ヒカル、椎名林檎、MISIA、中島美嘉、沢知恵、栄芝、ビョーク、ジェニファー・ロペス、グロリア・エステファン、テレサ・テン、エリス・レジーナ、ロキア・トラオレほか。